天津社会发展报告

（2022）

主　　编　靳方华　蔡玉胜

执行主编　张宝义

天津社会科学院出版社

图书在版编目（CIP）数据

天津社会发展报告. 2022 / 靳方华，蔡玉胜主编
. -- 天津 : 天津社会科学院出版社，2022.1
（天津蓝皮书）
ISBN 978-7-5563-0789-0

Ⅰ. ①天… Ⅱ. ①靳… ②蔡… Ⅲ. ①社会发展－研究报告－天津－2022 Ⅳ. ①D672.1

中国版本图书馆CIP数据核字(2021)第241143号

天津社会发展报告. 2022
TIANJIN SHEHUI FAZHAN BAOGAO 2022

出版发行：天津社会科学院出版社
地　　址：天津市南开区迎水道7号
邮　　编：300191
电　　话：（022）23360165（总编室）
（022）23075303（发行科）
网　　址：www.tass-tj.org.cn
印　　刷：天津午阳印刷股份有限公司

开　　本：787×1092　毫米　1/16
印　　张：17
字　　数：266千字
版　　次：2022年1月第 1 版　2022年1月第 1 次印刷
定　　价：108.00元

《天津社会发展报告（2022）》编辑委员会

前 言

2021年是天津“十四五”规划的开局之年，也是开启全面建设社会主义现代化大都市新征程的起步之年。天津坚持以习近平新时代中国特色社会主义思想为指导，以推动高质量发展为主题，巩固疫情防控和拓展经济社会发展成果，全市经济运行稳中有进、稳中有固，质量效益持续向好，各项社会事业进一步发展，社会建设取得新成绩。

2021年以来，全市居民经济收入持续增长，消费升级趋势明显，就业优先政策聚力增效，就业形势总体保持良好，教育优质均衡加快发展，教育质量水平明显提高，健康天津战略深入实施，卫生健康体系建设更加完善，普惠性民生保障逐步加强，社保覆盖面持续扩大，社会救助格局日益健全，市容环境面貌持续改善，全域文明城市创建取得新进展，党建引领基层治理创新不断加强，市域社会治理现代化扎实推进。但在取得成绩的同时，社会发展中也存在着诸多风险和挑战，如保障和改善民生的财政压力较大，就业供求总量矛盾和结构性矛盾突出，人口老龄化压力增大，劳动争议案件多发，基本公共服务水平和文明城市创建存在短板等。

为全面反映天津社会发展的客观进程，《天津社会发展报告（2022）》对天津社会发展成就以及社会各领域发展特征进行全方位的深度分析和系统总结，并对未来形势进行前瞻性预测。本报告主要运用数据统计分析、问卷调查、实地考察调研、专家走访与座谈等多种形式相结合的研究方法，由政府部门、科研机构与各领域专家、学者共同参与完成，对天津社会发展全局与各社会领域进行系统化、多角度、立体式和全方位审视与思考。

《天津社会发展报告（2022）》收录了天津社会发展2021年十大亮点和2022年十大看点及18篇研究报告，分为综合篇、社会建设篇、社会治理篇、专题篇四部分。综合篇为天津市社会发展形势分析报告（2022）1篇；社会建设篇包括人口形势、公共卫生、职业教育、文化事业、生态环境、人才建设、社区建设等报告8篇；社会治理篇包括社区治理、心理健康、未成年人保护、网络舆情等报告5篇；专题篇包括城市文化、京津冀文化协同发展专题研究等报告4篇。

《天津社会发展报告（2022）》由天津社会科学院联合天津市统计局、天津市经济发展研究院、天津市教育科学研究院、天津市卫生健康发展研究中心等单位联合编撰，旨在为天津市委、市政府及相关部门战略决策提供有价值的参考建议。

展望2022年，天津将深入落实“十四五”发展规划和持续推进全面建设社会主义现代化大都市等目标任务，实施更加积极的就业政策，完善收入分配制度，加快建设高质量教育体系，全面推进健康天津建设，进一步完善多层次社会保障体系，全市人民群众福祉将得到增强，社会发展将进入一个新阶段。

目 录

综 合 篇

社会建设篇

社会治理篇

专　题　篇

天津社会发展2021年十大亮点和2022年十大看点

天津社会科学院课题组[①]

一、天津社会发展2021年十大亮点

亮点一："十四五"规划聚焦民生实事　倾情答好社会建设大考卷

"十四五"大幕初启。天津把"以人民为中心"化为一项项具体行动，让人民群众的获得感、幸福感、安全感得到持续提升。2021年，我市医疗保障、急救服务、交通、法治天津、全民健身、社会信用体系建设、自然资源保护和利用、应急管理、农业农村现代化等不同社会领域的"十四五"规划相继出台，擘画民生画卷。天津"以百姓心为心"，树立"不怕老百姓占便宜"的理念，从民生实事做起，向基层、普通、弱势、急难倾斜，解决老百姓的烦心事、揪心事，提高人民生活质量，始终把增进民生福祉、促进共同富裕作为推动社会发展的鲜明价值导向。一张张民生清单，带给老百姓的是看得见、摸得着的实惠，民生成色越来越好。

亮点二：守住来之不易的"净土"　筑牢首都疫情防控"护城河"

2021年，全球疫情形势依然严峻，国内疫情多点散发，防控压力仍然较大。天津作为首都"东大门"，坚持"动态清零"的防控目标和"外防输入、内防反弹"的总策略不动摇，始终保持指挥体系、防控措施高速高效运转。落实主体责任、细化应急预案、狠抓冷链防疫源头、推进疫苗接种应接尽接，

① 执笔人：吴阿娟

打出一套组合拳，坚决守住来之不易的疫情防控成果。今年以来，在全市上下共同努力下，尽管周边地区疫情时有“红灯”闪亮，但我们坚守住了这片“净土”，为全市社会发展创造了条件，赢得了宝贵时机。老百姓真切感受到了安全和幸福，也由衷点赞天津的防控成效。

亮点三：“我为群众办实事”常态长效　好事实事办到群众心坎上

围绕群众的“急难愁盼”，天津深入开展“我为群众办实事”实践活动，这是党史学习教育的一项重要内容。天津见之于“行”，落脚于“实”，着眼于“常”，不断密切同人民群众的血肉联系。建立市、区、街镇三级“联点访户”制度，党组织书记落实“四个走遍”，机关干部“入列轮值”，党员群众参与志愿服务。推广“向群众汇报”“和平夜话”“五常五送”工作法等，把联系群众、服务群众的有效做法及时固化为长效机制，切实为群众办实事。万余名市级机关党员干部下沉社区，带着感情，扑下身子，对接群众解决治理难题，走好新时代党的群众路线，评价鉴定好评率达 98.5%。

亮点四：民生托底“提速办”　弹性供热“暖人心”

天津在完善民生托底保障方面多措并举：持续推进 20 项民心工程；出“硬核”条款稳就业，截至 10 月末全市新增就业 33.09 万人，就业形势整体向好；推出完善社会救助制度改革措施，扩大救助范围，惠及困难群众；自 1 月 1 日起，城乡居民基本医疗保险住院报销比例提高 5 个百分点；自 7 月 1 日起，失业保险金发放标准月人均提高 90 元；自 9 月 1 日起，社会救助审核确认权限下放街道、乡镇，让百姓的急难愁事“提速办”；持续深化不动产登记“互联网+”服务，让改革跑出“加速度”；全面实现异地就医门诊医疗费用直接结算服务；推进社区居家养老，梯次开展多种为老服务，河西区创出典型做法；数字赋能民生，打造“银发”智能服务平台；建设“老年食堂”、推行“五步工作法”，解决老人吃饭、就医问题；推出“五育并举”推进全市义务教育优质均衡发展；促农民增产增收；连续 6 年实施弹性供热，开展“冬病夏治”等一系列专项工作，用心用情写好“暖”字。民生有温度，是这座城市最生动的表达。

亮点五："871"生态工程取得新成效　$PM_{2.5}$浓度首次降至"30档"

天津"871"重大生态工程已全面融入京津冀区域生态环境体系。截至10月底，绿色生态屏障基本成型，一级管控区内林地面积达到18.73万亩，林木绿化覆盖率达到25%，蓝绿空间占比提升到65%，成为环首都东南部生态屏障带的重要组成部分；湿地"1+4"规划逐步实现，北大港湿地南部水循环区域列入国际重要湿地名录；严格管控岸线周边生态空间，整治修复岸线4.78公里，逐步实现"水清、岸绿、滩净、湾美"的蓝色海湾。今年1至9月，全市$PM_{2.5}$平均浓度首次降至"30档"，同比改善22.9%；全市优良天数同比增加18天，再次刷新空气质量国家标准修订以来的历史最好记录。朋友圈"晒蓝天""晒明月"，晒出的是津城美，晒出的也是老百姓的幸福感。

亮点六："院前急救"保持全国领先　健共体"四朵云"开省级先河

生死关头，"救命黄金时间"争分夺秒。《天津市院前医疗急救服务条例》9月1日施行，将我市院前医疗急救工作的成熟经验和有效做法上升为法规，以法治方式守住人民群众生命健康的"第一道防线"。急救电话10秒接听率已达100%，接报至到达平均时间控制在10分钟以内，"胸痛中心"密度居全国第一，创造了急性心梗救治"天津模式"。《院前医疗急救服务体系"十四五"发展规划》更是持续推动天津院前医疗急救服务体系高质量发展，保持全国领先地位。我市创新打造"四朵云"平台，即"云管理""云服务""云药房""云检查"，推进基层数字健共体建设，开创省级行政区基层医疗数字化升级先河，获授"推进医改服务百姓健康十大新举措"。

亮点七：教育综合改革举新措　"双减"政策落地见实效

做好"双减"工作是贯彻教育立德树人根本任务的必然要求，是推动教育领域综合改革的重要推手。我市组建"双减"工作专班，持续发力推进校外培训机构治理、重拳出击违规培训行为、治理校外培训广告乱象、积极探索小学生假期托管服务工作、多举措提升学生课后服务水平、推进高校与中小学常态化联合开展实践活动，提高教育教学质量。我市中小学全面推行“5+2”课后服务模式，减负提质，强化学校教育主阵地。截至 11 月，全市学生课后服务参与率平均为 95.81%。

亮点八：打赢农村人居环境整治收官战　三年行动目标全面完成

我市宝坻区黄庄镇和滨海新区海滨街联盟村等 10 个村入选第二批全国乡村治理示范乡镇。自农村人居环境整治三年行动以来，我市采取有效措施，全力推动落实，全面完成目标任务，打好打赢了农村人居环境整治收官战。农村生活垃圾处理任务全面完成，农村生活垃圾无害化处理率达到 97.4%，规划建设了 9 座垃圾焚烧发电厂；农村生活污水处理设施建设任务全面完成；农村“厕所革命”任务全面完成；1500 公里乡村公路建设改造完成，村容村貌得到明显提升。2021 年，天津启动 150 个农村人居环境整治示范村建设，在国内率先完成“原生垃圾零填埋”的目标。

亮点九：开展“矛调”机制在身边活动　条块发力消除隐患矛盾

全市三级社会矛盾纠纷调处化解中心挂牌以来，切实解决群众诉求。在治理重复信访、化解信访积案专项工作中，化解率位于全国第一、倒流率最低。矛调中心把防微杜渐消除隐患、积极稳妥化解矛盾作为检验工作实绩的标尺，变“等群众上门”为“送服务上门”，把“群众要办”变成“为群众办”，打通矛盾纠纷化解“最后一公里”。2021 年，在全市范围内开展社会矛盾纠纷调处化解机制在“你”身边活动，依托社区（村）党群服务中心，汇聚市、区、街乡镇各级资源力量一体推进、条块同步发力。“入网进格”听民意，良性互动纾烦怨，开展多元调处化解，确保群众合理诉求有人理、生活困难有人帮、矛盾纠纷有人解。

亮点十：“扫黑除恶”取得重大战果　建设更高水平“平安天津”

天津交出扫黑除恶专项斗争“成绩单”。专项斗争以来，打掉涉黑组织

27个，恶势力犯罪集团72个、涉恶犯罪团伙505个，查处涉黑涉恶腐败和“保护伞”问题394件714人，战果超过去10年总和。天津以雷霆万钧之势，扭住“无黑”城市目标，扫出了朗朗乾坤、盈盈正气。99.7%的受访群众对天津扫黑除恶专项斗争的成效表示满意，98.7%的受访群众认为社会治安有了明显改善，专项斗争赢得了广大人民群众的拥护支持。彻底铲除黑恶势力是一项长期艰巨的任务，天津以有黑必扫、除恶务尽的坚定决心，常态化开展扫黑除恶斗争，努力建设更高水平“平安天津”，切实筑牢首都政治“护城河”。

二、天津社会发展2022年十大看点

看点一：社会建设“十四五”规划见行见效　社会发展持续稳步推进

我市第一个医疗保障事业发展专项规划《天津市医疗保障发展“十四五”规划》提出7大改革目标；《法治天津建设规划（2021—2025年）》推动法治天津建设走在前列；《天津市社会信用体系建设“十四五”规划》打响“诚信天津”品牌；《天津市“十四五”时期推进旅游业高质量发展行动方案》提出构建“一核一带两园三区六组团”的文旅融合发展空间布局；《天津市推进农业农村现代化“十四五”规划》致力于建设“三美”、打造“四乡”，为大都市乡村振兴探索路径；《天津市全民健身实施计划（2021—2025）》《天津市“运动之都”建设行动方案（2021—2025年）》聚焦提高人民群众健康指数。随着一系列社会建设“十四五”规划的实施，天津社会发展多点开花、见行见效，共同推进品质民生。

看点二：规划城市发展目标愿景　“双城”合力托举美好生活

“津城”“滨城”双城发展格局蓝图绘就，新章开启。备受关注的《天津市国土空间总体规划（2021—2035年）》提出构建“三区两带中屏障”的市域生态格局，形成“一市双城多节点”的市域城镇格局。加强“双城”中间绿色生态屏障建设成为规划亮点，坚持生态优先，共促人与自然和谐共生。

规划将人民对美好生活的向往、增进人民福祉、建设美丽国土作为重要任务。构建覆盖城乡的四级公共服务设施体系、实现基本公共服务设施均等化、建设公共服务城乡共享的城镇圈、营造服务与人群结构相匹配的生活圈等举措，将不断提升群众生活舒适度。生活空间得以舒展、生活环境宜居宜业、生活条件有序改善，津滨双城合力托举，天津未来可期。

看点三：汇聚精神力量凝聚精神气场　全力攻坚全域创建文明城市

文明，是一座城市最鲜亮的“底色”，也是一座城市的软实力。我市文明城区创建工作形成了“5+7+2+2”的格局：5 个全国文明城区、7 个全国文明城区提名城区、2 个未提名全国文明城区的天津市文明城区、2 个天津市文明城区争创区。现如今，文明已升华为天津的地域品格与城市气质。以文明城区创建为牵引，文明单位、文明村镇、文明社区、文明校园、文明家庭等各项群众性精神文明创建均取得突出成绩。“创文”没有终点，文明永无止境。《天津市全域创建文明城市三年行动计划（2021—2023 年）》2022 年打响攻坚战，加强新时代文明实践中心建设，以扎扎实实的创建成效推动文明之花开满津沽大地。

看点四：打造国家领先中医药康复中心　提升中医药健康服务质量

根据《天津市中医药事业发展“十四五”规划》，我市将全面提升中医药健康服务质量与效能，满足百姓日益增长的中医药健康需求。随着 2020 年 7 月天津市中医康复中心正式揭牌，天津将打造形成各级中医医疗机构康复科布局结构合理、功能定位明确、综合服务增强的中医康复服务体系，打造集医疗、教学、科研为一体的市级中医康复中心，力争达到国家级领先水平。根据《天津市加快推进康复医疗服务工作发展实施方案》，到 2022 年全市妇幼健康领域将基本建立中医药服务网络。同时，我市将逐步建立一支数量合理、素质优良的康复医疗专业队伍，到 2022 年，每 10 万人口康复医师将达到 6 人、康复治疗师达到 10 人。

看点五：社会治理插上“智慧之翼”　云上“智”理联通百姓幸福

一屏观津门，一网联津城，天津市大数据管理中心的“城市大脑”，以其超强的“整合思考”能力，触摸城市脉搏，提升治理效能，打造城市生活数字化界面，开启了一场全新“云”上智慧体验。“银发智能服务”“两津（“津心办”与“津治通”）联动”、慧治网约车、疫苗接种态势感知、慧眼识津等多元化应用场景，推动城市治理和公共服务数字化，让服务充满智慧。“智能”路上携手老人同行，2022 年，我市老年友善医疗机构创建率将达到 80%。立足《天津市加快数字化发展三年行动方案（2021—2023 年）》，打造让百姓有感知，治理更智慧的“城市大脑”天津模式，将为天津社会治理插上“智慧之翼”。

看点六：推进中小学校劳动教育方案　加快构建全面培养教育体系

为进一步加强和改进新时代我市中小学校劳动教育，加快构建德智体美劳全面培养的教育体系，我市制定《关于推进天津市中小学校劳动教育的方案》，划出中小学生劳动时间表和路线图。全市中小学生将分层级、分角色承担午餐服务、教室布置、校园美化、秩序维护、教学管理服务等劳动任务；按照家庭劳动目标，实现个人日常生活自理，掌握符合年龄特点的家庭劳动技能，经常性参加力所能及的家务劳动。通过实施劳动教育“夯基垒台”“中流砥柱”“春风化雨”“扎根落地”“同心育人”五大工程，到 2022 年，我市将实现学生自主负责校园环境卫生常态化，并把劳动素养纳入学生综合素质评价体系，建立劳动教育信息化评价系统。

看点七：高水平建成农作物种质资源库　确保菜篮子装进安全与多彩

农业种质资源是保障国家粮食安全与重要农产品供给的战略性资源。目前，我市保存有 12 万种质资源。2022 年，天津市农作物种质资源库将建成并投入使用，保存能力将达到 40 万份。截至 2021 年 10 月，天津确立并累计认定 187 个“津农精品”农业品牌，小站稻、沙窝萝卜、茶淀玫瑰香葡萄、宝坻黄板泥鳅等 4 个区域公用品牌成功入选中国农业品牌目录；黄瓜、花椰菜等优势蔬菜品种始终保持全国领先水平；“津新鲤”“津鲢”“津新乌鲫”等新品种不断培育推出。“土字号”“乡字号”特色农业持续发展，市民的菜篮子不仅将更加优质安全，也将更加多姿多彩。

看点八：以法固本促进乡村振兴　惠民惠农“一卡通”改革全面推开

《天津市乡村振兴战略规划（2018—2022）》2022 年收官。通过实施五大振兴推动方案，我市现代都市型农业升级发展效果显著，乡村人居和生态环境有效改善，乡村治理现代化扎实推进，垃圾、污水、厕所等百姓“急难愁盼”问题得到解决。于 2021 年 11 月 1 日起施行的《天津市乡村振兴促进条例》，以法治固本，将政策措施和实践经验上升为制度安排。自 2022 年起，全市将开展为期 3 年的扶持经济薄弱村发展工作，并将全面推开惠民惠农财政补贴“一卡通”管理改革，实现“多卡合一”，打造人民群众“明白卡”“幸福卡”，切实将“一卡通”管理改革“通”起来，把党的惠民惠农政策温暖直达广大百姓。

看点九：建设“一刻钟便民生活圈”　提高百姓生活品质品位

2021 年 10 月，滨海新区入选全国首批城市“一刻钟便民生活圈”试点名单。出门步行一刻钟之内，购物、餐饮、理发、洗染、购药、家政、维修、邮政等便民服务统统搞定。市商务局等 12 部门印发《关于推进城市一刻钟便民生活圈建设落实措施分工方案》，天津将从 8 个方面、22 项具体措施推进城市“一刻钟便民生活圈”建设，提出到 2025 年，力争建成 5 个国家级“一刻钟便民生活圈”建设示范区，便民生活圈达到 126 个。通过试点示范，打造津城、滨城“双城百圈”，建设一批布局合理、业态齐全、功能完善、智慧便捷、规范有序、服务优质、便民利民、商居和谐的城市便民生活圈，便利百姓生活，提高百姓生活品质。

看点十：着力塑造“新城市”形象　向世界展示精彩天津

美好生活的向往，要有美好的城市形象，要有美好的自己。天津以冬奥会为契机大力发展冰雪运动，启动“冰雪惠民计划”全国示范活动，建成冬奥会助力场馆——蓟州国家冰上项目训练基地速度滑冰馆，举办全国高校冰壶联赛等，围绕“冰雪运动”充分挖掘城市潜能。迪拜世博会中国馆“天津活动日”线上线下同步开展，文化旅游宣传片、贸易投资推介、天津商品云展、中国馆云巡馆等板块及各类天津元素，向世界展示精彩天津。天津茱莉亚学院落成，为人文天津再添对外交流的新平台。启动“你好，天津”网络短视频大赛，诚邀海内外网友记录和分享天津人、天津事、天津情、天津景，展现天津美好城市形象，唱响百姓好、天津好、祖国好的昂扬旋律。

综　合　篇

天津市社会发展形势分析报告（2022）

天津社会科学院课题组[①]

摘　要： 2021 年，天津以推动高质量发展为主题，巩固拓展疫情防控和经济社会发展成果，着力在“补短、强弱、升级、奠基、惠民”上下功夫，切实打好“治引育稳促”组合拳，全市经济运行稳中有进、稳中有固，质量效益持续向好，各项社会事业进一步发展。居民收入持续增长，消费升级趋势明显，就业优先政策聚力增效，就业形势总体保持良好，教育优质均衡加快发展，教育质量水平明显提高，健康天津战略深入实施，卫生健康体系建设更加完善，普惠性民生保障逐步加强，社保覆盖面持续扩大，社会救助体系日益健全，市容环境面貌持续改善，全域文明城市创建取得新进展，党建引领基层治理创新不断加强，市域社会治理现代化扎实推进。与此同时，还存在保障和改善民生的财政压力较大、就业供求总量矛盾和结构性矛盾突出、“海河英才”计划效果需待进一步突显、劳动争议案件多

① 执笔人：叶国平

发高发、基本公共服务能力水平和全域文明城市创建存在明显短板等需要进一步加强和改进的问题。2022年面对深入落实“十四五”规划和持续推进全面建设社会主义现代化大都市等目标任务，天津需要实施更加积极的就业政策，完善收入分配制度，加快建设高质量教育体系，全面推进健康天津建设，进一步完善多层次社会保障体系，强化文明培育实践，深入推进全域文明城市创建。

关键词： 社会形势　社会发展　民生保障　天津市

2021年是天津“十四五”规划的开局之年，也是天津开启全面建设社会主义现代化大都市新征程的起步之年。前三季度，天津坚持以习近平新时代中国特色社会主义思想为指导，深入贯彻落实习近平对天津工作“三个着力”重要要求和一系列重要指示批示精神，以推动高质量发展为主题，巩固拓展疫情防控和经济社会发展成果，扎实做好“六稳”工作，全面落实“六保”任务，着力在“补短、强弱、升级、奠基、惠民”上下功夫，切实打好“治引育稳促”组合拳，全市经济运行稳中有进、稳中有固，质量效益持续向好，居民收入、就业、社会保障和公共服务等各项社会事业稳步发展，广大人民群众的获得感、幸福感、安全感进一步增强。

一　2021年天津社会发展总体形势

2021年，天津市委、市政府把共同富裕作为目标追求，以提高人民生活质量为引领，全面加强各项社会事业建设，持续推进各项民生工程，扎实做好普惠性民生工作，不断强化民生保障，不断增进人民福祉，努力推动全市经济社会高质量发展，总体可以概括为以下几个方面：

（一）居民收入持续增长，消费升级趋势明显

2021年，天津经济社会发展各项工作有力有序有效开展，全市经济运行

总体平稳，地区生产总值、固定资产投资、工业生产、质量效益、发展预期等主要经济指标呈现出持续向好的发展态势。前三季度，全市地区生产总值为11417.55亿元，同比增长8.6%，与全国的差距为1.2个百分点，比上半年缩小了0.1个百分点，实现了与全国同频共振，高质量发展的态势已经形成；一般公共预算收入增长强劲，增长19.5%，增速居直辖市首位，特别是税收占比达到75.4%，比上半年提高2.4个百分点，实现了增幅与质量“双提高”。天津市在着力推动高质量发展的同时，积极实施居民增收政策措施，千方百计拓宽城乡居民的增收渠道，调整最低工资标准，发布企业工资指导线，促进企业职工工资合理增长，为居民收入的稳定持续增长创造了较好的环境。前三季度，全市居民人均可支配收入37572元，同比增长9.0%，两年平均增长5.7%，比上半年加快1.0个百分点，其中工资性收入增长9.7%，支撑性力量依然稳固，经营净收入增长21.8%。城镇居民人均可支配收入41009元，同比增长8.7%；农村居民人均可支配收入21136元，同比增长10.7%。居民收入的稳定增长保证了社会消费的平稳发展。大力培育国际消费中心城市标志商圈，扎实推进社区商业中心建设，制定以新业态、新模式引领新型消费加快发展落实举措，推动消费品市场继续恢复，升级类商品消费活跃。前三季度，全市社会消费品零售总额同比增长7.8%，全市居民人均消费支出24387元，同比增长16.9%。其中，限额以上社会消费品零售总额同比增长9.4%，两年平均增长2.1%，比上半年加快0.6个百分点。限额以上单位商品零售额中，金银珠宝类、化妆品类、体育娱乐用品类分别增长57.5%、27.6%和26.8%，新能源汽车、智能手机分别增长81.7%和18.6%。全市居民人均服务性消费支出增长28.3%，其中教育文化娱乐服务支出增长80.1%。落实天津促进汽车消费若干措施，会展经济逐步发力，国家会展中心（天津）成功举办本年度北方规模最大、品牌最全、规格最高的国际汽车展览会，吸引观众63.3万人次，成交额突破30亿元，在提振人气、拉动消费方面发挥积极作用。

（二）就业优先政策聚力增效，就业形势总体保持良好

2021年，天津坚持把稳定和扩大就业摆在突出位置，继续强化和深化各

项就业优先政策，确保全年就业形势稳中有增。继续实施失业保险稳岗返还政策，扩大失业保险返还等阶段性稳岗政策惠及范围，支持和规范发展新就业形态，继续对灵活就业人员给予社保补贴，开展农民工就业服务“春风行动”，完善残疾人、零就业家庭人员等困难人员就业帮扶政策，实施创业培训“马兰花计划”，加强职业技能培训，大力促进失业人员再就业，促进更多人创业就业。紧盯重点群体就业，开展就业援助月、全国民营企业招聘月和高校毕业生“一对一”就业帮扶等活动，出台“高校毕业生就业 45 条”，发放一次性吸纳就业补贴 2280.8 万元，组织 1.8 万名高校毕业生等青年人参加就业见习，截至 9 月 1 日，天津高校毕业生毕业去向落实率达 85.4%。实施稳岗返还政策，前三季度共发放援企稳岗补贴 8700 万元。积极推进创业政策落地，发放创业担保贷款 3.8 亿元。创新优化人才政策，制定深入实施人才引领战略加快天津高质量发展意见、支持人才创新创业联盟发展若干措施、信创人才引育工作方案，打造“海河英才”行动计划升级版，累计引进各类人才 41.35 万人（当年新增 6.4 万人），累计发放人才绿卡 48387 张（当年新增 958 张）。开展补贴性职业技能培训 24.2 万人次，完成全年计划 30 万人次的 80.7%，组织以工代训 25.5 万人次。截至 9 月底，全市新增就业 30.97 万人，完成全年计划 35 万人的 88.5%；全市城镇失业人员再就业 7.25 万人，完成全年计划 9 万人的 80.6%；就业困难人员就业 2.66 万人，完成全年计划 3 万人的 88.7%；城镇登记失业率 3.64%（年度计划 4.50%）。

（三）以“双减”为契机加快教育优质均衡发展，教育质量水平明显提高

2021 年，天津全面深化教育改革，着力推动教育公平发展和质量提升，扎实推进高等教育“双一流”建设、职业教育改革创新、基础教育资源均衡建设，发展更加公平、更高质量教育。坚持城乡一体化的中小学编制标准，启动品牌高中建设，遴选首批品牌高中培育建设学校，实施普惠性民办幼儿园生均经费补助项目，提升巩固学前教育普及普惠水平，深入推进基础教育优质资源辐射引领工程。截至 9 月底，完成 56 个中小学建设项目，新增义务

教育学位 5.6 万个。加强全市高校学科建设规划，建立基础学科、应用学科、交叉学科分类发展新机制，持续推进教育部、天津市共建“双一流”高校，实施“顶尖学科培育计划”，推动高等院校继续教育实现学历、非学历继续教育并举并重。全面落实中央《关于进一步减轻义务教育阶段学生作业负担和校外培训负担的意见》，聚焦发挥学校主阵地作用、课后服务、风险防控、广告治理、治理违规培训行为 5 项阶段性重点任务，打出“双减”工作组合拳。通过采取政策宣传、严格审批、专项治理、规范时间、强化监管等措施，多措并举、持续发力治理校外培训机构。建立完善课后服务经费保障机制，下发《关于做好我市义务教育阶段学校课后服务经费保障工作的通知》，规定中小学课后服务费每生每月不超 180 元，按月据实收取，不得跨月预收，经济困难家庭学生收费可减免。充分发挥高校专业优势和人才优势，出台《关于发挥高校实践育人功能，提高中小学课后服务质量的实施方案》，将中小学课后服务作为高校社会实践和志愿服务的重要内容，提升中小学课后服务质量。公布《提升新时代义务教育教学质量的若干措施》的重点项目清单 21 个和负面清单 17 个，推出包括完善“五育并举”课程体系、深化课堂教学改革、减轻学生过重学业负担、完善教育评价体系、加强教育教学研究等一系列举措，实施幼小科学有效衔接专项行动，规范使用审定教材，严禁超课标教学，严禁占用体育、美育、劳动教育和综合实践活动等课程课时，推进全市义务教育优质均衡发展，提升义务教育教学质量。

（四）深入实施健康天津战略，卫生健康体系更加完善

2021 年，天津把人民健康放在优先发展的战略位置，积极落实国家关于深化医药卫生体制改革的目标任务，深化医疗、医保、医药联动改革，持续推进健康天津行动，切实提升人民群众医疗保障水平。强化公立医院公益性，推动分级诊疗，完善社会办医机构信用体系，加强全科医生转岗、专科加注全科医生培训，加强乡村医生队伍建设，提升基层医疗机构服务能力。加强疾控人才队伍建设，加强精神卫生和心理健康服务，强化食品药品疫苗生产、流通、使用各环节监管，全面提升本市重大疫情应对能力。坚持中西医并重，

制定《天津市中医药条例》，推进中医药振兴发展。稳步扩大门诊试点联通地区，定点医药机构范围和门诊结算范围，自 1 月 1 日起，城乡居民基本医疗保险住院报销比例在原有基础上提高了 5 个百分点，居民医保和基本公共卫生服务经费人均财政补助标准分别再增加 30 元和 5 元。印发《天津市医疗保障区域点数法总额预算和按病种分值付费管理办法（试行）》，全面推行区域点数法总额预算管理下的多元复合式医保支付方式改革。实施更加积极的生育保险制度，在全国省级层面率先出台《关于做好支持三孩政策生育保险工作的通知》，将参保人员三孩生育费用纳入生育保险报销范围，确保三孩生育待遇政策落实到位。加强互联网诊疗服务线上线下一体化融合，推进基层数字健共体建设，创新打造“云管理”“云服务”“云药房”“云检查”平台，提供诊前、诊中、诊后全流程医疗和健康维护服务，开创省级行政区基层医疗数字化升级的先河。鼓励在综合医院、专科医院、中医医院、基层医疗卫生机构国医堂开展“业（夜）诊”服务，解决市民“挂号难”问题。完善短缺药品供应保障工作会商联动机制，持续深化医药服务供给侧改革，全面实施 2020 年版国家药品目录，将 119 种药品纳入报销范围，进一步优化本市药品目录结构。第四批国家组织药品集采降价成果在津落地，45 种药品平均降幅 68.76%，预计每年减轻群众负担逾 6 亿元。强化医疗机构监督考核，通过压实医疗机构主体责任，发挥行业组织自律作用，加大政府综合监管力度，畅通社会监督渠道等机制建设，构建医疗服务多元化监管体系。

（五）加强普惠性民生保障，社保覆盖面持续扩大

2021 年，天津持续深化社保制度改革和完善社保制度体系建设，坚持优化征缴与提高待遇同步，稳步提升基本民生保障能力。落实扩面征缴主体责任，持续推进全民参保计划。前三季度，养老、工伤、失业三险基金收支总规模为 2080.47 亿元，预算执行整体平稳良好。截至 9 月底，养老、工伤、失业参保总人数分别达到 928.73 万人（职工养老 756.43 万人，居民养老 172.30 万人）、408.09 万人、368.71 万人。按当年增量口径计算，职工基本养老、工伤、失业分别完成年度计划增量的 87.8%、103.9%、109.6%。社会保障卡持

卡人数为1304.19万人，完成年度计划增量46.03万人的54.8%。累计制发三代社保卡230.89万张，签发电子社保卡935.85万张。按照国家调整增幅，同步提高本市退休人员基本养老金、优抚对象抚恤和生活补助标准，养老金待遇月人均提高4.5%，本市调整退休人员基本养老金惠及234万人。继续实施失业保险保障扩围政策，自7月1日起，失业保险金发放标准月人均提高了90元。继续实施失业保险稳岗返政策，放宽技能提升补贴申领条件，规定凡在本市依法缴纳失业保险费满12个月及以上，上年度不裁员或裁员率不高于上年度全国城镇调查失业率控制目标（6%）的，参保职工在30人及以下的企业裁员率不高于20%的企业，均可申报失业保险稳岗返还。调整工伤保险待遇，上调伤残津贴、退休工伤人员补贴、供养亲属抚恤金标准，一级至四级工伤职工分别增加178元、168元、158元、148元，一级至四级伤残退休工伤人员分别增加60元、50元、40元、30元。发布2020年度平均工资，联动调整相关福利保险待遇。同时，积极推动本市社会保险信息平台与国家社会保险公共服务平台应接尽接，落实人力资源社会保障部基本养老保险统筹工作任务，积极推进社区居家养老服务，截至9月底，建成老年人日间照料中心78个，新增养老床位1710张；开展家庭医生签约续约77万人，为60岁以上失能、半失能人员提供入户医疗护理服务13万人次；长期护理保险制度试点项目于6月1日正式实施，已提供长期护理保险护理服务72万余人次。关爱妇女儿童健康，完成0～6岁儿童孤独症筛查12.9万人，诊断孤独症儿童457人，对114.9万中小学生开展视力筛查。

（六）兜牢兜实基本民生底线，社会救助体系日益健全

2021年，天津市紧盯困难群体，不断推进社会救助服务规范化建设，进一步做好困难群众兜底保障工作。推进社会救助体系建设，制定《关于改革完善社会救助制度的措施》，完善基本生活救助、专项社会救助和急难社会救助相关政策措施。扩大救助范围，将特困救助供养覆盖的未成年人年龄由16周岁扩大到18周岁，对低收入家庭中的重度残疾、患重病的困难群众，可按照单人户申请低保。拓展救助项目，增加法律援助和司法救助、无丧葬

补助居民丧葬补贴、困难群众取暖、水电、燃气补贴等。截至9月底，向中低收入住房困难家庭发放租房补贴3.43亿元；推进落实《天津市残疾人机动轮椅车管理办法》，使近2万名需要驾车的下肢残疾人合法合规上路；发放残疾人居家托养服务补贴9937万元，为残疾人免费配发助听器、假肢等辅助器具14484件；加快智慧残联建设，统筹推进残疾人按比例就业情况联网认证和残疾人证等事项“跨省通办”，推动实现更多残疾人服务事项“上门办、网上办、就近办、一次办”。关心困难职工生活，农民工、困难企业职工和困难职工免费检查身体3.8万人，发放职工大病救助金3382万元。同时，注重救助服务管理便民惠民，积极探索社会救助“就近受理、全城协办”，依托政务服务窗口，全面推行“一门受理、协同办理”；在审批流程上，申请对象情况紧急无法提供相关证明材料的，可先行救助，再履行相关手续；提高救助标准的科学性，对遭遇特殊生活困难的家庭或个人，采取“一事一议”的方式确定救助标准。自新冠肺炎疫情发生以来，本市临时救助累计投入资金2.6亿元，11.2万人次受益，人均次救助金额达到2300元。

（七）持续改善市容环境面貌，全域文明城市创建取得新进展

2021年，天津继续深化拓展以文明城区创建为龙头的群众性精神文明创建，按照新时代文明城市创建标准，出台《天津市全域创建文明城市三年行动计划（2021—2023年）》，以“全民实践”助力“全域创建”。通过全国文明城区创建示范工程、全国文明城区提名城区创建攻坚工程、未提名全国文明城区的天津市文明城区创建提升工程、天津市文明城区争创区创建基础工程、新时代文明实践拓展工程五大工程推动全域创建；通过市民文明素质提升工程、干部职工职业素养提升工程、村民精神面貌提升工程、青少年思想道德教育工程、先进典型示范引领工程、志愿服务品牌提升工程六大工程助力全民参与；通过政务环境提升工程、法治环境提升工程、市场环境提升工程、人文环境提升工程、城市市容市貌提升工程、城市交通秩序提升工程、城市社区功能提升工程、城市服务功能提升工程、社会环境提升工程、生态环境提升工程十大项重点工程全方位提升全域文明城市创建水平。在抓好城

市精细化管理的同时，大力建设城乡公共设施，让广大人民群众共享创建成果。截至9月底，已完成供热旧管网改造42公里、燃气旧管网改造17公里；新建改造城乡道路6条，提升改造6条城市道路、整修20座人行天桥；提升改造农村公路、桥梁项目已主体完工168公里和13座；新增、优化公交线路58条，新建居民小区公共充电桩1795台，改造781个（条）小区（道路）路灯13770套；增建社区健身园254个、社区体育园（智能健身园）84个、多功能运动场25个和健身步道7条；增建5个标准化菜市场，新建品牌连锁便利店114个。国家公共信用中心发布的2021年第9期《城市信用监测月报》显示，在36个省会及副省级以上城市中，天津城市综合信用指数以89.28分位列全国第3位，比上年同期提升5名。目前，天津文明城区创建工作已形成“5＋7＋2＋2”的格局，即5个全国文明城区、7个全国文明城区提名城区、2个未提名全国文明城区的天津市文明城区、2个天津市文明城区争创区，市民文明素质和城市品质品位有了显著提升，天津全域文明城市创建已进入全域覆盖、全方位创建、全民参与的新阶段。

（八）加强党建引领基层治理创新，市域社会治理现代化扎实推进

2021年，天津以持续深化“战区制、主官上、权下放”党建引领基层治理体制机制创新为动力，以强化基层党组织轴心作用，社会治理和服务重心下移，向基层放权赋能为路径，以构建网格化管理、精细化服务、信息化支撑、多元化参与的基层社会治理服务平台为依托，以健全完善共建共治共享、科学高效、充满活力的基层社会治理体系为目标，深入开展市域社会治理现代化试点全域创建，不断推进市域社会治理体制现代化、工作布局现代化、治理方式现代化。继续深化和加强基层治理创新的党建引领，强化基层党组织在城乡基层各类组织中的战斗堡垒作用，把党的领导贯穿街道乡镇机构改革和建设的全过程，发挥街镇基层治理主战区、社区村基础战区、网格治理基本单元功能，推动党的全面领导根植于基层。进一步调整街道乡镇与区级部门的工作关系，通过向基层赋权理顺条块关系，调整完善街道乡镇权责清单，制定统一的街道乡镇职责清单并实行准入制度，使基层掌握工作的主动

权和对有关区级部门的“吹哨”调度权、考核评价权、人事建议权，实现“条条围着块块转、一针撬动千条线”。制定印发《加强全市基层居民组织自治能力建设的12条措施》，结合社区“两委”换届，进一步加强社区党组织建设，完善党组织领导下的社区治理机制，按照“4＋N”模式建强基层治理骨干力量，通过厘清政府部门与基层群众自治组织的职责边界，持续深入推进社区减负增效，以社会组织公益创投和孵化基地建设为载体，充分发挥社会组织参与社会治理的作用，将更多资源、服务、管理放到社区，进一步为社区赋权、增能，激发基层治理新活力。

二　2022年天津社会发展的主要形势判断

我国在如期实现全面建成小康社会的第一个百年奋斗目标之后，开启了全面建设社会主义现代化国家新征程，以国内大循环为主体、国内国际双循环相互促进的新发展格局正在加快形成。“十四五”开局之年，全国上下科学统筹疫情防控和经济社会发展，有效应对严峻复杂的国际环境和疫情、汛情等多重考验，国民经济总体保持恢复态势，主要宏观指标总体处于合理区间，人民生活不断改善，各项事业取得新进步、展现新气象，推动高质量发展取得新进展。

天津经济在经受产业优化、结构升级、动能转换的滚石爬坡的阵痛中，紧紧抓住构建新发展格局和京津冀协同发展等重大战略机遇，围绕“一基地三区”功能定位，突出区位、港口、交通、产业等基础优势，努力在融入国家战略全局和推动全市高质量发展大局中找准定位、展现作为，有利于高质量发展的积极因素不断积累，市场活力逐步增强，高技术产业带动作用显著，规模以上工业利润增长加快，承接北京非首都功能疏解势头强劲，主要指标持续向好，增长速度与全国的差距也正逐步缩小，经济运行稳中有进、进中固稳的特征明显，高质量发展的态势逐步形成。

2022年是天津市“十四五”规划的第二年，也是天津全面建设社会主义现代化大都市的重要一年。围绕深入贯彻落实全市“十四五”规划，教育、医疗卫生、人力资源与社会保障等职能部门相继出台各自领域的“十四五”规划。随着相关细化的政策措施的逐步实施，各种利民惠民政策将更加丰富，社会基本民生保障将更加健全，市民生活质量将进一步提升。对于2022年天津的社会发展形势，我们可以做出如下基本判断：

1.随着天津强化就业优先的各项政策陆续落地，通过实施优先发展吸纳就业能力强的行业产业，深入实施高校毕业生就业创业促进计划，着力打造“海河英才”行动计划升级版，持续推进职业技能提升行动等措施，统筹城乡的就业援助制度会更加健全，有利于更充分更高质量就业的促进机制会更加完善，2022年天津新增就业人数有望继续保持稳步增长，重点群体就业困难局面会明显缓解，就业质量会进一步提高。

2.随着天津经济健康稳定发展的势头进一步巩固、一般公共预算收入的较快增长、财政民生投入的持续加大，以及一系列减税降费惠民政策的深入实施，2022年天津居民收入增长速度将继续与经济增长保持同步，收入分配结构会进一步改善，城乡居民收入差距会进一步缩小。

3.随着天津开展国际消费中心城市培育建设的持续发力，以及自贸试验区先行先试、服务业扩大开放试点城市政策叠加效应的进一步显现，市民消费舒适度和便利度会进一步增强，国际消费自由便利的制度环境会进一步改善，市民消费结构会持续升级，商业活跃度和消费繁荣度会明显提高，市民消费从生存型向发展享受型消费转移的态势会更加显著。

4.随着天津教育现代化发展规划的稳步实施以及义务教育优质均衡发展三年行动计划的深入推进，2022年天津学前教育资源建设和义务教育学校学位资源建设将会明显加快落地，基础教育优质均衡发展水平将进一步提升，普惠性学前教育和优质基础教育资源覆盖率将进一步加大，孩子们获得教育的机会将更加公平，质量将更有保障。

5.随着健康天津行动的加快推进，2022年天津医疗服务保障体系和公共卫生服务体系将更加完善，优质医疗资源会更加丰富，布局会更加均衡，健康服务质量会明显提升，基层医疗和公共卫生服务能力水平将会有进一步改善，药品价格和就医负担将会进一步降低。

6.随着天津覆盖全民的社会保障体系和社会救助体系的日益完善，2022年天津社会保障待遇的正常调整机制会更加健全，社会保险覆盖面会进一步扩大，相关人群的养老、医保、生活补助、低保、专项救助等待遇保障水平会继续提高。

7.全领域、全方位、全民参与的天津全域文明城市创建将深化拓展，文明培育、文明实践、文明创建的各项工作将全面推进，市民思想道德素质、科学文化素质、身心健康素质会进一步提高，公共文化服务体系和现代文化产业体系更加健全，人民精神文化生活更加丰富，市民文明素质和城市文明程度会有新的提高。

8.随着天津市域社会治理现代化试点全域创建的深入推进，2022 年天津全域社会治理的体制机制将更加健全高效，基层社会治理工作将会进一步加强，防范重大风险的制度体系会更加完善，三级社会矛盾调处化解综合机制作用将更加明显，群众参与基层社会治理的制度化渠道将更加畅通，共建共治共享的社会治理水平会进一步提高。

三　2022 年天津社会建设面临的挑战

尽管天津经济保持着稳中有进、稳中向好的发展势头，经济潜力和发展韧性也在不断增强，实现高质量发展的基础也在不断建立，但是面对日益严峻复杂的国内外经济环境，面对新冠肺炎疫情的反复持续影响，天津在向高质量发展的深度转换和全面建设社会主义现代化大都市的进程中，产业转型升级、经济结构优化、发展动能转换、市场活力振兴的难度趋于加大，重点民生领域的一些结构性短板还会不断显露。2022 年，如何以改善民生为导向培育新的有效投资和消费需求，巩固经济发展韧性，增强经济发展动力，促进就业稳定增长，夯实基本民生保障，各种困难和挑战依然繁重，各种风险和不确定性将会更加复杂，天津社会建设也将面临一系列新的挑战。对此我们要有清醒的认识，并予以高度重视。

1.保障和改善民生的财政压力依然较大。从 2021 年全市的经济数据分析，尽管总体呈现稳中有升的态势，但增长的基础不够稳固。前三季度，作为拉动经济增长的“三驾马车”，消费、投资、出口均出现了不同程度的放缓，成为影响经济稳定增长的重要因素，也势必会对财政收入增长带来不利影响，而用于保障和改善民生的刚性支出则在不断增加。前三季度，全市一般公共预算支出中，社会保障和就业支出增长 12.9%，教育支出增长 3.7%，卫生健康支出增长 5.7%。如何解决财政收入增长相对缓慢与民生刚性支出绝对增加的矛盾，切实做好民生保障工作，相应的困难和挑战将会趋于严峻。

2.就业供求总量矛盾和结构性矛盾仍然比较突出。一方面，劳动力就业总量增长与市场主体需求不足的矛盾会进一步加剧。2022 年天津高校毕业生数量将继续攀升，由于农村城镇化和疫情缓解而进城务工的农村劳动力也会继续增长，而天津市场主体偏少，民营经济发展规模不足，产业转型升级对劳动力的需求有所减少，加上当前教培行业的“双减”政策，很多企业为适应形势变化、调整经营模式进行规模裁员，这些都对新增劳动力就业带来很大挑战。从天津城镇调查失业率近几个月还略高于全国平均水平，说明就业的稳定性不高。另一方面，就业结构性矛盾仍然突出，天津急需的一些高端人才供给普遍不足，创业孵化基地不多，自主创业人数不高，稳岗返还力度不大。制造业立市对高技能劳动者的需求始终保持高位，但高级工以上技能劳动者求人倍率始终在 1.8 以上，技能人才结构比例与北京、上海还有差距。

3.“海河英才”计划效果还需待进一步突显。从 2018 年 5 月天津开始实施“海河英才”计划，引才人数呈现逐年减退的趋势。实施当年月均引进人才 2 万人，2019 年月均引进人才降到 0.96 万人，2020 年前 9 个月，月均引进人才降到 0.79 万人，而 2021 年前 9 个月，月均引才人数进一步下降到 0.71 万人，这反映出天津人才引育政策环境亟待提升。从引进人才的质量来看，引才精准度、质量还不高，不能很好地满足本市制造业、新兴产业对“高精尖缺”人才的需求。另外，监管机制需进一步健全，防止出现“黑中介”违规落户问题，从而产生负面舆情，对本市引才环境造成消极影响。

4.新业态发展对维护和谐劳动关系提出新要求。疫情对实体经济运行及经营模式影响效应的持续释放，使企业经营生产压力依然较大，部分企业尤其是餐饮、娱乐、旅游等服务业企业一旦遇到疫情反复，极易导致关停倒闭引发争议矛盾。义务教育“双减”文件正式出炉后，大批校外培训机构亟待转型调整，在此期间，劳动者极易在工资支付、调岗、降薪、解除劳动合同等环节与企业发生争议或权益受到损害。新业态经济从业人员权益保护问题热度不断升温，由于劳动关系模糊难定，使得在仲裁、司法实践中对此类案件的处理难以统一。2021 年前三季度，天津劳动人事争议案件总量同比增长 5.5%，案件总量依然呈现持续上升态势，劳动关系领域面临诸多新问题、新情况，风险因素复杂多变，极易引发争议矛盾，劳动争议案件多发、高发态势在一段时期内仍将持续。

5.基本公共服务能力水平仍有待进一步提升。目前，天津在上学、就业、就医、社会保障、文化生活等公共服务方面还存在短板和亟待解决的问题，与经济社会高质量发展的要求和人民群众对品质生活的追求还有差距。如教育方面，中小学学位存在结构性缺口，优质教育资源和教育人才不仅总量不足，而且分布很不均衡，入园难和入园贵问题仍然存在；卫生健康方面，区域间资源要素配置结构不合理，优质医疗资源的分布还很不均衡，基层医疗卫生服务能力还有待提升；公共服务方面，信息化建设较为滞后，办事流程还不够优化，服务的主动性、便捷性和规范性还存在短板，与群众日益多样化、个性化的需求还不相称；文化生活方面，区级公共文化设施建设普遍简陋，文化馆、群艺馆、健身广场等文化阵地亟待提档升级，基层文化活动开展普遍较少，社区打造 15 分钟便民生活圈的目标还有相当距离。

6.全域文明城市创建还存在明显短板。从全域覆盖方面看，各级新时代文明实践中心（所、站）建设普遍刚刚起步，机构人员、服务项目、活动场地等还普遍很不健全；老旧社区周边道路狭窄破损，车辆乱停乱放，环境卫生脏乱现象还很常见；老旧小区私搭乱盖、乱扔乱堆、乱涂乱画现象还大量存在；偏僻乡村还有不少地方存在创建空白。从全方位创建方面看，不仅创建范围很不平衡，而且创建水平有待整体提升。目前各区各单位对文明城区、文明单位创建相对重视，而对于文明培育、文明实践则重视不够，理想信念教育、文明新风培育、文明素质养成等亟待加强。从全民参与方面看，志愿服务风气总体不足，垃圾分类投放、分类收集工作还任重道远，文明创建相关宣传组织发动还很欠缺，市民对文明创建的知晓率、参与率普遍较低。

四 促进天津社会高质量发展的对策建议

（一）实施更加积极的就业政策，大力提升就业质量与容量

坚持经济发展就业导向，强化就业优先政策，通过加大政策扶持力度，完善创业带动就业促进机制，完善重点群体就业支持体系，聚焦实体经济提供精准岗位对接服务，健全职业技能培训制度等措施，进一步提升就业质量，扩大就业容量。一是抓政策导引。围绕天津“一基地三区”功能定位，政府优先发展吸纳就业能力强的行业产业，优先投资岗位创造多的项目，构建常态化援企稳岗帮扶机制，推进就业创业鼓励支持政策吸纳就业能力强的服务业、中小微企业和劳动密集型企业，向新经济、新业态、新技术行业和领域全面延伸，培育新的就业增长极。二是抓创业扶持。创业是活力之源，是高质量就业。要盯紧重点人群，加大创业项目推介；盯牢培育载体，建设各具特色的创业街区、孵化基地；盯住政策落实，及时兑现租金减免、税收优惠、创业补贴等支持政策，让“创客”多进驻、早孵化、快成长。三是抓就业服务。健全市和区就业服务中心、街道（社区）公共服务平台等多层次的公共就业服务体系，深入实施就业服务质量提升工程、高校毕业生就业创业促进计划，完善高校毕业生、农民工、灵活就业人员等重点群体就业服务机制，完善网上就业服务平台、就业服务移动终端等功能，提供常态化、精细化、差异化就业服务。四是抓职业培训。瞄准天津产业特点和社会需求，构建完善以企业为主体、职业院校为主阵地、培训机构为依托的职业技能培训体系，推广“互联网＋职业技能培训”，大力开展职业技能培训，持续推进职业技能提升行动和“海河工匠”建设，打造“海河工匠”品牌，培养更多高素质的劳动者和技能人才。

（二）完善收入分配制度，扩大中等收入群体

完善的收入分配制度是提高劳动者收入水平的基本保障，壮大中等收入群体是实现共同富裕的内在要求。通过完善有利于提高居民消费能力的收入分配、增长、调控制度机制，形成合理有序的收入分配格局，不断增加低收入群体收入，扩大中等收入群体。一要健全保护劳动所得的制度体系，将保障劳动者劳动收入纳入制度体系范围，规范工资分配行为，对工资支付、工资增长、最低工资标准、违约责任等作出明确规定。同时，营造鼓励劳动者自主创业和劳动致富的营商环境，实行严格的产权保护制度，明确劳动、知识、技术等生产要素的产权归属。二要完善为劳动者增加收入、减轻负担的政策制度，提高劳动报酬在初次分配中的比重，健全最低工资标准调整机制，加强对农民工工资支付的保障，增加劳动者特别是一线劳动者报酬。要加快收入分配制度改革，完善国有企业经营管理人员激励方式，健全劳动、资本、技术和管理等生产要素按贡献参与分配的机制，健全充分体现知识、技术等创新要素价值参与分配的激励和保障机制，加大高校、科研院所、医疗卫生机构绩效工资分配自主权，完善科研人员职务发明成果权益分享机制。三要深化企业工资决定机制改革，健全工资集体协商机制，健全企业工资决定机制、合理增长机制和支付保障机制。围绕工资增长、劳动定额、计件工资单价等问题，引入技能、工作模式、工作时间等全要素参与理念，大力推行企业工资集体协商，大力推行区域性、行业性工资集体协商，注重把一线劳动者特别是农民工、劳务派遣工、困难职工纳入协商范畴，形成完善与地区、行业、企业经济效益、劳动生产率挂钩的工资决定和增长机制。四要完善再分配调节机制，发挥第三次分配作用。要加大政府分配政策的调节力度，建立农村低收入人口和欠发达地区帮扶机制，健全农村社会保障和救助制度，有效增加保障性住房供给，减轻家庭在住房、教育、医疗、养老等方面的支出压力。

（三）全面深化教育综合改革，加快建设高质量教育体系

深入贯彻党的教育方针，落实教育优先发展战略，完善立德树人体制机制，全面深化教育领域综合改革，统筹推进学前教育、基础教育、高等教育、职业教育优质均衡发展，大力建设高素质专业化教师队伍，不断增强教育的公益性、普惠性、公平性，以改革创新不断激发教育事业发展的生机活力。一要把立德树人贯穿于教育全过程。深入实施新时代立德树人工程，完善大中小幼一体化思政工作体系，实施学校体育固本行动，健全面向人人的美育育人机制，构建劳动教育体系，实施新时代劳动育人工程，健全家庭、学校、政府、社会协同育人机制，将党的教育方针有效融入教育行政管理、办学治校和教育教学全过程，形成全员育人、全过程育人、全方位育人的格局。二要大力推进基础教育优质均衡发展。进一步优化学前教育资源布局，严格落实住宅小区配套幼儿园规划、建设、移交和使用等相关政策，推进学前教育普及普惠、安全优质发展；深入推进义务教育优质均衡发展三年行动计划，实施义务教育学校学位资源建设工程，深化学区化办学和集团化办学，统筹推进城乡、区域、校际义务教育高质量发展，促进义务教育由基本均衡向优质均衡转变；深化普通高中育人方式改革，实施品牌高中建设工程，推进学科特色课程基地建设，实施普通高中学生发展指导专项行动，推进学科特色课程基地建设，加强普通高中资源建设，优化学校布局；推进特殊教育融合发展，完善特殊教育课程体系，健全特殊教育医教结合机制，提升残疾儿童、少年职业素养与生存能力。三要促进高等教育高质量内涵发展。面向构建新发展格局、推进经济社会高质量发展的需求，加快推进高校“双一流”建设，深入实施顶尖学科培育计划，深入推进一流本科专业和本科课程建设计划，加快新时代研究生教育改革，加强关键学科建设，加快技术攻关和科技成果转化，推进产学研用一体化，鼓励高校办出特色，办出影响。加快一流职业院校建设，深化职普融通、产教城融合、校企合作，不断提升职业教育水平。四要深化新时代教师队伍建设改革和教育评价、办学体制机制等重点领域改革。加强和改进新时代师德师风建设，完善市、区、校三级教师培训体系，

完善“工匠之师”培养培训体系，全面推行中小学教师“区管校聘”管理改革。把深化教育评价改革作为重点攻坚任务，持续深化教育领域“放管服”改革，规范校外培训机构，全面推进育人方式、办学模式、管理体制、保障机制改革，着力形成开放高效、充满活力、有利于高质量发展的教育体制机制。

（四）加快推进健康天津建设，提升健康服务质量水平

把人民健康放在优先发展战略地位，坚持预防为主、防治结合，按照保基本、强基层、建机制要求，进一步健全基本医疗卫生制度，完善医疗、医药、医保联动的医疗卫生服务体系，切实提高公共卫生服务、医疗服务、医疗保障、药品供应保障水平，织牢公共卫生防护网，努力全方位全周期保障人民群众健康。改革完善疾病预防控制体系，完善公共卫生服务项目，创新医防协同机制，健全医疗救治科技支撑和物资保障体系，落实医疗机构公共卫生责任，提高应对突发公共卫生事件能力。充分发挥市级医学中心和市级区域医疗中心的引领和辐射作用，推动落实委市共建国家区域医疗中心，打造区域医疗服务高地。优化全市医疗卫生资源布局，助力“津滨双城”发展，推动优质医疗资源扩容下沉、均衡布局。加强基层医疗机构标准化建设实现双轮驱动，明确基层医疗机构功能定位，提升基层医院医疗门诊医疗、急诊急救能力和公共卫生服务能力。加强感染疾病医疗服务体系建设，统筹推进定点医院提升改造、中心医院标准化建设、骨干医院能力提升、基层哨点医疗机构功能强化，形成覆盖全市的感染疾病医疗服务体系。优化医养结合政策体系，加强医养结合信息化支撑，强化医疗卫生与养老服务的衔接，鼓励医疗卫生机构与养老机构以多种形式开展合作，支持开展上门服务，深化医养签约合作，提供多层次、多样化的医养结合服务。健全医疗质量和医疗服务评价评估管理模式，构建市、区、院、科四级质控体系，强化对医疗机构基础质量、环节质量和终末质量追踪评价，巩固并健全投诉管理制度，完善投诉管理体系，不断提升全市医疗管理水平。

（五）持续推进普惠性民生建设，进一步完善多层次社会保障体系

坚持应保尽保原则，以增强公平性、适应流动性、保证可持续性为重点，健全覆盖全民、城乡统筹、更加公平更可持续的多层次社会保障体系，稳步提高保障水平，形成社会保险全民共有共享共建共谋的发展局面。全面实施全民参保计划，加大征缴力度，强化参保联合惩戒措施，继续扩大社保覆盖面，推动实现城镇职工基本养老保险法定人群全覆盖，积极促进灵活就业人员、新就业形态从业人员等参保，城乡居民养老保险努力实现适龄参保人员应保尽保。健全以基本养老保险为基础，以企业年金、职业年金为补充，与个人储蓄性养老保险和商业养老保险相衔接的养老保险体系，积极推进财政对养老保险的补贴制度和财政补贴的正常增长机制，多渠道增加基金收入，积极防范社保基金风险，促进养老保险基金长期平衡、健康可持续发展。健全基本养老、基本医疗保险筹资和待遇调整机制，统筹安排机关事业单位和企业退休人员的基本养老金调整，持续提升养老、医疗保险待遇。继续提高城乡居民基本医保和大病保险保障水平，完善跨省异地就医直接结算政策，推动大病保险制度实现全覆盖。完善工伤、失业保险制度，健全与经济发展水平相适应的失业、工伤待遇调整机制，推进工伤保险由劳动关系人群进一步向职业人群拓展，推动失业保险工作与就业服务、社会保障紧密结合。注重社会保障的有效性，完善最低生活保障制度，持续提高优抚对象定期抚恤补助、城乡低保、低收入家庭救助、特困供养标准，推进城乡救助服务均等化。

（六）强化文明培育践行，深入推进全域文明城市创建

随着我国城市管理和社会治理的不断深化，文明城市创建也进入新的阶段，全国文明城市测评体系提出的标准更高、要求更严。要做好创建工作，必须深刻全面透彻理解测评指标的思想含义、精神内涵、工作指向和逻辑关系，必须把创建工作积极主动融入现代化城市建设管理全过程，必须严格对照标准要求，明确任务分工，对标对表，切实把每一项创建工作做深做细做实。要坚持把创建作为“一把手工程”，主要领导要亲自挂帅、亲自部署、亲

自督导，健全完善常态长效创建管理机制，构建主要领导亲自抓、条块结合共同抓、职能部门配合抓、专门机构具体抓的工作格局，带动形成上下齐心协力抓创建的强大合力。要坚持问题导向，紧盯创建短板，常态化持续深入抓好环境卫生、交通秩序、不文明行为等突出问题的整治整改，强化街道社区、环卫城管、公安交管等部门包区包路包点工作，落实主体责任。同时，要坚持以人民为中心的思想，紧紧围绕市民群众关心关注的各种所期所盼，用建设民生工程的意识去做好创建工作，加强各类公共文化设施建设，加强老旧社区小区、道路提升改造工作，扎实开展好各项群众性精神文明创建活动，丰富活动内容，创新活动载体，努力让市民群众从创建中增强获得感、幸福感。

说明：本文数据及资料主要来自天津市统计局、国家统计局天津调查总队和天津市政府及其有关部门网站。

社会建设篇

天津市人口形势分析报告（2022）

施美程　天津社会科学院城市经济研究所副研究员

摘　要： 第七次人口普查揭示了天津人口转变的新特征，即常住人口增长率下降，家庭户规模变小，“一老一小”两头人口比重上升，人口素质改善和人力资本水平提升，人口跨区域流动活跃等。天津已进入中度老龄化社会，人口老龄化既会对经济社会发展带来严峻的挑战，同时也蕴含着机遇。应全面认识老龄社会新形态的特征及影响，抓住低龄化阶段的窗口期机遇，为应对老龄化冲击做好充分准备。建议以激发老龄化正面效应为出发点，从需求和供给两侧推进改革，包括挖掘老年群体的消费需求，激发银发市场的消费活力；开发老年人力资源，提高人口要素资源配置效率，以全要素生产率提升带动经济增长。

关键词： 天津市　人口普查　老龄化

一　从第七次人口普查数据看天津人口新特征

2021 年 5 月 22 日，天津市发布了第七次人口普查主要数据结果，从 2010 年到 2020 年的十年间，天津人口发生了重大转向，面临着从以往数量压力到结构性挑战的历史性转变。

（一）常住人口持续增长但速度趋缓

第七次人口普查数据显示，2020 年天津市常住人口数量为 1386.60 万人，与 2010 年第六次人口普查的 1293.82 万人相比，十年时间增加了 92.78 万人，增长 7.17%，年平均增长率为 0.69%。尽管常住人口仍保持了增长态势，但是与上一个两次人口普查间的十年相比，增速进一步放缓。2000—2010 年常住人口增加 298.15 万人，十年增长 22.95%，年平均增长率为 2.66%。与国内其他城市横向对比，天津十年人口增长率不及北上广深及西安、郑州、长沙等城市。见图 1。

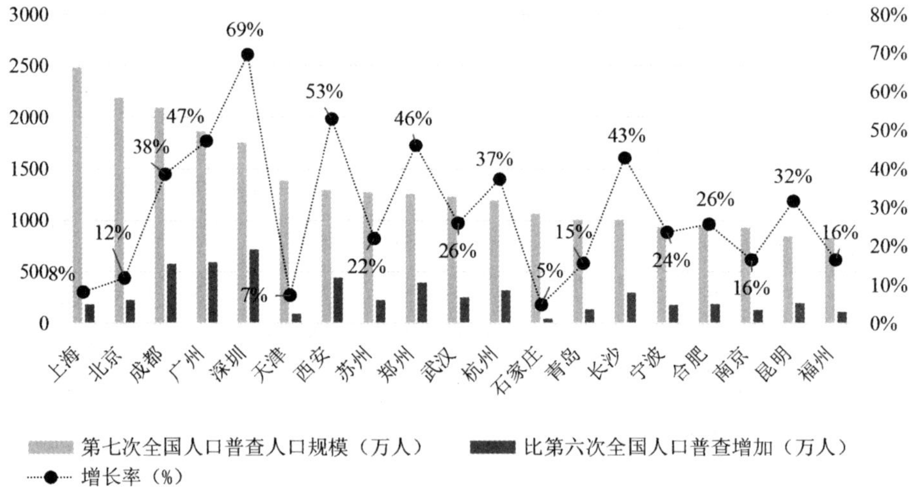

图 1　全国部分城市第六、七次人口普查的人口规模及变化

（二）家庭户总量增加和平均规模减小趋势更加明显

第七次人口普查数据显示，天津常住人口家庭户总量从2010年的368.04万户增加到2020年的486.71万户，十年增加118.67万户；而上一个十年家庭户总量仅增加64.38万户。平均每个家庭户的人口为2.40人，比2010年第六次人口普查的2.80人减少0.40人；而上一个十年只减少0.29人。导致家庭规模小型化趋势的主要原因有经济、社会多方面的因素，如城镇化进程中人口频繁跨地区流动使得原有家庭结构松散分解；收入水平增长带动了人们改善住房条件的需求，加之社会变迁过程中家庭观念和生活方式发生变化，两代人独立居住的现象日益普遍。在总人口增长趋缓的背景下，家庭户数总量不断增加，必然使得平均家庭户规模呈现不断缩小的趋势。

（三）“一老一小”两头人口比重上升

“十三五”时期的全面二孩生育政策调整虽然带来少儿人口比例的小幅回升，但是并没有改变人口结构变老的长期发展趋势，第七次人口普查数据显示“两升一降”，与此相对应的人口金字塔“头重脚轻”的态势进一步加重。2020年，天津常住人口中0～14岁人口数量为186.81万人，占总人口比重的13.47%，比2010年上升3.67个百分点；15～59岁人口数量为899.52万人，占总人口比重的64.87%，比2010年下降12.31个百分点；60岁及以上人口数量为300.27万人，占总人口比重的21.66%，比2010年上升8.64个百分点，其中65岁及以上人口数量为204.57万人，占总人口比重的14.75%，比2010年上升6.23个百分点。从图2可以看出，人口平均年龄后移，老龄人口越来越多，0～14岁人口比重有所回升。劳动力资源规模和比例缩小，15～59岁人口减少161.73万人，占常住人口比重下降12.31个百分点。

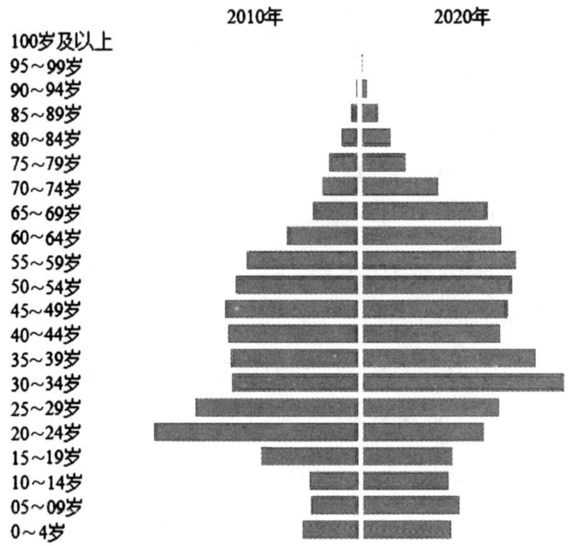

图 2　2010 年、2020 年天津人口金字塔

（四）人口质量和人口素质大幅改善

第七次人口普查数据反映出，十年间天津市人口受教育水平又有大幅跨越。与2010年第六次人口普查相比，每10万人中具有大学文化程度的由17480人上升为26940人；具有高中文化程度的由20654人下降为17719人；具有初中文化程度的由38150人下降为32294人；具有小学文化程度的由17049人下降为16123人。文盲人口由17万人下降了10.14万人，文盲率由2.10%下降为1.23%，下降0.87个百分点。15岁及以上人口的平均受教育年限由10.38年上升至11.29年。天津市教育事业发展水平在全国一直领先，近年来又通过“海河英才”政策引进高层次、高学历人才落户，推动了人口整体素质的进一步提升，为今后挖掘人口二次红利、实现新旧动能转换、落实创新驱动发展根战略定了人力资本基础。在人才支撑创新发展的形势下，人力资本水平决定着一个城市的经济发展动力和综合竞争力，天津的人力资本水平与全国主要城市相比还存在一定的差距。如图 3 所示，每 10 万人中拥有大学文化程度的人数最多的城市为北京，高达 41980 万人，其次是南京、上海、武汉、

西安，分别为35229万人、33872万人、33867万人、30999万人，此外是郑州、深圳、广州，均高于天津。15岁及以上人口的平均受教育年限最高的城市为上海，达到12.64年，其次是西安、广州、郑州、北京，天津仅高于成都和苏州。

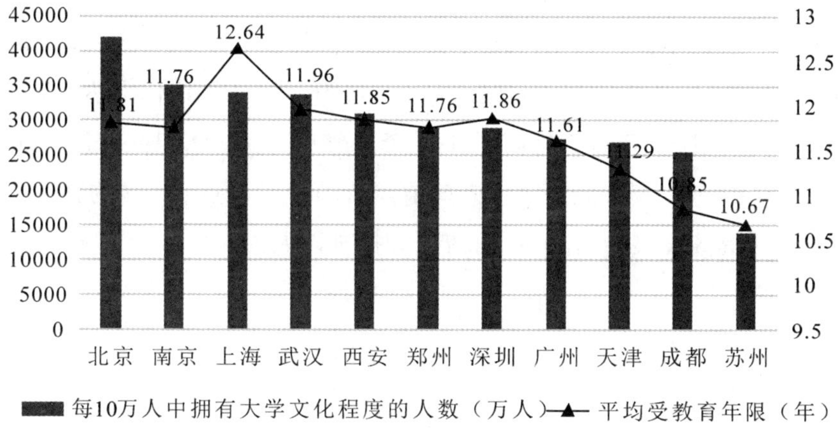

图 3　第七次人口普查全国部分城市人口受教育情况

（五）人口跨地区流动更趋活跃

第七次人口普查数据显示，天津常住人口中“居住地”与“户籍地”不一致的现象已经非常普遍，市内跨区人户分离人口占常住人口的比重达到52.66%，与2010年第六次人口普查相比上升了5.85个百分点。常住人口的区域分布也发生明显变化，总体趋势是市区人口向环城四区外溢。2020年中心城区常住人口为405.72万人，占29.26%，与2010年第六次全国人口普查相比下降了4.30%；环城四区常住人口为388.99万人，占28.05%，比2010年提高了8.60%；滨海新区常住人口为206.73万人，占14.91%，比2010年下降了4.27%；远郊五区常住人口为385.16万人，占27.78%，比2010年下降了0.03%。常住人口增加的8个区中，西青区、津南区、东丽区、北辰区人口增长最多，分别增加51.04万人、33.5万人、28.71万人、24.06万人，占全市比重分别提高 8.33%、2.11%、1.77%、1.39%。其次是武清区、静海区、和平区、蓟州区，分别增加 20.19 万人、14.01 万人、8.15 万人、1.07 万人。常住人口减少的 8 个区中，滨海新区最多，共减少了 41.47 万人，占全市比重下降了 4.27%，其次是河北区和南开区，分别减少了 14.07 万人和 12.78 万人，占全市比重下降了 1.42%和 1.45%（见图 4）。此外，城乡之间人口的迁移流动也日趋活跃，人口持续向城镇集聚。常住人口中，居住在城镇的人口为 1174.44 万人，居住在乡村的人口为 212.16 万人，城镇化率达到 84.70%，比 2010 年第六次人口普查提高了 5.26 个百分点。城镇人口共增加 146.65 万人，增长 14.27%，高于同期常住人口增幅 7.10 个百分点。天津的城镇化发展模式已经由高速发展转向高质量发展，即推进以人为核心的新型城镇化阶段。

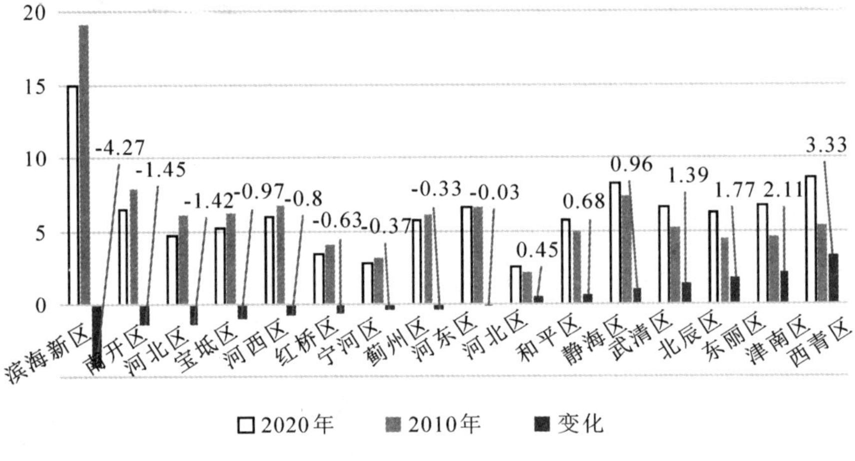

图 4　2010 年、2020 年天津市分地区常住人口占全市比重（%）

二　老龄社会新形态的特征及影响

受育龄妇女规模缩小、生育水平持续走低等因素长期累积的影响，加之外来年轻人口流入减少，天津市人口老龄化程度进一步加深，已进入中度老龄化社会。老龄社会新形态的格局已经形成且不可逆转，经济社会将发生深刻变革，未来将长期面临人口老龄化所带来的持续压力。基于第七次人口普查数据，对老龄社会新形态下的人口老龄化新特征及其带来的多重影响进行分析，可以为更深入地认识并积极应对人口老龄化提供参考。

（一）人口老龄化呈现加速增长且差异化态势

图5展示了自1953年起历次人口普查天津老年人口数量及占常住人口比重，可以看到，老年人口数量持续增长，60岁及以上人口40年间增长至最初的5倍，65岁及以上人口70年间增长至最初的10倍。同样，老年人口占常住人口的比重除2000—2010年间略有下降之外，占比曲线均以持续抬升的斜率保持着快速增长的态势，特别是2000年以后加速明显，十年间，60岁及以上人口与65岁及以上人口占比分别提升了8.64和6.23个百分点，几乎翻了1倍。

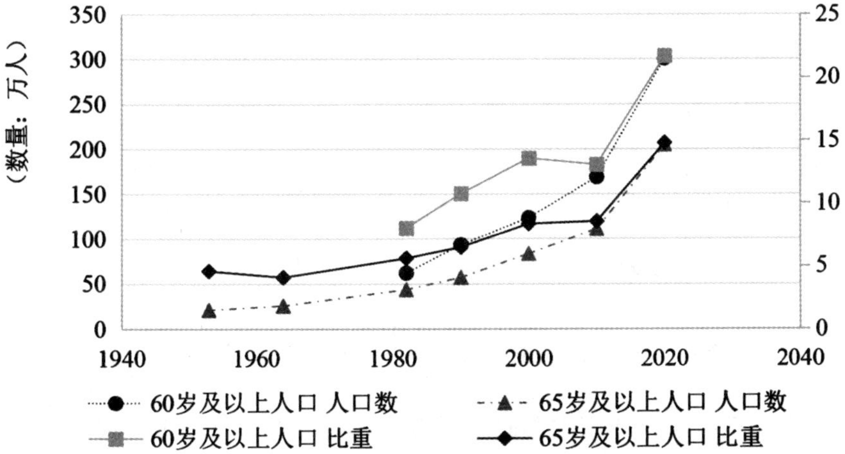

图5 历次人口普查天津老年人口数量及占常住人口比重

从全国范围看，天津所在的华北地区，以及华东、华中、西南地区老龄化程度居中，东北地区是老龄化程度最严重的，华南地区和西北地区老龄化程度最低。按国际通行的65岁及以上人口占比达到14%的标准，包括天津在内的辽宁、吉林、黑龙江、上海、江苏、安徽、山东、湖北、湖南、重庆和四川 12 个省市已进入中度老龄化阶段。目前全国有 18 个省份的 60 岁及以上人口占比超过了全国平均水平（18.7%），13 个省份的 65 岁及以上人口占比超过了全国平均水平（13.5%），天津 60 岁和 65 岁及以上人口比重已分别超出平均线 2.96 和 1.25 个百分点。在老龄化普遍加速的背景下，个别城市由于吸引了大量外来年轻人口流入，依然维持着较低的老龄化水平，如深圳、广州分别以 7.82%和 3.32%的低老龄化水平成为最年轻的城市；还有一些"新一线城市"如郑州、西安、武汉、苏州等，老龄化率也低于全国平均水平。相比之下，天津由于近几年外来人口的稀释作用减弱，导致人口年龄结构的优势逐渐弱化。见图 6。

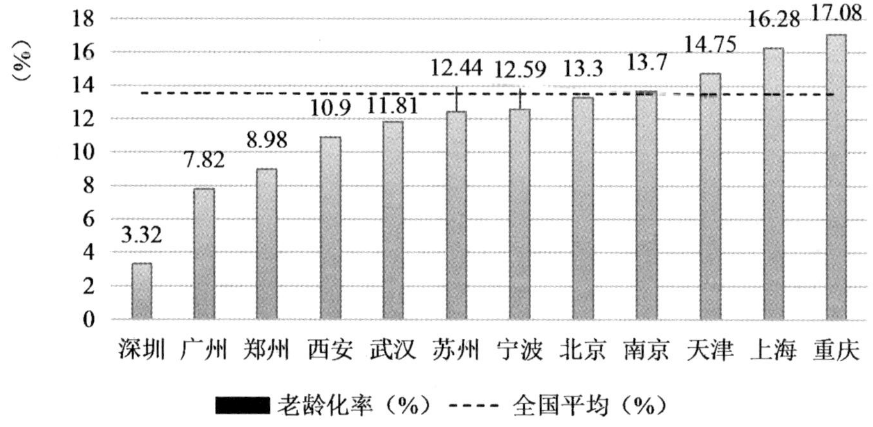

图 6　第七次人口普查全国及部分城市的 65 岁以及以上人口比重

下页表 1 反映了天津市内不同地区常住人口的老龄化水平呈现多样化态势。与 2010 年"六普"对比来看，全市 16 区 60 岁及以上老年人口比重均有不同程度的提高。河北区、红桥区提升幅度最大，增幅在 13 ~ 14%，其次是南开区、河东区、宁和区、河西区，增幅在 10% ~ 12%。老龄化问题集中体现在主城区，河北区、红桥区、河东区、南开区、河西区老年人口比重排前 5 位，60 岁及以上老年人口占比 28% ~ 31%，65 岁以上老年人占比 19 ~ 20%。这些地区由于老旧社区和本地居民较多，因此老年人口相对较多。其次是宁河、蓟州、宝坻几个远郊城区，60 岁及以上老年人口占比 22%～23%，65 岁以上老年人占比 15%～16%，主要原因是大量青壮年外出务工或在外成家立业，留守老人增多。滨海新区和环城四区的老龄化程度相对较低，特别是津南区和西青区，老年人口比重和十年增幅近乎最低。这些区域大多有产业园区和高教园区，带动年轻人学习工作居住重心迁移，一定程度上拉低了老龄化率。市内各区之间差异化、多样化的老龄化发展态势，意味着今后需要采取“全市统筹、分区施策”的应对举措，即从市级层面超前规划顶层制度设计，合理配置养老资源，因地制宜制定老龄化政策或措施，充分考虑不同区域老龄化差异性、平衡性、公平性和有效性；部分老龄化较重的区必须尽早部署和行动，老龄化较轻的区可以进行前瞻性研究和提前布局。

表 1　第六、七次人口普查天津市 16 区老年人口比重　单位：%

地区	2010 年“六普”		2020 年“七普”		十年变化	
	60 岁及以上	65 岁及以上	60 岁及以上	65 岁及以上	60 岁及以上	65 岁及以上
天津市	13.02	8.52	21.60	14.80	8.58	6.28
河北区	17.12	11.79	31.00	20.70	13.88	8.91
红桥区	17.27	11.89	30.80	20.50	13.53	8.61
河东区	17.87	12.00	28.90	19.50	11.03	7.50
南开区	16.78	11.73	28.00	19.70	11.22	7.97
河西区	17.95	12.59	28.00	19.50	10.05	6.91
蓟州区	14.81	9.74	22.70	16.00	7.89	6.26
宁河区	12.09	7.53	22.50	15.40	10.41	7.87
和平区	18.89	13.36	22.10	15.70	3.21	2.34
宝坻区	12.44	7.97	22.00	15.80	9.56	7.83
北辰区	12.31	7.71	20.60	13.40	8.29	5.69
武清区	13.24	8.15	19.80	14.00	6.56	5.85
静海区	12.19	7.19	18.70	13.30	6.51	6.11
东丽区	9.94	6.22	18.30	11.70	8.36	5.48
滨海新区	7.83	4.82	17.10	11.60	9.27	6.78
西青区	9.23	5.75	16.50	10.80	7.27	5.05
津南区	9.64	5.93	15.90	10.30	6.26	4.37

（二）全面认识人口老龄化带来的多重影响

随着老龄化程度的加深，老年人口增长持续加速，将给经济增长、技术进步、社会治理、家庭发展等诸多方面带来深远的影响，加之我国的人口老龄化具有未富先老、规模大、速度快等特殊性，给应对老龄化问题带来更加严峻的挑战。人口老龄化通常被认为会导致劳动年龄人口结构老化和老年抚养负担增加，家庭和社会面临沉重的照料和经济负担，企业生产效率提升和技术进步受阻，从而对整个社会经济的发展造成负面效应。家庭养老功能的衰弱，也对居家社区为主的社会化养老提出了更高的要求，而目前养老、医疗、基础设施等一系列资源尚不能满足老龄人口的持续增长需求。人口老龄化引起失独、空巢、高龄、失能、失智等社会问题，以及社会结构、社会保障、医疗资源和福利供给等多方面的变化，给社会治理带来挑战。

与此同时，应认识到人口老龄化并不完全是一个消极的概念，是出生率和死亡率下降、生育结构和死亡结构改变、平均预期寿命延长等原因共同导致的，是社会经济快速发展推动人口加速转变的必然结果。人口老龄化最大的正面效应是催生银发经济。银发经济又称老年产业或老龄产业，指的是随着社会的老龄化而产生的专门为老年人消费服务的产业，包括老龄储蓄业、老龄服务业、老龄用品业和老龄房地产业等。通过积极发展银发产业，不仅可以有效满足老年人的需求，刺激消费和拉动内需，还能缓解老龄化所引发的社会压力。此外，人口老龄化将通过预防动机产生储蓄激励，造成资本积累和经济增长，从而促进第二次人口红利的发生。

在人口年龄结构转变的过程中，不同程度的老龄化水平下，其影响也会呈现出较大的异质性。当前，我国的老龄化整体水平相比日韩及部分欧洲国家而言还较低，表现为人口平均年龄低、低龄老年人口比重大，给应对老龄化冲击提供了有利的回旋空间。就天津而言，第七次人口普查数据表明，60岁及以上老年人口的规模比2010年第六次人口普查增加63.13万人，其中60~69岁、70~79岁、80岁及以上人口分别增加了31.69万人、15.57万人、15.86万人，低龄老年人口比重提高了3.96个百分点，70岁及以上特别是80岁及以上的高龄老年人口比重减少，说明天津目前依然保持在老年人口结构低龄化阶段（表 2）。这一阶段的机遇主要体现在对银发劳动力的利用和开发，从低龄老年人口的生产性特征出发，将他们在知识、经验和技能等方面的优势加以利用，继续为经济和社会发展做出贡献。

表 2　第六、七次人口普查天津老年人口年龄分布情况

调查年份	60 岁及以上	60～69 岁		70～79 岁		80 岁及以上	
	规模（万人）	规模（万人）	占比（%）	规模（万人）	占比（%）	规模（万人）	占比（%）
2010“六普”	237.14	150.08	56.58	66.65	31.30	20.41	12.12
2020“七普”	300.27	181.77	60.54	82.22	27.38	36.27	12.08
十年变化	63.13	31.69	3.96	15.57	–3.92	15.86	–0.04

总之，老龄群体的特征及影响不可一概而论，人口老龄化未来发展趋势是动态的，在不同年龄阶段和不同的时代背景下，“老龄化”的内涵和老年人口的边界也需要不断地重新定义和界定。我们乐观地看到，如今的老年人相比传统意义的老年人口发生了很大的变化，新一代老年人正朝着健康、积极、乐观的方向转变，这将给未来的经济社会带来新的活力和价值，老年人口的增长不仅是负担，更是社会和家庭的财富。

三　实施积极应对人口老龄化战略的思路与对策

面对老龄化加速趋势，尽快实施积极应对人口老龄化的战略已迫在眉睫，十九届五中全会从国家层面做出了战略规划和行动部署。“十四五”规划也着重强调制定养老服务体系建设政策，推动制定“一老一小”整体解决方案的要求。在此背景下，天津应尽快采取行动，在准确把握老龄化的多重影响和挑战的基础上，就如何利用回旋空间和抓住二次人口红利形成应对思路和对策举措。今后一段时期，要进一步深化需求侧和供给侧改革，规避老龄化风险，缓解老龄化负面冲击，激发老龄化正向效应，推动人口与经济进入新的均衡发展格局。

（一）需求侧：提高老年人消费能力，挖掘老年消费需求，激发银发市场消费活力

1.扩大收入来源渠道，完善社会保障体系，提高老年人的消费能力

随着老龄化速度加快，老年人将构成一个庞大的消费群体，成为拉动内需和构建国内大循环新格局的重要力量。提高这部分群体的消费水平最直接的途径就是增加收入，要从劳动报酬收入、经营性收入、资产性收入以及转移性收入等各种可能途径为老年人创造增加收入和财富的机会。中国劳动年龄人口特点是随着年龄提高受教育程度递减，因此部分年龄偏大劳动者由于就业能力和劳动者技能难以适应用工要求，过早丧失劳动收入而陷入贫困。应尽快完善基本养老保险体系，建立三支柱养老保险制度，做好社会救助、社会福利等制度托底，在不断提高整体老年人收入的同时，确保经济困难老年人的生活收入来源。探索实施渐进式延迟退休年龄政策，建议先从一些管理和专业领域具备工作经验和知识技能型的老年劳动力开始试点，制定配套政策措施，鼓励和支持有一技之长且身体条件允许的老年人继续留在原工作岗位发挥余热或再就业或参与其他社会活动。挖掘农村土地制度改革、乡村振兴战略等政策红利，为农村老年人创造获取经营性和财产性收入的机会，有效提高他们的收入水平。

2.以老年群体需求特征为导向，完善产品供给和营销环境，提升主动消费意愿

一方面要认真研究老年人的生理、心理特征，分析他们的消费需求和消费心理，确定适合老年人的产品与服务，比如符合老年人特征的文化娱乐、健身运动、旅游休闲等活动。根据不同年龄老人对生活照料需求的类型和程度，设计相应的产品和服务及营销策略，通过免费体验、折扣优惠等方式引导和吸引老年人体验并购买。另一方面要注意利用互联网、人工智能等新技术手段来创新营销和服务模式，打造具有吸引力的消费场景，迎合新老年群体的物质需求和精神需求，引导他们主动消费。

3.制定产业规划，完善产业政策，加快推动老龄产业发展

老龄产业是未来老龄社会一个新的经济增长点，目前这一产业的发展尚处于自发状态，缺少完整的系统规划和健全的政策体系。应抓紧对老年群体需求和相应的产业发展现状进行深入调研，明确未来五年和中长期重点发展领域，重点扶持核心企业和知名品牌，完善与之相关的土地、财税、金融、人才等配套政策，加快制定养老产品和服务的产业标准和规范，明确执行、监督部门和相应的考核问责评估制度，为确保老年人享受规范的养老服务，发挥老龄产业在拉动就业和内需、促进服务业增长以及改善社会福利等方面的积极作用布好局。

（二）供给侧：挖掘人才红利，加大科技创新，提高人口要素配置效率

1.重视劳动力职业发展与技能提升，开展多样化、个性化培训，持续增强人力资本水平

尽管天津就业人口的知识水平和劳动技能不断提高，但是与发达国家和国内部分城市相比仍显不足，为满足创新驱动发展战略和产业转型升级要求还需要持续提升。应重视劳动力的职业发展和技能提升需求，通过开展多样化、个性化的教育培训，帮助劳动者不断提高工作能力和技术水平，打开职业上升通道。在职业规划和技能培训过程中，要针对不同类型的劳动力群体人力资本水平的具体情况，设置不同的职业提升方案和技能培训模式。比如对行业创新和企业发展有引领作用的高层次人才，要为其营造宽松的创新创业环境和设置有效的激励机制，充分激发这类人才的潜能。对于部分传统制造行业和产能过剩行业面临转型转岗压力的工人群体，应加强新技术、新技能培训，提高他们适应岗位调整和技术升级的能力。对于即将或刚就业的大学毕业生，主要面临的问题是在学校中学的知识与实际工作岗位需求不匹配，这就需要提供相应的岗位技能强化培训，让他们尽快适应角色的切换。要特别关注农民工为代表的劳动力弱势群体以及部分新兴行业的灵活就业从业人员，帮助他们快速掌握基本的职业技能，以及提高获得就业指导和失业保障服务的便利程度，从而增强其在劳动力市场中抵御风险的能力。

2.开发老年人力资源，建立终身学习体系，培育老年就业友好环境

从更长远的角度来看，人口素质和劳动力素质的提高需要依靠从学龄前教育、基础教育、职业教育乃至终身学习的完整体系，还包括健康人力资本的积累，“一老一小”两端往往是容易被忽略的环节，尤其是对老年人力资本的培育和挖掘，是未来提升长期人力资本的重要发力点。老年人才资源是老龄社会的一笔宝贵财富，知识丰富、阅历资深和技能熟练的老年劳动力可以弥补知识技能型行业的劳动力结构性短缺。60～65岁低龄老年人口具有较大的人力资源开发潜力，如果把这部分群体的角色从被抚养对象转化为有效劳动力供给，既可以大大减轻社会养老负担支出，对于老年人自身的生活质量的提高和自我价值的实现也具有积极作用。当前对老年人力资源的重视程度和开发力度还十分不足，主要原因包括保护老年人就业过程中权益的相关法律法规不完善，针对老年人的职业介绍、人才交流等信息平台不充分，老年人再就业渠道不畅通，等等。老年劳动力再就业还停留在以自发为主的一种状态，且个人自身再就业所需技能不足，无法适应不断发展的岗位需要。建议通过加大针对中老年劳动力的职业教育培训力度和完善终身教育体系，帮助广大中老年群体掌握必要的再就业技能和提升个人整体素质，各区财政可根据自身情况适当拨付资金用于支持老年教育事业。

3.加快创新步伐，完善人才选拔和使用机制，提升技术进步和资源配置效率对全要素生产率的贡献度

提升全要素生产率的根本路径是技术进步，产业方面天津应以国家重大战略需求为导向，集中力量攻克当下“卡脖子”领域的核心技术，依靠领军企业联合高校科研院所团队，瞄准重大原始领域进行研发攻关，争取实现科技创新突破及其成果转化应用，直至形成产业链。健全人才选拔和使用机制，人才引进和培育工作应尽快改变行政主导资源配置的现状，进一步调整优化户籍政策和人才政策，突出用人单位的主体作用和市场激励导向，推动人才引育工作从政策推动向环境吸引转变。将人才认定评价的权限下放到用人单位，允许其根据自身需求界定人才标准和设定人才评价激励制度，破除“唯论文、唯职称、唯学历、唯奖项”对人才的桎梏。

参考文献：

[1] 《天津市第七次全国人口普查主要数据情况公布》，https：//www.thepaper.cn/newsDetail_forward_12785771。

[2] 《天津市第七次全国人口普查 16 个区主要数据公布》，https：//www.sohu.com/a/467845571_112417。

[3] 《中共天津市委关于制定天津市国民经济和社会发展第十四个五年规划和二〇三五年远景目标的建议》，https：//www.thepaper.cn/newsDetail_forward_10211214。

天津市公共卫生发展研究报告（2022）

张萌珺　天津市医学科学技术信息研究所（天津市卫生健康发展研究中心）研究实习员
张立红　天津市医学科学技术信息研究所（天津市卫生健康发展研究中心）高级统计师

摘　要： 根据公共卫生服务体系的定义，公共卫生服务体系主要是指公共卫生服务的提供机构和提供者，从机构层面看主要包括国家、省市和地方的疾病预防控制机构、卫生监督机构、妇幼保健机构、专科疾病防治院（所、站）、急救中心（站）、采供血机构和计划生育技术服务机构等；对公共卫生资源的定义主要包括上述机构中的各类人、财、物资源。本报告利用基尼系数、泰尔指数、资源集聚度等方法，对"十二五"和"十三五"期间我市公共卫生资源分布与配置公平性、区域差异程度和集聚程度影响等方面进行综合评价研究，主要探讨了"专业公共卫生资源配置是否公平？造成不公平的原因是区域间抑或区域内？区域内现有的资源是否满足群众需求"等三个接续性的问题，旨在为我市"十四五"时期公共卫生资源的有效性配置和优化升级提供循证依据。

关键词： 公共卫生服务体系　公共卫生资源　公平性　聚集程度

一　我市医疗卫生服务体系的构成

医疗卫生服务体系主要包括医院、基层医疗卫生机构和专业公共卫生机构等（见图 1）。医院分为公立医院和民营医院。其中，公立医院分为政府办医院和其他公立医院。基层医疗卫生机构，分为公立和社会办两类，公立基层医疗卫生机构主要指社区卫生服务中心（站），街道、乡镇中心卫生院，村卫生室等；社会办基层医疗机构主要指门诊部、诊所。专业公共卫生机构包括疾病预防控制中心（防疫站）、专科疾病防治院（所、站）、妇幼保健院（所、站）、卫生监督所和计划生育技术服务机构。

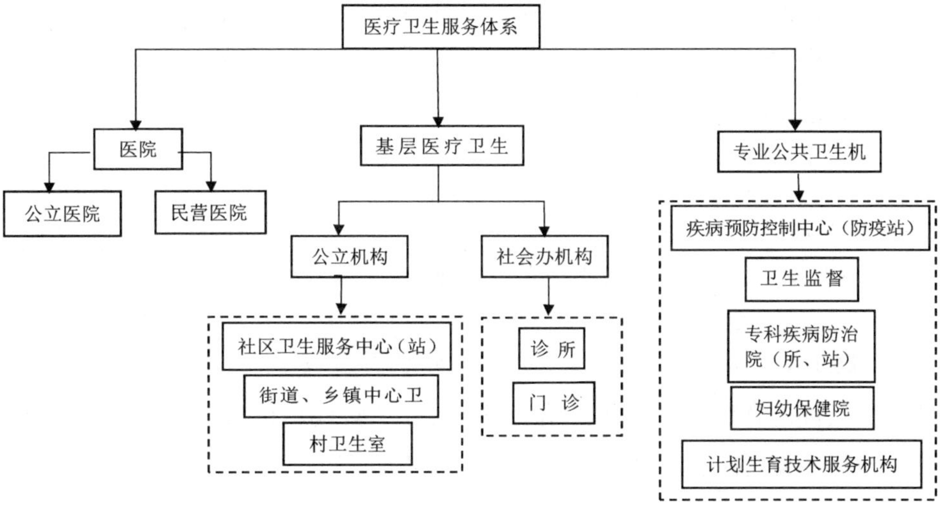

图 1 医疗卫生服务体系架构示意图

二 主要公共卫生资源的分布与构成情况

（一）专业公共卫生机构

1.机构总量及变化情况

截至 2020 年底，我市共有专业公共卫生机构 87 个，其中：疾控中心 22 个，卫生监督所 20 个，妇幼保健院（所、站）18 个，专科疾病防治院（所、站）8 个，急救中心（站）7 个，采供血机构和计划生育技术服务机构均是 6 个。

表 1 2016—2020 年天津市专业公共卫生机构变化情况

项目	2020 年	2016 年	变化量	年均增长率
总计	87	126	–39	–8.84%
疾控中心	22	24	–2	–2.15%
专科疾病防治院（所、站）	8	16	–8	–15.91%
健康教育所	0	1	–1	–100.00%
妇幼保健院（所、站）	18	21	–3	–3.78%
急救中心（站）	7	3	4	23.59%
采供血机构	6	6	0	0.00%
卫生监督所	20	19	1	1.29%
计划生育技术服务机构	6	36	–30	–36.11%

资料来源：天津市卫生统计年鉴（2016—2020）。

与 2016 年相比，全市专业公共卫生机构有所减少，其中：疾控中心减少 2 个，专科疾病防治院（所、站）减少 8 个，妇幼保健院（所、站）减少 3 个，健康教育所减少 1 个，计划生育技术服务机构减少 30 个，专业公共卫生机构总量呈逐年减少趋势，2020 年较 2016 年减少 31%，年增长率为–8.84%。

2.机构构成

从构成上看，在 2016—2020 年间，计划生育技术服务机构变化显著，数量大幅缩减，比重由占居首位的 28.57%下降到 6.90%，疾控中心、妇幼保健院（所、站）、卫生监督所数量变化不大，但比重提高，构成专业公共卫生机构主体，急救中心（站）数量不大，但是增量超过一倍，占比也从 2.38%提高到 8.05%。专科疾病防治院（所、站）数量减半，占比从 12.70%下降到 9.20%。

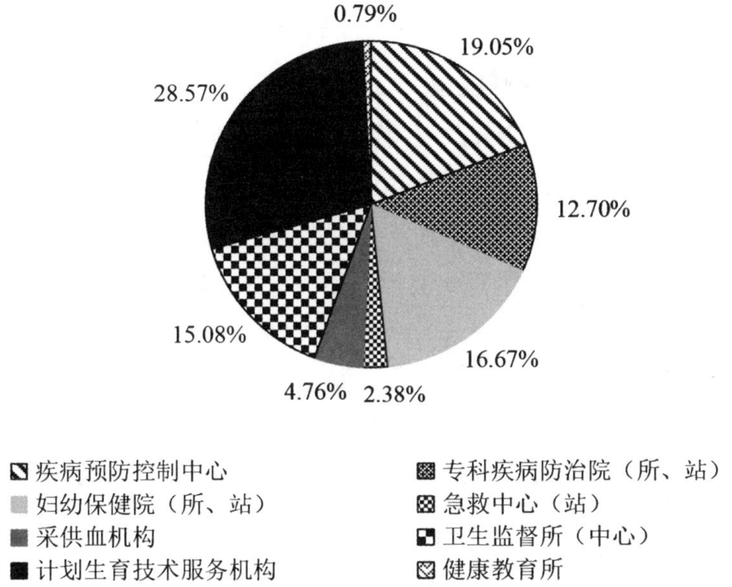

图 2　2016 年天津专业公共卫生机构构成

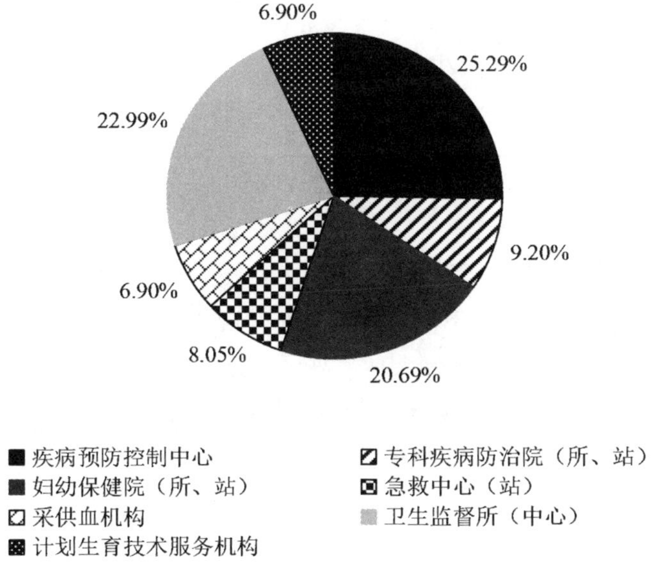

图 3　2020 年天津专业公共卫生机构构成

（二）卫生人员

1.人力资源总量及变化情况

2020年底，天津市专业公共卫生机构共有在岗职工6503人，卫生技术人员4909人，执业（助理）医师2170人，注册护士908人，相比2016年，在岗职工增加496人，年均增长率为2.00%，卫生技术人员增加434人，年均增长率为2.34%，执业（助理）医师增加391人，年均增长率为5.09%，注册护士减少19人，年均增长率为–0.52%，药师（士）减少13人，年均增长率为–2.71%，技师（士）增加31人，年均增长率为1.28%。

表2　2016—2020年专业公共卫生机构人员年度变化情况　　单位：人

年份	在岗职工	卫生技术人员	执业（助理）医师	注册护士	药师（士）	技师（士）	其他
2016年	6007	4475	1779	927	125	592	1052
2017年	5847	4400	1733	877	118	580	1092
2018年	5725	4300	1703	789	113	563	1132
2019年	6328	4785	2060	889	111	560	1165
2020年	6503	4909	2170	908	112	623	1095
增减人数	496	434	391	–19	–13	31	43
年增长率	2.00%	2.34%	5.09%	–0.52%	–2.71%	1.28%	1.01%

资料来源：天津市卫生统计年鉴（2016—2020）。

2.卫生人力资源机构分布情况

从主要卫生人力资源在不同机构的分布情况来看，各类卫生人力资源主要分布在疾控中心、妇幼保健院（所、站）、专科疾病防治院（所、站）及卫生监督所，少量在急救中心（站）、采供血机构及计划生育技术服务机构。（详见图4至图11）

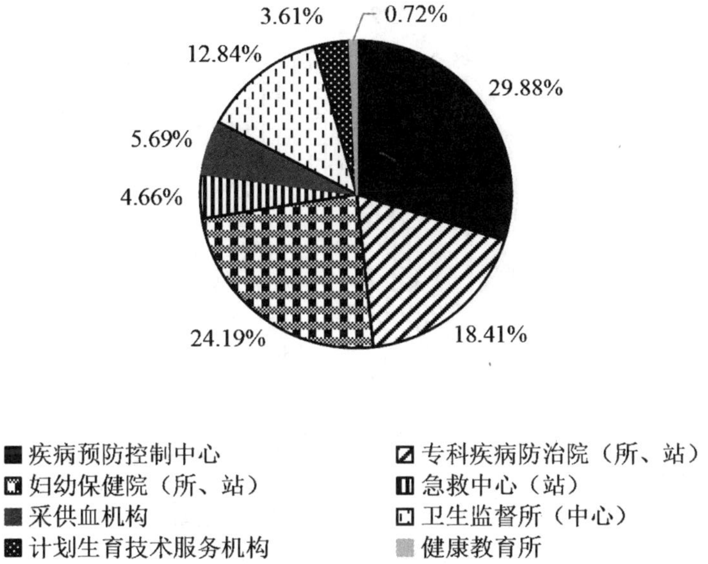

图 4　2016 年在岗职工分布

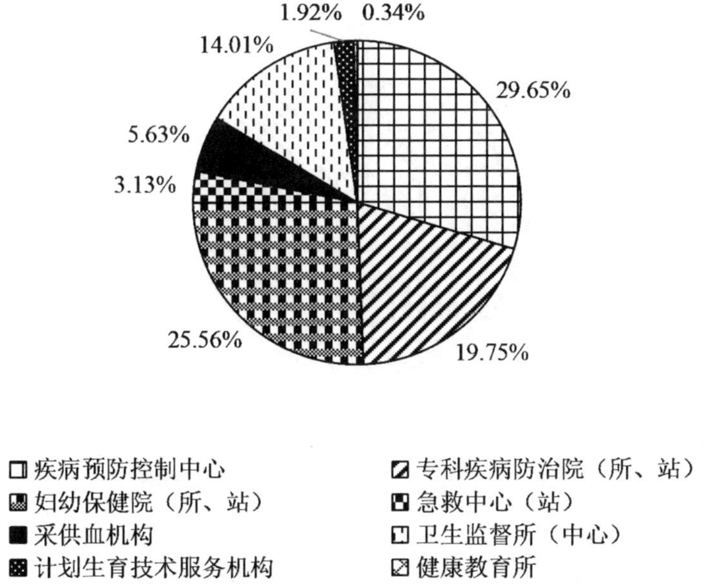

图 5　2016 年卫生技术人员分布

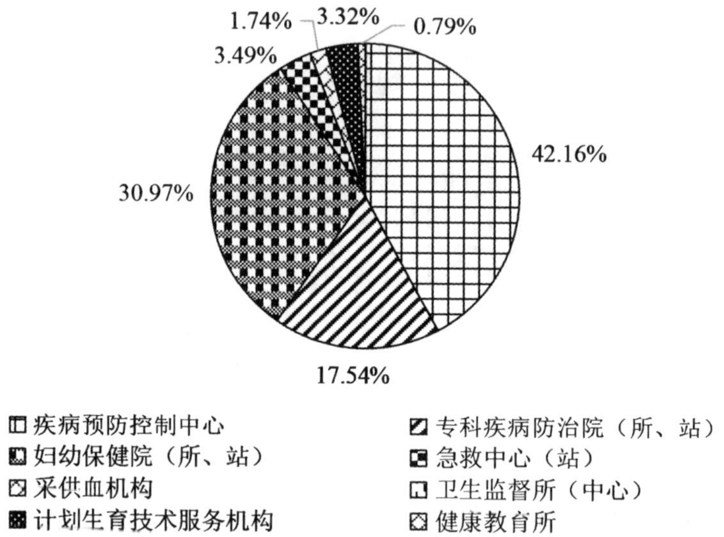

图 6　2016 年执业（助理）医师分布

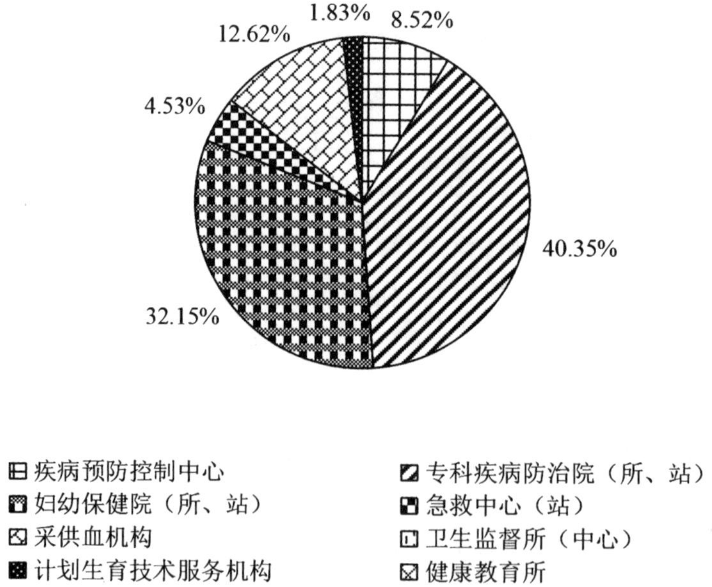

图 7　2016 年注册护士分布

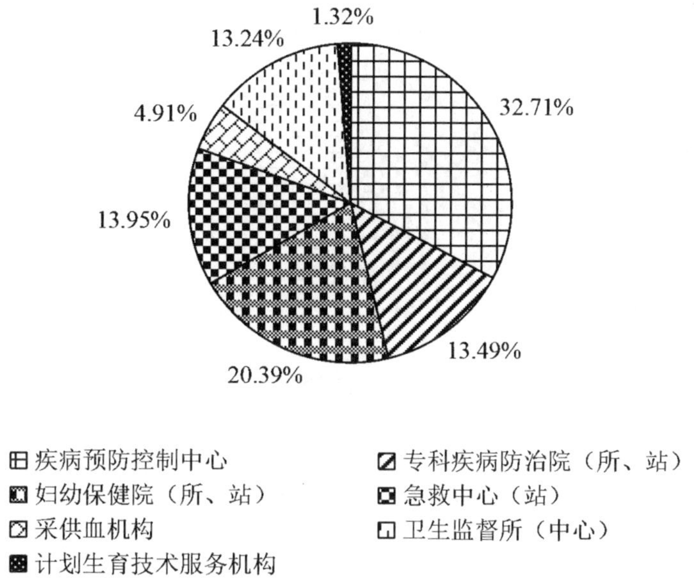

图 8　2020 在岗职工分布

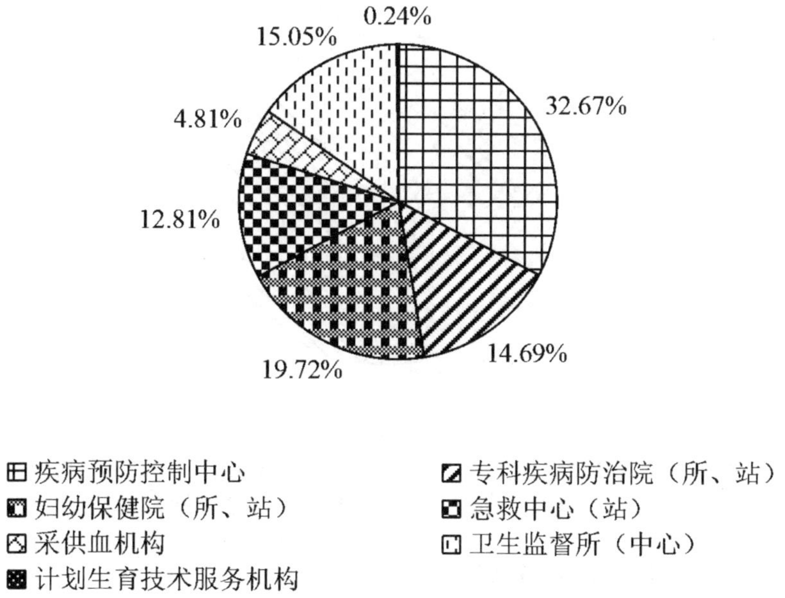

图 9　2020 年卫生技术人员分布

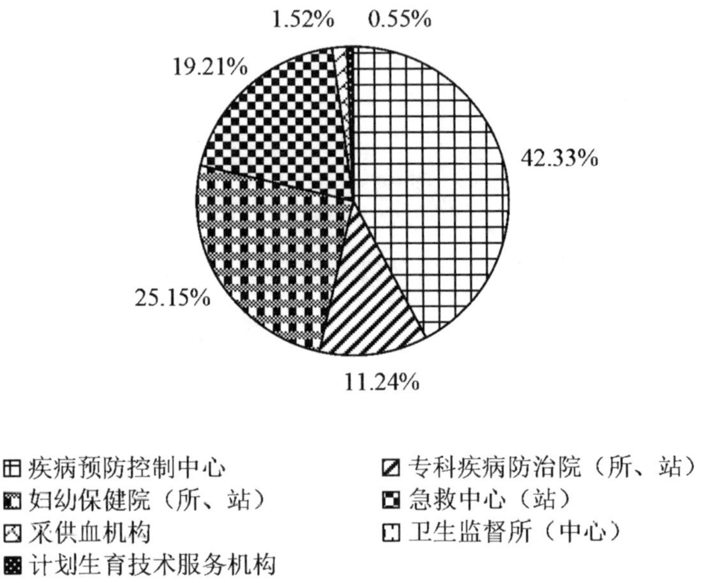

图 10　2020 年执业（助理）医师分布

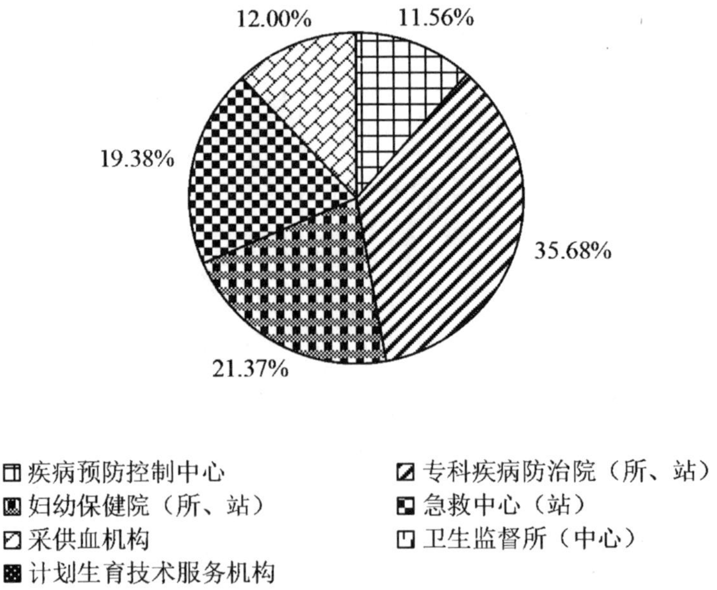

图 11　2020 年注册护士分布

（三）卫生设施

1.床位资源总量变化情况

总体上看，2016—2020年我市专业公共卫生机构床位资源总量呈减少趋势，由2016年的874张减至2020年的514张，年均增长率为-12.43%，其中专科疾病防治院（所、站）床位减少230张，妇幼保健院（所、站）减少130张，年均增长率为-100%。

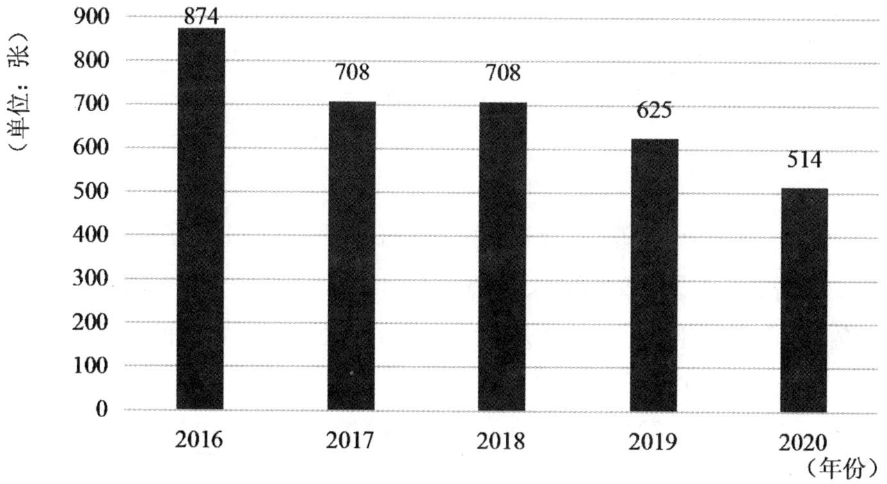

图12　2016—2020年实有床位数

表3　2016—2020年不同医疗机构床位资源变化情况　　单位：张

年份	实有总数	专科疾病防治院（所、站）	妇幼保健院（所、站）
2016年	874	744	130
2017年	708	645	63
2018年	708	645	63
2019年	625	625	0
2020年	514	514	0
增减值	–360	–230	–130
年增长率	–12.43%	–8.83%	–100.00%

数据来源：天津市卫生统计年鉴（2016—2020）。

2.床位资源的机构分布及变化

我市专业公共卫生机构床位资源集中分布在专科疾病防治院（所、站）和妇幼保健院（所、站），2016 年二者占比分别是 85.13%、14.87%。此后，两类机构床位逐年减少，2019 年妇幼保健院（所、站）床位清零，专业公共卫生机构床位全部在专科疾病防治院（所、站）。

表 4　2016—2020 年专业公共卫生机构床位资源比例构成情况

机构	2016 年	2017 年	2018 年	2019 年	2020 年
专科疾病防治院（所、站）	85.13%	91.10%	91.10%	100.00%	100.00%
妇幼保健院（所、站）	14.87%	8.90%	8.90%	0	0

数据来源：天津市卫生统计年鉴（2016—2020）。

3.万元以上医疗设备变化情况

2016 年到 2020 年天津市专业公共卫生机构的万元以上设备总数量和总价值都明显大幅增长。设备数量翻倍，从 5594 台增加到 11957 台，年均增长 20.91%。总价值增加 6 倍以上，从 66973 万元提高到 500572 万元，年增长率达到 65.35%。

表 5　2016—2020 年万元以上设备数量价值及变化情况

年份	2016	2020	增长量	年增长率
台数	5594	11957	6363	3.27%
总价值（万元）	66973	500572	433599	65.35%

数据来源：天津市卫生统计年鉴（2016—2020）。

表 6　2016—2020 年各类医疗卫生机构万元以上设备数量及变化情况

年份	2016 年	2020 年	增长量	年增长率
疾控中心	2220	4754	2534	20.97%
专科疾病防治院（所、站）	519	1449	930	29.26%
健康教育所	22	0	-22	-100.00%
妇幼保健院（所、站）	1064	1630	566	11.25%
急救中心（站）	469	2390	1921	50.25%
采供血机构	770	1048	278	8.01%
卫生监督所	451	554	103	5.28%
计划生育技术服务机构	79	132	53	13.69%
合计	5594	11957	6363	20.91%

数据来源：天津市卫生统计年鉴（2016—2020）。

各类医疗卫生机构万元以上设备数量变化显示：疾控中心增长数量最多，急救中心增长幅度最高，年增长率达到50.25%，其次是专科疾病防治院（所、站）（29.26%）、疾控中心（20.97%），计划生育技术服务机构、妇幼保健院（所、站）、采供血机构、卫生监督所略有增长，而健康教育所万元以上设备数量清零。

表7 2016—2020年各类医疗卫生机构万元以上设备价值及变化情况

年份	2016年	2020年	增长量	年增长率
疾控中心	20523	411992	391469	111.67%
专科疾病防治院（所、站）	9345	27291	17946	130.73%
健康教育所	97	0	-97	-100.00%
妇幼保健院（所、站）	21727	23836	2109	102.34%
急救中心（站）	2812	19538	16726	62.36%
采供血机构	12744	15969	3225	105.80%
卫生监督所	1777	1456	-321	-4.86%
计划生育技术服务机构	712	490	-222	-8.92%

数据来源：天津市卫生统计年鉴（2016—2020）。

2016—2020年医疗卫生机构万元以上设备价值总量增长主要集中在疾控中心（391469万元），其次是专科疾病防治院（所、站）（17946万元）、急救中心（站）（16726万元）。从增长幅度来看，专科疾病防治院（所、站）增幅最大，年均增长130.73%，其次是疾控中心、妇幼保健院（所、站）、采供血机构，均在100%以上。而健康教育所、计划生育技术服务机构和卫生监督所则为负增。

三 公共卫生资源分布的公平性与集聚程度

（一）公共卫生资源配置的区域公平程度的总体分析

本报告引入经济学基尼系数的原理，按照服务人口，研究分析各类专业公共卫生服务资源在全市配置的公平程度。根据联合国开发计划署等组织规定，基尼系数若低于0.2表示高度平均；0.2–0.29表示比较平均；0.3–0.39表示相对合理；0.4–0.59表示差距较大；0.6以上表示差距悬殊。计算公式如下：

$$G = 1 - \frac{1}{n}\left(2\sum_{i=1}^{n-1} W_i + 1\right) \qquad (1)$$

（二）公共卫生机构配置的区域公平性

对2012—2020年天津市专业公共卫生机构按区域人口分布的公平程度进行计算，结果显示2012—2020年我市专业公共卫生机构按人口累计的基尼系数均低于警戒阈值（0.4），处于配置比较公平或相对合理区间；从按区域人口配置的基尼系数的年度变化情况来看，我市公共卫生机构区域配置的公平性得到逐步改善，2012—2015年公共卫生机构按人口配置的基尼系数有所升高，至“十三五”时期出现拐点，此后公平程度始终提升。2012—2020年公共卫生机构按人口累计的基尼系数变化情况及主要年份的洛伦兹曲线如下图所示：

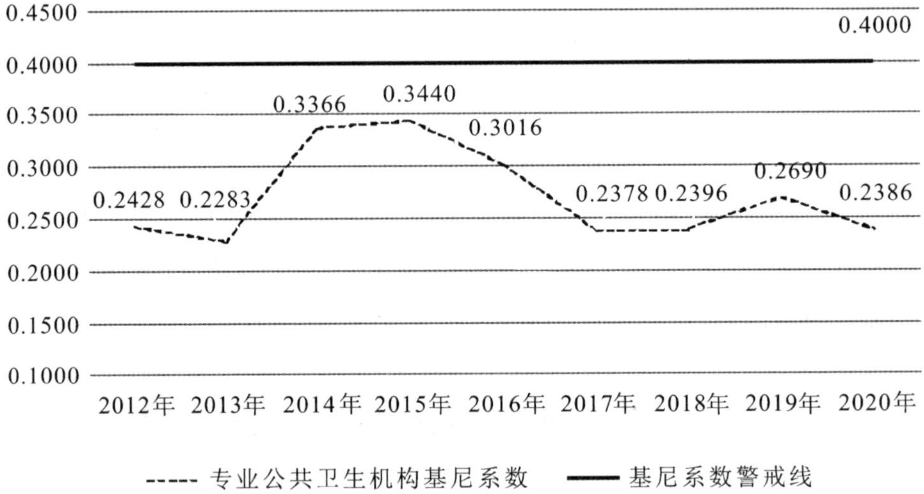

图13　2012—2020年公共卫生机构按人口配置的基尼系数变化情况

（三）公共卫生床位数资源配置的区域公平性

2012—2020 年天津市专业公共卫生机构床位资源按区域人口分布的公平程度结果显示：近年来，专业公共卫生机构床位在各区域内配置的公平性有所失衡，2012—2020 年，床位资源配置的基尼系数均大于 0.4 且逐年增加，2020 年达到 0.8962，表明专业公共卫生机构床位资源在各区分布差距较大。

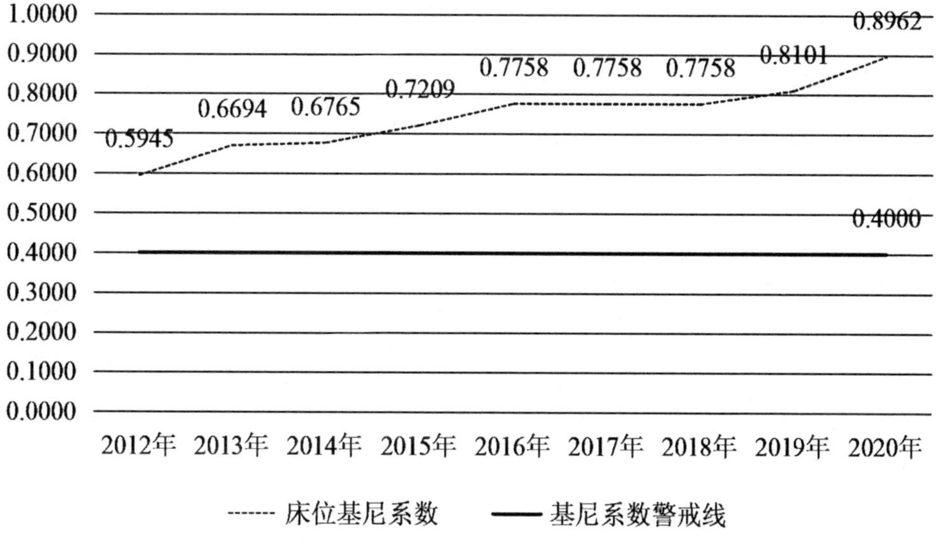

图 14　2012—2020 年公共卫生床位按人口配置的基尼系数变化情况

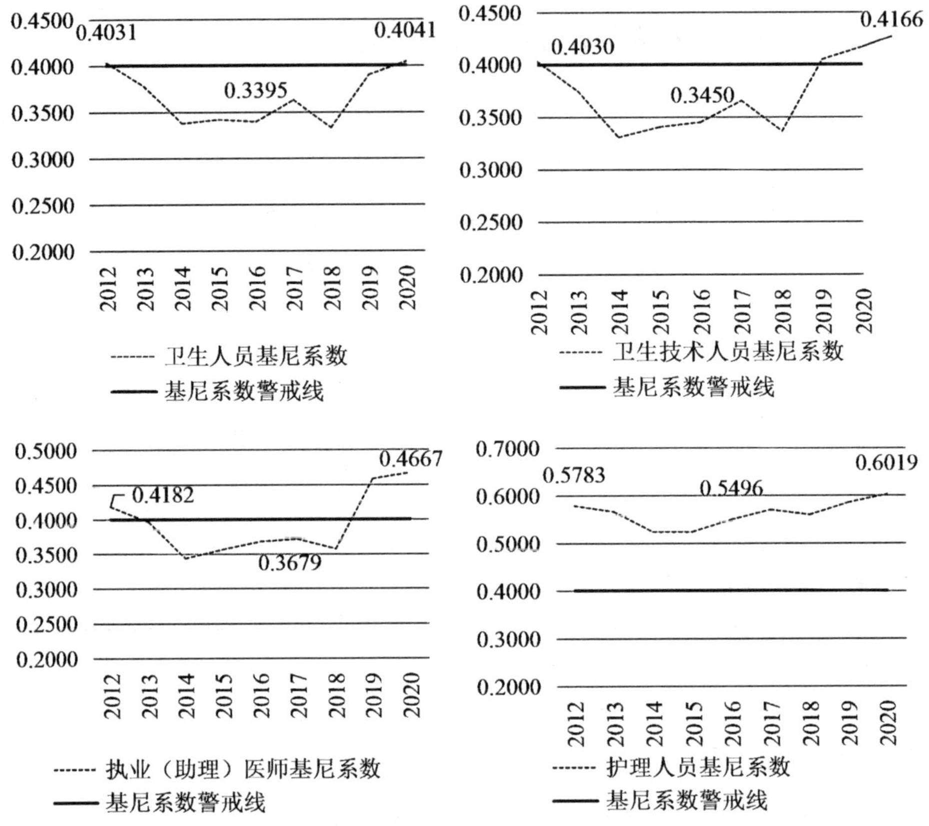

图 15　2012—2020 年公共卫生人力资源按人口配置的基尼系数变化情况

（四）公共卫生人力资源配置的区域公平性

从专业公共卫生人力资源分布的公平程度看，各类卫生人力资源的基尼系数在 2012—2014 年间有所下降，公平性得到有效改善，但在 2018 年后，基尼系数逐年呈上升趋势，逐渐呈现出专业公共卫生人力资源分布不公平的状态，特别是专业公共卫生机构中的护理人员分布公平性较差，公平程度在历年来均处于差距较大的状态。

（五）基于泰尔指数的公共卫生资源配置公平性分解

前述中本文基于基尼系数对我市公共卫生资源的总体公平程度进行了分析，由于基尼系数的局限性只能对总体公平程度进行评价，本文选用了泰尔指数对 2012—2020 年我市卫生资源配置的公平性进行分解，以探究引起不公平性的原因是区域间还是区域内差异。

根据天津市行政区划和所属地域，将天津市 16 个行政区划分为市内六区、环城四区、滨海新区和远郊五区，由于塘沽区、大港区、汉沽区于 2010 年后整合为滨海新区，此后数据均以滨海新区进行汇总，故本报告将滨海新区作为独立的区域进行统计。

泰尔指数（Theil Index，简称 TI）主要通过测算个体与均属的差异大小来计算不公平系数，偏离均数越大，则不公平性越强。本研究以人口计算加权权重计算公式如下：

$$T_p = \sum_{i=1} p_i \log\frac{p_i}{Y_i} = \sum_i \sum_j \left(\frac{P_{ij}}{p_i}\right) \log\left(\frac{P_{ij}/P}{Y_{ij}/Y}\right) \tag{2}$$

式中 Pi 为四个区域的人口数占全市总人口数的比重；Y 为四个区域人口所拥有的卫生资源数占全市卫生资源总数的比重。Theil 指数越高，越体现资源配置的不公平。当定义第 i 个区域的城市间差异为：

$$T_{pi} = \sum_j \left(\frac{P_{ij}}{P_i}\right) \log\left(\frac{P_{ij}/P_i}{Y_{ij}/Y_i}\right) \tag{3}$$

总差异可分解为：

$$T_p = \sum_i \left(\frac{P_i}{P}\right) T_p + \sum_i \left(\frac{P_i}{P}\right) \log\left(\frac{P_i/P}{Y_i/Y}\right) = T_{WR} + T_{BR} \tag{4}$$

公式中，T_{WR} 表示区域内差异，T_{BR} 表示区域间差异。

按泰尔指数计算结果来看，在 2012 年、2016 年、2020 年，除机构外，各类专业公共卫生资源的总泰尔指数不断增大，总体呈现结果与基尼系数结论一致，各类专业公共卫生资源区域分布的不公平程度逐渐提升。

表 8　2012—2020 年专业公共卫生机构床位和人力资源泰尔指数分解（一）

	床位			卫生人员		
	总泰尔指数 Theil	区域内 TWR	区域间 TBR	总泰尔指数 Theil	区域内 TWR	区域间 TBR
2012 年	1.38	1.06	0.33	0.50	0.20	0.31
2016 年	1.94	1.55	0.40	0.69	0.18	0.51
2020 年	2.41	1.85	0.56	1.69	0.75	0.95

数据来源：天津市卫生统计年鉴（2012—2020）。

表 9　2012—2020 年专业公共卫生机构人力资源泰尔指数分解（二）

	卫生技术人员			医师			护士		
	总泰尔指数 Theil	区域内 TWR	区域间 TBR	总泰尔指数 Theil	区域内 TWR	区域间 TBR	总泰尔指数 Theil	区域内 TWR	区域间 TBR
2012 年	0.47	0.21	0.27	0.88	0.37	0.51	0.88	0.37	0.51
2016 年	0.61	0.16	0.45	0.55	0.28	0.27	0.55	0.28	0.27
2020 年	1.65	0.70	0.95	1.84	0.63	1.22	1.84	0.63	1.22

数据来源：天津市卫生统计年鉴（2012—2020）。

对泰尔指数进行分析发现，造成床位资源不公平的原因主要来自区域内的不公平，其余卫生人力资源均呈现出区域间差异大于区域内差异的特点，说明造成专业公共卫生机构人力资源的不公平主要来自区域间发展不协调的原因。

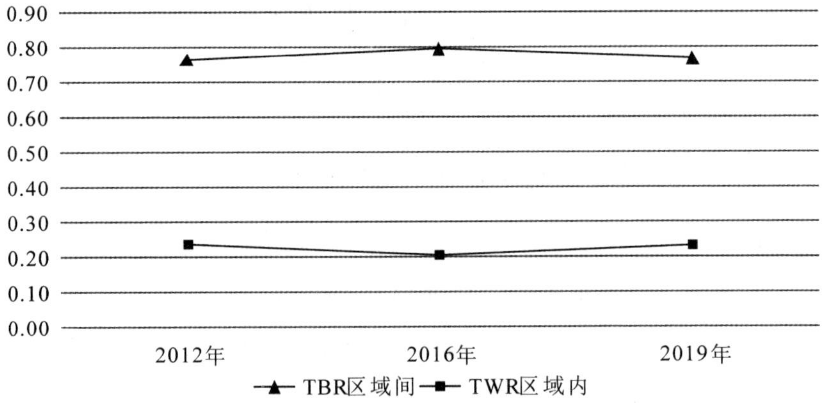

图 16　专业公共卫生机构床位资源区域内及区域间差异对泰尔指数贡献率

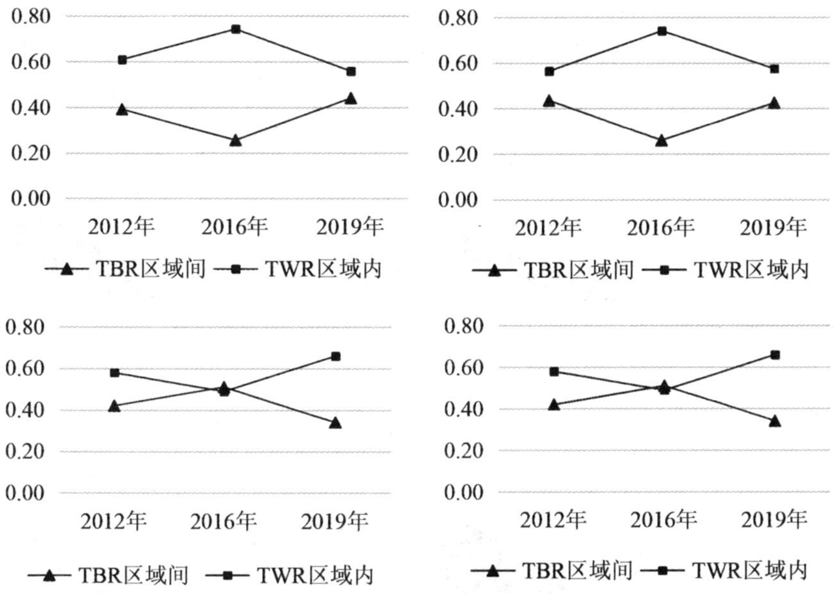

图 17　专业公共卫生机构人力资源区域内及区域间差异对泰尔指数贡献率

由图 18 可见，环城四区专业公共卫生机构总体配置失衡是造成床位配置不平衡的主要原因。根据数据显示，环城四区大多数专业公共卫生机构床位数较少，在该区域内甚至有部分地区专业公共卫生机构床位数为 0。

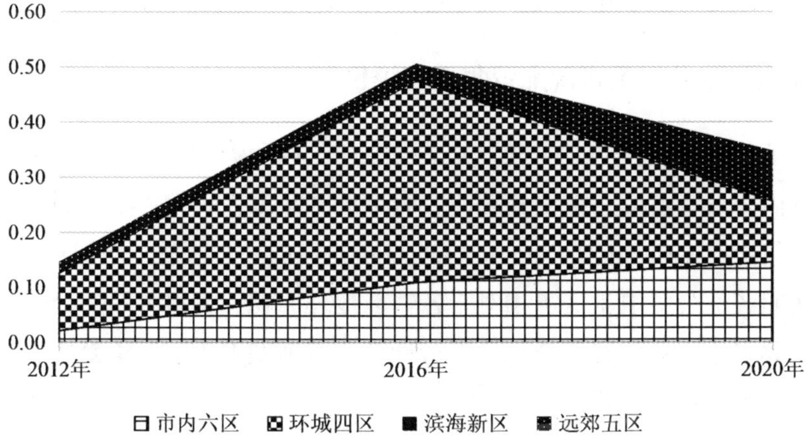

图 18　天津市区域内专业公共卫生床位资源的泰尔指数分解

而造成人力资源不公平的原因中市内六区贡献率最大，通过对 2012—2020 年天津市卫生健康统计年鉴的数据查询发现，市内六区的专业公共卫生机构中集聚了大量相关的卫生人力资源，进而导致了其他地区卫生人力资源相对匮乏。

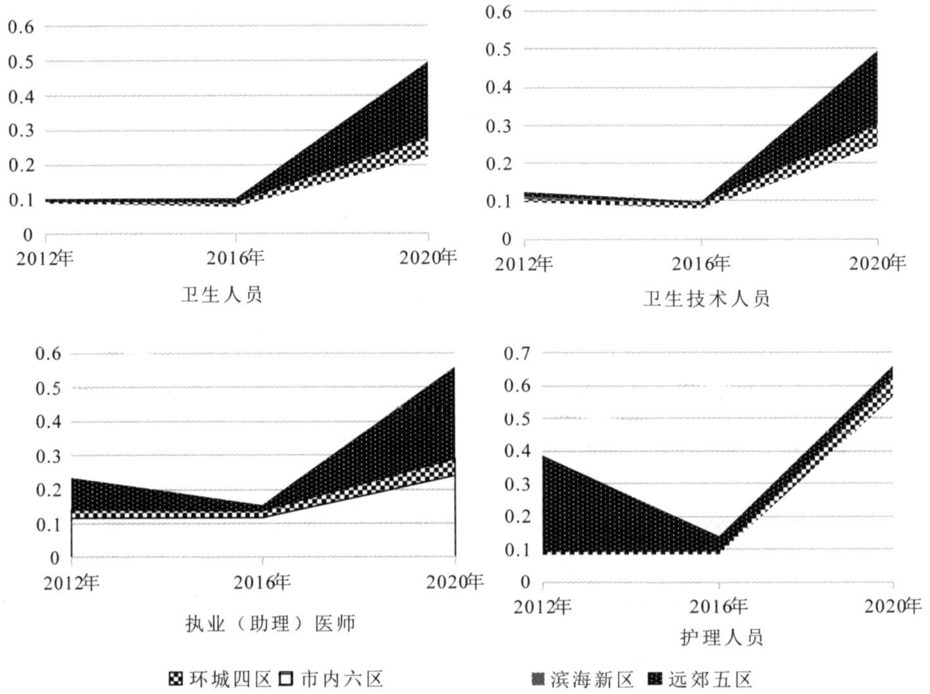

图 19　天津市区域内专业公共卫生人力资源的泰尔指数分解

（六）公共卫生资源配置集聚度评价

基于分析各类公共卫生资源公平程度和区域影响的基础上，为进一步探究区域内集聚专业公共卫生资源能否满足地区集聚人口的需求，引入卫生资源配置集聚度（Health Resources Agglomeration Degree，简称 HRAD）的概念。

按照各类公共卫生资源相对于各辖区地理面积、人口分布的公平程度对各类公共卫生资源配置的公平性进行计算，所涉及卫生资源集聚度、人口集聚度的概念及计算公式如下：

$$HARD_i = \frac{(HR_i/HR_n)\times 100\%}{(A_i/A_n)\times 100\%} = \frac{HR_i/A_i}{HR_n/A_n} \tag{5}$$

HARDi 表示某地区的卫生资源集聚度，是反映某地区全市 1%的地理面积上集聚的全市公共卫生资源总量的比重的指标。其中：HRi 是某一地区 i 拥有的某一类公共卫生资源数量，HRn 是全市公共卫生资源总量。Ai 是某地区 i 的地理面积，An 是全市地理面积总数。

$$PAD_i = \frac{(P_i/P_n)\times 100\%}{(A_i/A_n)\times 100\%} = \frac{P_i/A_i}{P_n/A_n} \quad (6)$$

PADi 表示某地区的人口集聚度，是反映某地区占全市 1%的地理面积上集聚的全市人口的比重，其中：Pi 是某一地区 i 的人口数量，Pn 是全市人口总量。

基于集聚度的概念评价卫生资源配置时，设定其公平性评价标准为：当 HRADi>1 时,表示该地区卫生资源按地理分布公平性较好；当 HRADi 与 PADi 差值大于 0 时，表明该地区集聚的卫生资源可以满足地区集聚人口的需求，且卫生服务可及性较好；当 HRADi 与 PADi 差值小于 0 时，表明该地区卫生资源不能满足地区集聚人口的需求，且卫生服务可及性差。

2012 年至 2020 年的我市市内六区、环城四区和远郊五区公共卫生机构的集聚程度均大于 1，滨海新区公共卫生机构的集聚程度相对较低，市内六区单位面积上集聚的公共卫生机构数量是其他地区的 3 倍左右；但结合人口集聚程度进行分析，2012—2020 年除远郊地区外，我市其他区域公共机构资源的集聚程度尚难以满足区域内集聚人口的需求。

表 10　2012—2020 年天津市公共卫生机构配置集聚度

地区	人口集聚 *PADi*	2012 年 *HARDi*	2012 年 差值	人口集聚 *PADi*	2016 年 *HARDi*	2016 年 差值	人口集聚 *PADi*	2020 年 *HARDi*	2020 年 差值
市内六区	22.47	3.51	−18.96	21.21	7.47	−13.74	19.68	13.28	−6.40
环城四区	1.24	1.17	−0.07	1.34	0.85	−0.49	1.74	0.71	−1.03
滨海新区	0.98	0.35	−0.63	1.01	0.41	−0.60	0.78	0.51	−0.28
远郊五区	0.44	1.09	0.65	0.44	1.06	0.63	0.44	0.93	0.49

数据来源：天津市卫生统计年鉴（2012—2020）。

集聚度分析结果表明：我市公共卫生机构的床位资源主要集中分布在市

内六区，2012—2020 市内六区集聚的公共卫生机构床位资源相对区域内集聚的人口年间差值不断扩大，而环城四区、滨海新区区域内集聚的公共卫生机构床位资源不能满足人口的需求，且环城四区的床位集聚度与人口集聚度的差值逐年增加，表明该区域公共卫生机构床位资源与人口需求的矛盾日益凸显。

表 11　2012—2020 年天津市公共卫生机构床位配置集聚度

地区	人口集聚	2012 年		人口集聚	2016 年		人口集聚	2020 年	
	PADi	*HARDi*	差值	*PADi*	*HARDi*	差值	*PADi*	*HARDi*	差值
市内六区	22.47	24.41	1.94	21.21	20.99	–0.22	19.68	19.86	0.18
环城四区	1.24	0.51	–0.73	1.34	0.46	–0.88	1.74	0.43	–1.31
滨海新区	0.98	0.44	–0.54	1.01	0.30	–0.71	0.78	0.21	–0.58
远郊五区	0.44	0.74	0.30	0.44	0.88	0.44	0.44	0.94	0.50

数据来源：天津市卫生统计年鉴（2012—2020）。

按不同区域集聚的公共卫生人力资源来看，2012 年、2016 年和 2020 年我市专业公共卫生人力资源在市内六区相对较为集中，在其他区域分布较少，但由于市内六区人口数量的集聚程度较高，2016 年该区域内专业公共卫生人力资源尚不能充分满足集聚人口的卫生需求。通过分析结果可见，2012—2020 年我市对公共卫生人力资源在市内六区的分布进行了调整，差值由 2016 年的 –0.74 调整至 2020 年的 5.00，如卫生技术人员和执业（助理）医师的差值变化具有大致相同的趋势；同时护理人员的集聚度差值在市内六区得到有效改善；由表 12 至表 14 可见环城四区、滨海新区和各类公共卫生人员集聚的程度与区域集聚人口的水平尚不成比例，反映应重点充实此两区的公共卫生人才队伍。

表 12　2012 年天津市公共卫生人力资源集聚度

地区	人口集聚	在职职工		卫生技术人员		执业（助理）医师		护士	
	PADi	*HARDi*	差值	*HARDi*	差值	*HARDi*	差值	*HARDi*	差值
市内六区	22.47	22.58	0.11	20.48	–1.99	20.20	–2.27	31.38	8.91
环城四区	1.24	0.98	–0.26	1.04	–0.20	0.96	–0.28	0.84	–0.41
滨海新区	0.98	0.75	–0.24	0.77	–0.21	0.90	–0.09	1.12	0.14
远郊五区	0.44	0.57	0.13	0.60	0.16	0.59	0.15	0.29	–0.15

数据来源：天津市卫生统计年鉴（2012—2020）。

表 13　2016 年天津市公共卫生人力资源集聚度

地区	人口集聚	在职职工		卫生技术人员		执业（助理）医师		护士	
	PADi	*HARDi*	差值	*HARDi*	差值	*HARDi*	差值	*HARDi*	差值
市内六区	21.21	20.47	−0.74	19.41	−1.80	18.62	−2.58	26.15	4.94
环城四区	1.34	0.90	−0.44	0.96	−0.38	0.88	−0.46	0.76	−0.58
滨海新区	1.01	0.70	−0.31	0.73	−0.27	0.73	−0.28	1.05	0.04
远郊五区	0.44	0.66	0.22	0.66	0.22	0.70	0.26	0.46	0.02

数据来源：天津市卫生统计年鉴（2012—2020）。

表 14　2020 年天津市公共卫生人力资源集聚度

地区	人口集聚	在职职工		卫生技术人员		执业（助理）医师		护士	
	PADi	*HARDi*	差值	*HARDi*	差值	*HARDi*	差值	*HARDi*	差值
市内六区	19.68	24.68	5.00	24.76	5.08	24.81	5.13	23.33	3.65
环城四区	1.74	0.91	−0.83	0.92	−0.82	0.94	−0.80	0.91	−0.83
滨海新区	0.78	0.50	−0.29	0.54	−0.25	0.52	−0.27	0.60	−0.19
远郊五区	0.44	0.62	0.18	0.60	0.17	0.60	0.16	0.62	0.18

数据来源：天津市卫生统计年鉴（2012—2020）。

四　国内公共卫生服务体系建设现状

（一）国内情况发展现状

我国公共卫生服务体系是卫生系统的有机组成部分，从机构组成来看，我国公共卫生服务体系由专业公共卫生服务网络和医疗服务体系的公共卫生服务职能组成。公共卫生服务包括疾病预防控制、健康教育、妇幼保健、精神卫生防治、应急救治、采供血、卫生监督、计划生育等专业公共卫生机构。

我国现已初步形成了专业公共卫生服务网络，一是具有“医防一体”功能的部分基层医疗卫生服务机构，二是利用医院公共卫生服务功能的专科医院，三是大型综合医院的公共卫生相关科室组成的公共卫生服务体系。深化医药卫生体制改革后，政府明确了 12 类国家基本公共卫生服务项目，我国公共卫生体系的硬件设施状况有了较大改善，公共卫生服务体系建设得到了大力推进，国家基本公共卫生服务项目和重大公共卫生服务项目开始全面实施，公共卫生服务能力不断增强，公共卫生服务体系建设取得明显效果。

经过几十年的发展，覆盖我国城乡居民的公共卫生体系已基本建立，截至 2019 年末，基层医疗卫生机构共 954390 个，专业公共卫生机构 15958 个，疾病预防控制中心 3403 个，卫生计生监督机构 2869 个，专科疾病防治院（所、站）1128 个，妇幼保健院（所、站）3071 个。专业公共卫生机构床位数 28.5 万张，约占全国总床位数的 3.24%。2019 年专业公共卫生机构卫生人员 896554 人（占 6.93%），每万人口专业公共卫生机构人员 6.41 人。

（二）天津市公共卫生服务体系建设现状

截至 2020 年，我市专业公共卫生机构共计 87 个，疾病预防控制中心 22 个，专科疾病防治院（所、站）8 个，妇幼保健院（所、站）18 个，卫生监督机构 20 个，计划生育技术服务机构 6 个，采供血和急救机构 13 个。我市专业公共卫生机构出现在数量上出现了“负增长”趋势，2016—2020 年，专业公共卫生机构减少 39 家，年均增长率为-8.84%，同时专业公共卫生机构在医疗卫生机构中所占比重不大，并且呈现逐年降低的趋势，其构成比从 2016 年的 2.32%逐步降至 2020 年的 1.49%。

2020 年我市专业公共卫生机构卫生技术人员为 4909 人。在公共卫生人员数量上有明显不足，2016—2018 年，我市专业公共卫生机构人员逐年下降，在 2019 年后专业公共卫生机构人员数量逐渐增加。

2020 年我市床位资源总量为 68381 张，专业公共卫生机构床位 514 张，占比 0.81%。总体上看，2016—2020 年我市床位资源总量呈上升趋势，由 2016 年 63833 张增至 68381 张，年均增长率为 1.74%，但专业公共卫生机构的床位资源呈下降趋势，2016—2020 年间减少了 260 张床位，年均增长率为-9.73%。

五　关于改善我市公共卫生服务体系建设的建议

（一）优化我市公共卫生资源布局

从机构的分布情况来看，专业公共卫生机构以及各类卫生人力资源过于集中在市内六区，专业公共卫生机构在环城区域的配置明显不足，导致其他地区集聚的资源不能充分满足区域人口的卫生服务需求。

从卫生人力和床位资源的集聚程度分析来看，大量的卫生人力资源和床位仍旧集中在市内六区，从而导致其他区域配置水平特别是远郊五区各类卫生人员和床位存在严重不足，难以满足人口需求的情况。同时从分布公平性的角度来看，专业公共卫生机构、卫生技术人员数量、注册护士数量以及医院床位和基层床位的基尼系数较大，建议未来应对以上指标的区域布局进行合理化调整。

天津市卫生资源大多集中在人口密集的市内六区和滨海新区，而地域广阔、人口较为分散的环城四区和外围郊区的卫生资源则相对不足。建议整合我市市内六区的优势资源，在总量、布局和结构上对区域内专业公共卫生机构进行调整，要注重营造公平、公正的环境。数据显示，我市公共卫生服务体系存在队伍建设不稳定，人员过于集中等突出问题。应加强公共卫生人才队伍建设。建议出台加强我市公共卫生人才队伍建设措施，对全市公共卫生人才队伍体系进行全方位、多领域、多层次完善补强，为全市人民生命安全和身体健康提供卫生人才保障。

总体来看，专业公共卫生机构的床位总量短缺，在各区的配置均不能满足区域人口需求，因此要增加对专业公共卫生机构床位数量的同时在资源配置上要注重区域内的协调发展。各级政府部门应综合各地区的实际情况及群众的健康需求，进行合理的卫生规划，以现有公共卫生资源的纵向整合为工作重点，持续推动优质公共卫生资源扩容和区域均衡布局。应从卫生服务体系的设置原则和功能出发，根据地区人口、经济、地理面积及人群的健康需求等实际情况合理统筹区域内投入，科学进行区域公共卫生规划，应侧重天津市内经济较为落后的地区，加大基层、农村地区的公共卫生资源配置。

（二）促进公共卫生事业资源投入稳定增长

天津市作为我国四大直辖市之一，经济发展水平较高，医疗卫生资源相对充足。为解决天津市公共卫生资源变化不稳定的问题，保证资源稳定增长，需分析其中的变化规律与信息。一是要加强市内公共卫生资源的总量投入，保持总量不断提高的增长趋势的同时增加人均资源占有量，保证个人公共卫生资源的充足供应，满足人民日益增长的公共卫生需求。二是要优化各类公共卫生资源配置，促进诸如床位、人才、设备等公共卫生基础资源快速增长的生态平衡，合理配置和规划区域间、区域内的各类公共卫生资源，从而提高其可及性、公平性，达到人人共享的目标和效果。三是要完善和细化全市公共卫生资源配置标准，建立投入支持与稳定供给制度，成立专门的资源管理部门，完善标准，实行配置资源的绩效考核，促进其工作的合理性与全面性，周到考虑各项不足与缺点。四是提高人才引进的重视程度，人才是生产的动力之源，也是在公共卫生工作中最重要的因素，加强公共卫生人才的投入、培训与考核，建立良性互动机制，提高其业务能力，在天津市公共卫生服务发展中不可或缺，为建立符合天津实际的公共卫生人才供给机制奠定基础。

（三）推进公共卫生服务资源供给的多元化

随着社区居民医疗卫生需求的增长和变化，政府和公共部门在提供公共卫生资源与服务时，如果供给来源单一、公共服务垄断，公共卫生的发展就会失去活力，就不会得到全社会的认可和支持，从而使其发展失去公平性和有效性，与公共利益的发展目标背道而驰。一是政府在提供公共卫生资源时，不应全包全管，需转变政府职能，变身服务者，在履行公共卫生的各项职责的同时保证公共筹资工作的顺利进行，促进公共卫生事业的投入占全市公共财政的比例增长。二是要完善公共卫生资源供给投入的市场竞争机制，积极发布相关政策与公告，向全社会发布公共卫生资源的招投标公共，鼓励各类人群与机构积极参与，在公共卫生事业发展中融入社会力量与资本，增加建设的积极性与活力，保证公共卫生事业发展的高质量、高层次，从而推进公共卫生服务资源供给的多元化。

（四）加强公共卫生信息化建设

大数据、网络技术、云计算等现代信息技术是医疗卫生事业体制改革与发展的重要支撑，已对医疗资源的供应与配置、医疗服务的完善与优化的内容和形式产生了重要影响，在公共卫生事业的发展中也具有举足轻重的作用，也是加快建设五个“现代化”天津的重要抓手。一是建立统一的公共卫生服务系统与医疗信息平台，利用信息化技术提高公共卫生资源的配置与供给效率，提升服务能力，满足人民群众的医疗健康需求。二是加强信息的沟通与融合，促进医疗卫生部门信息共享与交流，加强患者健康档案科学管理，与医院等诊疗服务机构构建公共卫生信息体系，加强信息分析与利用，以人为本，全方位保障人民群众的身体健康，以信息和数据为驱动，从而促进天津市公共卫生整体事业的发展。

参考文献：

[1] 胡怡、罗中华：《关于构建以预防为主的公共卫生服务体系的政策建议》，《甘肃科技》2021 年第 6 期。

[2] 陆妹娟、李欣、沈洁等：《新冠疫情防控背景下县市级城市公共卫生服务体系建设的体会与思考》，《基层医学论坛》2021 年第 8 期。

[3] 杨华杰、孟晨、邱泽航等：《网络环境下我国公共卫生和医疗服务体系现状研究》，《中国新通信》2020 年第 14 期。

[4] 张晔、张驰、王志强：《2004—2016 年新疆医疗卫生资源配置公平性与影响因素研究——基于“人口公平性”与“地理公平性”的综合视角》，《中国卫生事业管理》2019

年第 7 期。

[5] 蓝丁丁、韦素琼、熊小刚：《基于泰尔指数的福建省区域经济差异及其成因分析》，《吉林师范大学学报（自然科学版）》2007 年第 2 期。

[6] 赖溱、黄莉：《基于泰尔指数的重庆市卫生资源配置公平性研究》，《中国卫生事业管理》2013 年第 11 期。

[7] 李妍、翟春城、周雪等：《健康老龄化视阈下我国卫生服务体系面临的挑战与机遇》，《中国医院管理》2017 年第 12 期。

[8] 朱文杰：《美国社区医疗和公共卫生服务带来的启示》，《首都医药》2011 年第 23 期。

[9] 王芳、刘晓曦、邱五七等：《加拿大与澳大利亚公共卫生服务均等化经验与启示》，《中国卫生政策研究》2010 年第 5 期。

[10] 靳清汉：《澳大利亚公共卫生服务对我国卫生服务的借鉴》，《中国医院》2005 年第 7 期。

[11] 侯庆春、马明慧、谷琳等：《天津市卫生服务体系建设的实践与思考》，《医学与社会》2009 年第 8 期。

[12] 梁黎明、王延赏、张玲玲等：《天津市卫生资源配置状况分析与评价》，《中国医疗管理科学》2020 年第 6 期。

天津市职业教育发展报告（2022）

王　岚　天津市教育科学研究院助理研究员
杨春芳　天津市教育科学研究院副研究员

摘　要：　2021年天津市职业教育在规模持续提升、以建党百年为契机全面实现思政一体化、持续巩固职教帮扶成效助力乡村振兴战略、形成产教融合的高素质技能人才培养新格局、扩大职教国际化品牌鲁班工坊的全球影响力等方面取得了重要成果，但在深入学习贯彻全国职业教育大会精神的持续性、持续提升职业教育产教融合的广度和深度、巩固职业教育国际化发展成果和持续提升影响力等方面还面临挑战。建议持续深入学习贯彻习近平总书记对职业教育作出的重要指示精神、构建现代职教体系、培养更多大国工匠，进一步完善“五业联动”机制、从深度和广度上促进职业教育产教深度融合，以鲁班工坊为引领全面巩固职业教育国际化发展成果、进一步提升天津市职业教育吸引力和影响力。

关键词：　职业教育　教育质量　教育现代化

2021年是意义非凡的一年，中国共产党百年诞辰，“两个一百年”交汇，“十四五”规划开始实施，全面建设社会主义现代化国家踏上新征程。在此背景下，天津市立足新发展阶段，持续以习近平新时代中国特色社会主义思想为指导，深入贯彻习近平总书记关于教育的重要论述和全国教育大会精神，全面深入落实国家职业教育改革各项举措，为打造职业教育改革创新标杆、加速实现天津市教育现代化以及大幅提升服务经济社会发展能力做出重要贡献。

一　2021年天津市职业教育发展概况

2021年，天津市聚焦建设新时代职业教育标杆。启动实施新一轮部市共建，出台部市共建新时代职业教育创新发展标杆的意见，推进现代职教体系建设，深化产教城融合，大力培养技术技能人才，扎实推进职业教育改革发展，取得了预期成效，在一些重点领域实现了新突破。

（一）职业教育规模持续提升

近年来，天津市中等职业教育和高等职业教育人才培养规模平稳发展。截至2020年底，天津市共有职业教育类大学2所，独立设置高职院校25所，各类中等职业学校73所。2020年，全市职业院校招生人数超过11.5万人，在校生人数超过30万人。①

中等职业教育人才培养规模方面：从2016年到2020年，天津市中等职业教育的毕业生数从1.86万人增长到3.67万人；招生数从2.54万人增长到3.56万人；在校生数从6.82万人增长到9.84万人（见表1）。

表1　天津市中等职业教育人才培养规模　　单位：万人

	2016年	2017年	2018年	2019年	2020年
毕业生数	1.86	1.83	3.51	3.67	3.67
招生数	2.54	2.03	3.20	3.21	3.56
在校生数	6.82	6.82	10.75	9.97	9.84

资料来源：根据2017—2021年《天津教育年鉴》整理而得。

高等职业教育人才培养规模方面：从2016年到2020年，天津市高等职业教育的毕业生数略有下降，从5.65万人下降到5.03万人；招生数从5.92万人增长到7.19万人；在校生数从17.66万人增长到18.11万人（见表2）。

①　《职业教育改革发展取得良好成效》，http：//www.tjrd.gov.cn/jdzh/system/2021/08/03/030022131.shtml。

表 2　天津市高等职业教育人才培养规模　　单位：万人

	2016 年	2017 年	2018 年	2019 年	2020 年
毕业生数	5.85	6.02	5.83	4.91	5.03
招生数	5.92	5.91	5.92	5.99	7.19
在校生数	17.66	17.29	16.67	15.67	18.11

资料来源：根据 2017—2021 年《天津教育年鉴》整理而得。

最新数据显示：2021 年，天津市高职院校共录取新生 5490 余人[①]，五年制高职、中高职衔接、三二分段类学校共录取新生 9189 人[②]，其他各类中职学校共录取新生 15884 人[③]。其中，高职院校招生呈现出以下特点：第一，全国考生对天津市职业教育的认可度较高，190 所普通类高职院校中 129 所高职院校档案充足；第二，天津市职业教育的吸引力较高，全国考生踊跃报考天津市高职院校，很多天津市高职院校在生源充足的情况下积极增加录取计划，上海、北京、江苏及周边省份院校生源较为充足；三是轨道交通、民航运输、医学护理、学前教育等专业依然是广大考生和家长的主要选择，同时，物联网、大数据、人工智能等新兴专业也得到考生的积极填报，这为天津市职业教育规模的稳步提升奠定了坚实基础。

（二）以建党百年为契机全面实现思政一体化

天津市以学习百年党史为契机，通过顶层设计实现思政课一体化，引导和帮助职业院校学生上好与现实相结合的“大思政课”，在学校课堂和社会课堂中受教育、长才干、作贡献，通过思政课一体化实现学党史、强信念、跟党走，引导青年学生在学思践悟中坚定理想信念，努力成为担当民族复兴大任的时代新人。

天津市各职业院校开展了系列促进思政课一体化的措施，取得良好成效。

① 《我市高职（专科）批次录取结果可查 2021 年普通高校招生录取工作全部结束》，http://jy.tj.gov.cn/JYXW/TJJY/202108/t20210804_5525098.html。

② 《我市五年制高职、中高职衔接、三二分段类学校及专业批次录取结束》，http://jy.tj.gov.cn/JYXW/TJJY/202107/t20210730_5521988.html。

③ 《我市其他各类中职学校批次录取结束》，http://jy.tj.gov.cn/JYXW/TJJY/202108/t20210802_552 3316.html。

一是天津渤海职业技术学院与北辰区共建大中小学思政课一体化教育模式。[①]2021年3月，天津渤海职院思政教师与北辰区10所中小学校200余名校长、教师一起交流研讨一体化建设工作和思政课教学如何融入党史学习教育活动，守正创新加强思想政治理论课程建设，为中国共产党成立100周年献礼。二是天津轻工职业技术学院与六校协同共建思政一体化。[②]2021年6月，天津轻工职业技术学院与津南区八里台第二中学、双港联合小学、海天小学、前辛庄小学、白塘口联合小学等学校协同共建"大中小幼思政一体化"，逐步实现区域联动、校际协同、校社联动的大中小幼思政课一体化建设格局，共同推动跨学段的实践育人、心理育人、社团育人和文化育人。三是天津医学高等专科学校实践团暑期开展"三下乡"社会实践活动。2021年7月，天津医学高等专科学校学生在甘肃省武威市开展下沉式、进驻式的实践锻炼和学习体验，在活动中与当地学校、乡村、企业特色结合，精心设计实践路线，共同打造实践基地。[③]四是天津现代职业技术学院联合津南区中小学校，在天津海河教育园区思想政治教育实践基地，进行联合思政课。9月27日，来自大中小学的优秀教师围绕"中国精神""弘扬建党精神，奋进崭新征程""坚定理想信念，养成浩然正气"等主题，在实践基地进行沉浸式现场授课和大中小学思政理论课一体化研讨会。[④]

（三）持续巩固职教帮扶成效助力乡村振兴战略

2021年2月25日，全国脱贫攻坚总结表彰大会隆重举行。天津职业大学合作教育办公室、天津中德应用技术大学于一民和天津交通职业学院赵宏，分别荣获"全国脱贫攻坚先进集体"和"全国脱贫攻坚先进个人"荣誉称号。

① 《天津渤海职业技术学院与北辰区共建大中小学思政课一体化教育模式》，http：//jy.tj.gov.cn/JYXW/TJJY/202103/t20210329_5396893.html。

② 《天津轻工职业技术学院与六校协同共建思政一体化》，http：//jy.tj.gov.cn/JYXW/TJJY/202106/t20210625_5487042.html。

③ 《引导青年学生在学思践悟中坚定理想信念 天津医学高等专科学校开展大学生暑期"三下乡"社会实践活动》，http：//jy.tj.gov.cn/JYXW/TJJY/202108/t20210811_5530700.html。

④ 《天津现代职业技术学院联合中小学校共上一堂思政课》，http：//jy.tj.gov.cn/JYXW/TJJY/202109/t20210929_5617068.html。

他们是天津市职业教育战线的先进代表，更是全力实施“脱贫攻坚，职教帮扶”天津之路的实践者和创造者。[①]

“十三五”期间，天津市将“打赢脱贫攻坚”作为庄严的承诺，走出了一条职业教育精准扶贫的特色之路。天津市认真贯彻落实党中央、国务院关于东西协作和对口支援工作决策部署，积极服务国家脱贫攻坚战略，与多个省市自治区签署《职业教育东西协作行动计划落实协议书》，包括西藏、新疆、青海、云南、甘肃、吉林长春市等；在高等职业教育领域，天津市与河北承德市协同合作，搭建对口支援平台，签署《对口支援建设高等职业院校框架协议》，逐一落实“发展教育脱贫一批”的重要任务。

一是汇聚优质资源，优化帮扶模式。天津市充分发挥国家现代职业教育改革创新示范区的作用，坚持抓重点、补短板，通过职业教育优秀成果输出，促进帮扶地区全面发展。在帮扶理念上，从“授人以鱼”转变为“授人以渔”；在帮扶内容上，从“理论分享”到“成果共享”；在帮扶方式上，从“自主行动”到“系统推动”；在帮扶力量上，从“分散帮扶”到“聚力帮扶”；在帮扶通道上，从“挂职职教”到“整体输出”；在帮扶效果上，最终实现了由外部“输血”向内部“造血”的转变。

二是聚力国字号，开展师资培训。“十三五”期间，教育部和天津市人民政府就建设国家现代职业教育改革创新示范区达成一致，签署《教育部天津市人民政府关于共建国家现代职业教育改革创新示范区协议》（以下简称《协议》）。天津市充分发挥《协议》的引导力，基于国家现代职业教育改革创新示范区的建设，发挥天津市职业教育对中西部地区职业教育的引领与支持力度。作为示范区升级版重点建设的国字号重大项目之一，国家中西部地区职业教育师资培训中心以天津机电职业技术学院为总部服务平台，搭建“一主多辅”的集散式师资培养培训服务结构，吸纳国内外职业教育领域知名专家，邀请新兴战略行业和龙头企业的优秀企业家，开展可选择、可组合、针对性强、灵活多样的师资培训。实践效果显示，天津市通过“聚、送、派、请、

① 《天津职业教育巩固职教帮扶成效，助力乡村振兴战略》，http://jy.tj.gov.cn/JYXW/TJJY/202105/t20210521_5456846.html。

访”等多元形式，已经对西藏、甘肃、青海、新疆、宁夏、山西、内蒙古等19个中西部省市自治区开展师资培训，值得一提的是，天津市对宁夏37所职业院校的师资培训实现了“双向挂职全覆盖”。

三是以大赛为平台，扩大宣传影响。天津市不断加大对职业教育的宣传力度，以全国职业院校技能大赛和职业教育活动周为契机，向全国展示天津市职业教育在脱贫攻坚等国家重大战略和天津市经济社会转型发展中取得的成果。2018年全国大赛和职业活动期间，设有6大板块20项重点活动，举办形式多样的300余项校园特色活动，同期全国大赛主赛区举办20个比赛项目，天津市职业教育吸引力与影响力非凡。截至目前，天津市在宁夏、河北、辽宁、内蒙古等地举办国家现代职业教育改革创新示范区建设成果分享活动，向各地宣传我市职业教育取得的新成果。

四是持续巩固成果，助力乡村振兴。我国经济社会发展进入新阶段，“优先发展农业农村，全面推进乡村振兴”是党的十九届五中全会提出的明确要求。天津市以习近平总书记对职业教育工作的重要指示为指引，全面贯彻落实全国职业教育大会精神，站在更高的起点乘势而上，一方面持续巩固推进天津市已经取得的丰富的职业教育脱贫攻坚成果，另一方面积极探索能够与乡村振兴战略有效对接的多种方式与手段，发挥天津市职业教育的示范引领作用，统筹更多优质资源，工作重点调整至助力乡村振兴各项任务，在新发展阶段力争做出更大的贡献。努力做好各项合作协议收官工作，发挥天津市双高校、示范校优质资源，促进合作再上新水平。“十四五”时期将持续巩固“一区一方案、一校一方案”等成功经验，与合作地院校形成相对稳定的帮扶关系，创新帮扶方法，拓宽帮扶领域，丰富帮扶内容。严格落实乡村振兴战略各项要求，与各地积极谋划“新合作、好政策、大项目”，围绕农业结构优化升级，推进涉农专业建设水平的提升，发挥职教强农、技能兴农的优势，为高质量构建现代农业产业体系、生产体系、经营体系贡献力量。突出职业教育育人特色，以立德树人为根本，落实德技并修各项要求，努力为乡村振兴事业培养更多的优秀农业生产经营者和实用型人才，由此产生出一批能够带领大家共同致富的农村创业创新带头人、农村电商人才，以及乡村手工业者、传统艺人等乡村工匠。

（四）产教融合的高素质技能人才培养新格局基本形成

截至2020年底，天津市50%的中职院校和80%的高职院校由行业企业举办，已经形成了产业、行业、企业、职业、专业“五位一体·五业联动”的职业教育发展模式。经过长期探索，天津市职业教育形成了政府统筹、行业主办、教育管理、企业参与的办学机制，这也是天津市职业教育办学的鲜明特色。[①]

其一，天津市产教深度融合，共育技能人才，企业为主体、职业院校为主阵地的技能人才培养新格局形成。[②]天津市已经形成了以职业院校为主阵地、以行业企业为主体、以民办培训机构为依托的高素质技术技能人才培养新格局。数据显示，截至2021年6月，天津市共有技能人才270万人，其中高技能人才81万人，18个国家级和25个市级高技能人才培训基地，408个企业培训中心、18个企业公共实训基地，30个国家级技能大师工作室和57个市级技能大师工作室等。作为全国首家国家现代职业教育改革创新示范区和首批国家产教融合型建设试点城市，天津市发布了两批次共计130家产教融合型企业，在产教协同育人、师资队伍建设、学科共建、实训基地建设、科学研究及技术技能培训等方面推进产教深度融合，有力提高了创新型、应用型、技能型人才培养质量，为城市高质量发展提供了人才保障。

其二，企校协同，成立“鲁班工坊产教融合发展联盟”，服务“一带一路”建设。[③]2021年4月，天津市成立“鲁班工坊产教融合发展联盟”。该联盟是在天津市委、市政府的正确领导下，由市教委、市人社局、市商务局共同指导，经天津铁道职业技术学院和鲁班工坊研究与推广中心牵头发起，以企业为主，院校、科研机构共同参与的社会组织。联盟遵循“共同建设、共促发展、共享成果”的基本原则，探索深化“服务‘一带一路’建设、助力企业

① 《职业教育改革发展取得良好成效》，http：//www.tjrd.gov.cn/jdzh/system/2021/08/03/030022131.shtml。

② 《我市产教深度融合共育技能人才企业为主体、职业院校为主阵地的技能人才培养新格局形成》，http：//jy.tj.gov.cn/JYXW/TJJY/202106/t20210615_5478003.html。

③ 《企校协同，营造一流营商环境 创新发展，服务“一带一路”建设 我市成立“鲁班工坊产教融合发展联盟”》，http：//jy.tj.gov.cn/JYXW/TJJY/202104/t20210430_5440679.html。

海外发展、拓展学校合作空间”的鲁班工坊国际产教融合发展模式，是丰富鲁班工坊内涵建设、探索鲁班工坊高质量可持续发展的重要途径。32家合作企业和18所参建鲁班工坊的职业院校成为联盟首批成员。联盟将充分发挥院校、企业的资源优势以及鲁班工坊产教融合桥头堡作用，吸引企业落户天津，孕育和壮大新的经济增长点，助力打造一流营商环境，促进国际产能合作，切实为建设“一带一路”职业教育共同体和人才培养共同体开辟更为广阔的国际合作新空间。

其三，天津市职业教育“两院四中心”揭牌。[①]“两院四中心”是依托市教科院成立的天津市职业教育研究院、天津市产教融合研究院，国家职业教育质量发展研究中心、天津市职业教育发展评估中心、天津市鲁班工坊研究与推广中心、非洲职业教育研究中心。“两院四中心”围绕天津市职业教育当前以及今后一段时间的重点任务和发展需求，主要研究内容包括职业教育政策、职业教育评价、职业院校发展、职业教育国际化、职业教育教材和课程与教学研究等领域，将致力于打造全国一流且具有国际影响力的职业教育教科研平台，形成全面支撑国家职业教育发展的重要智库。

（五）职教国际化品牌鲁班工坊的全球影响力进一步扩大

鲁班工坊发端于国家职业教育改革创新示范区建设，起步于国家“现代”职业教育改革创新示范区建设，是天津市原创、并率先实施建设的中外人文交流知名品牌，是将中国职业教育的教学模式、专业标准、技术装备、教学方案与世界分享的实体化平台，主要服务“一带一路”，服务国际产能合作，服务构建人类命运共同体。

2015年7月，教育部与天津市人民政府签署共建“国家现代职业教育改革创新示范区”协议，也就是迄今为止唯一的国家职业教育改革创新示范区的“升级版”，标志着天津职业教育进入“职教4.0”建设时代。该协议明确提出“一个工程三项计划”，即围绕国家发展战略需求，实施职业教育国际合

① 《我市职业教育“两院四中心”揭牌》，http://jy.tj.gov.cn/JYXW/TJJY/202109/t20210915_5597652.html。

作交流促进工程，职业教育国际交流平台构建计划、职业教育“走出去”战略实施计划和提升全国职业院校技能大赛国际影响计划。

鲁班工坊，是实施职业教育国际合作交流促进工程的创新举措，更是落实“三项计划”的有效招法，从项目方案设计、内涵、模式确定，到创设世界第一个鲁班工坊、欧洲第一个鲁班工坊，再到上升为国家战略、创设非洲首个鲁班工坊，项目足迹遍布亚、欧、非三大洲。它成功构建了国际交流的品牌化实体平台，高质量实现了中国职业教育成体系“走出去”战略，全方位提升了全国职业院校技能大赛实质性国际影响。①

鲁班工坊始于天津，着眼全国，未来发展在于世界。2016年，首个项目在泰国大城技术学院创立至今，5年的时间里，鲁班工坊的建设取得了卓越的成就。天津市始终坚持将鲁班工坊建设作为落实习近平总书记重要指示要求和服务“一带一路”建设的重大举措，不断强化顶层设计布局谋划鲁班工坊的全球发展，统筹协调市各个部门力量形成合力，出台系列政策加强鲁班工坊建设。在天津市委、市政府的直接领导下，市教委带领职业院校、普通高校紧紧围绕“一带一路”建设要求，以及中资企业在海外发展的实际需求，在泰国、英国、印度、印度尼西亚、巴基斯坦、柬埔寨、葡萄牙、吉布提、肯尼亚、南非、马里、尼日利亚、埃及（2个）、科特迪瓦、乌干达、马达加斯加、埃塞俄比亚17个国家建成18个鲁班工坊，中外合作建设的专业47个，项目建设覆盖亚洲、非洲和欧洲三大洲，②已经构建出天津市职业教育国际化发展的创新高地。

二　天津市职业教育发展面临的主要挑战

天津市职业教育发展面临着既要持续深入学习贯彻全国职业教育大会精神，又要不断提升职业教育产教融合的广度和深度，还要持续巩固职业教育

① 吕景泉：《鲁班工坊解析》，中国铁道出版社2021年版，第58—59页。

② 天津市鲁班工坊研究与推广中心：《国家品牌项目“鲁班工坊”五年发展与探索》，《天津日报》2021年5月21日。

国际化发展成果和提升影响力的多重挑战。

（一）深入学习贯彻全国职业教育大会精神的持续性考验

“在全面建设社会主义现代化国家新征程中，职业教育前途广阔、大有可为。”习近平总书记的重要指示，为新时代推动职业教育事业发展指明了方向。实践显示，习近平总书记对职业教育的重要指示已经在全天津市教育系统引发强烈反响，但是仍面临深入学习贯彻持续性的考验。尤其是在天津市“十四五”职业教育规划发布后，在未来五年中深化职业教育改革创新、建设新时代职业教育标杆、建设一流现代职业教育体系、深化职业教育产教融合、提高高技术技能人才培养质量等进程中深入学习贯彻全国职业教育大会精神的持续面临考验。

（二）持续提升职业教育产教融合的广度和深度面临挑战

天津市职业教育产教融合走在全国前列，成功建立职教集团、职业教育研究院、产教融合研究院等，形成多元产教融合模式。当前，天津市持续提升职业教育产教融合的广度和深度还面临一定挑战。在深度上，企业参与职业教育人才培养上还需要持续加深；在广度上，职业教育服务生产和社会经济发展的范围有待进一步扩宽。

（三）巩固职业教育国际化发展成果和持续提升影响力的挑战

经过 5 年的探索与发展，鲁班工坊项目已经初具规模。截至 2021 年 4 月底，已经在全球建立 18 个鲁班工坊。但是，相对于中国企业“走出去”，尤其是在“一带一路”沿线国家发展的中资企业的技术技能人才需求，“鲁班工坊”建设数量仍然偏低，亟须扩大鲁班工坊建设规模。主要包括两个方面：一是在全球范围内的鲁班工坊项目规模需要持续提升；二是在国内，天津市应该进一步发挥引领作用，依托全国鲁班工坊建设联盟，在全国其他省市进行项目布点，提升全国项目建设数量。

三　天津市职业教育未来发展建议

2022 年，天津市职业教育仍将以“职业教育改革创新标杆”为目标，持续深入学习贯彻习近平总书记对职业教育作出的重要指示精神，基于“五业联动”从深度和广度上促进产教深度融合，以鲁班工坊为引领，进一步提升天津市职业教育的吸引力和影响力。

（一）持续深入学习贯彻习近平总书记对职业教育作出的重要指示精神，构建现代职教体系，培养更多大国工匠

习近平总书记的重要指示为今后职业教育发展提供了根本遵循。天津市将持续、系统、深入、认真地学习领会和贯彻落实习近平总书记的重要指示精神，以新时代职业教育创新发展标杆为契机，进一步做大做强做优职业教育，以创新、赋能、共治为主线，持续完善新时代中国特色职业教育体系，以多渠道、全方位助力学生成长成才，培养新时期的“大国工匠”，服务经济社会发展。例如，围绕习近平总书记提出的“优化职业教育类型定位，深化产教融合、校企合作”要求，天津市职业教育应该面向国家现代农业、先进制造业、现代服务业，以及战略性新兴产业等对高素质技术技能人才的需求，紧扣职业教育的类型特点，以跨界、融合、重构、创新的顶层设计，持续加大在共享型区域实训基地、具有混合所有制特征的产业二级学院、产教融合集团、多元化个性化社会服务体系及国际合作模式等方面的探索力度，培养更多高素质技术技能人才，助力天津市经济社会的发展。[①]

（二）进一步完善“五业联动”机制，从深度和广度上促进产教深度融合

“十四五”时期，天津市将从深度和广度上促进产教深度融合。第一，完善产业、行业、企业、职业、专业“五业联动”，深化职业院校股份制、混

① 《职业教育前途广阔、大有可为 习近平总书记对职业教育作出的重要指示在全市教育系统引发强烈反响》，http：//jy.tj.gov.cn/JYXW/TJJY/202104/t20210414_5424942.html。

合所有制改革，推进社会力量参与举办实体性二级学院、产业学院和企业大学。第二，紧密对接“1+3+4”产业体系，实施专业群对接产业群工程，绘制职业教育专业建设与产业发展谱系图，重点建设云计算、大数据、人工智能等一批优质专业群。第三，与企业联合试点建设一批工程创新中心、应用技术转移中心，主动对接产业发展、技术进步和流程再造，打造“通用技能+专业技能”的公共实训基地集群。推进国家产教融合型试点城市建设，重点打造津南产教融合试点核心区。

（三）以鲁班工坊为引领全面巩固职业教育国际化发展成果，进一步提升天津市职业教育吸引力和影响力

今后，天津市将继续坚持以鲁班工坊为引领全面巩固职业教育国际化发展成果，进一步提升天津市职业教育的吸引力和影响力。第一，在全球层面，持续关注非洲鲁班工坊对未来全球布局的重要作用，重点建设非洲鲁班工坊项目；逐步强化欧洲和亚洲鲁班工坊项目建设，科学提高欧洲鲁班工坊和亚洲鲁班工坊建设数量、结构与质量，逐步优化全球布局。第二，以全国鲁班工坊建设联盟为载体，统筹规划实施全国职业院校海外鲁班工坊的建设计划。总结天津市鲁班工坊建设的成功经验，探索建立全国鲁班工坊建设规范和标准体系，在全面质量管理视角下对鲁班工坊的前期调研、项目立项、组织实施、人才培养、成果验收等全过程进行质量监控与评估①，确保鲁班工坊建设与发展质量，提升鲁班工坊的影响力与吸引力。最后，持续提升天津市鲁班工坊研究与推广中心的决策服务、管理服务和支持服务水平，用高水平系列化的研究成果推动鲁班工坊国际品牌建设，推动天津市职业教育高质量发展。

① 张雯婧：《天津在海外建成 17 个鲁班工坊：打造“一带一路”上的技术驿站》，《天津日报》2021 年 1 月 13 日。

天津市文化事业发展研究报告（2022）

单　晨　天津社会科学院经济分析与预测研究所助理研究员

摘　要： 2021年是中国共产党成立100周年，是“十四五”开局之年，也是全面建设社会主义现代化国家新征程的开启之年。2021年，天津文化事业发展活力十足，政策环境持续优化，现代化公共服务体系建设全面推进，文化惠民工程深入实施，文化遗产管理利用水平持续提高，“文化＋”融合纵深发展，对外合作交流不断深化。进一步推进天津文化事业发展，建议持续推动公共文化服务提质增效，加速完善文化遗产保护与传承创新体系建设，全面推进新时代文化艺术创作，不断强化文化跨界融合，大力促进文化消费高质量发展，积极扩大对外文化交流合作，构建文化服务贸易新格局，提升城市文化软实力和竞争力。

关键词： 天津市　文化事业　机遇　挑战　展望

2021年是中国共产党成立100周年，是“十四五”开局之年，也是全面建设社会主义现代化国家新征程的开启之年。天津以习近平新时代中国特色社会主义思想为指导，全面贯彻党的十九大和十九届二中、三中、四中、五中全会精神，深入落实习近平总书记关于文化建设、文化遗产保护的重要论述和京津冀协同发展座谈会上重要讲话精神，坚定文化自信，增强文化自觉，准确把握新发展阶段，深入贯彻新发展理念，加快构建新发展格局，以深化供给侧结构性改革为主线，激发天津文化创新创造活力，不断推进现代化公共服务体系建设、文化惠民工程、文化遗产保护利用与传承、深化对外交流合作等各项工作取得新进展，有效保障人民的文化权益，不断满足人民群众的多样化、多层次、多方面的精神文化需求。

一　2021 年天津市文化事业发展状况分析

（一）政策环境持续优化，激发文化事业活力

《天津市国民经济和社会发展第十四个五年规划和二〇三五年远景目标纲要》明确指出，繁荣发展文化事业和文化产业，促进满足人民文化需求和增强人民精神力量相统一，建设文化强市，为我市文化建设指明方向。《天津市文化和旅游融合发展“十四五”规划》阐释了天津市“十四五”文化和旅游发展的指导思想、主题定位、发展目标和战略，明确了空间布局和功能分区，提出深化国有文艺院团改革、以文旅融合为依托保护传承文化遗产、以重点文旅项目建设带动文旅产业发展等七大重点任务及相关保障措施。此外，为加快我市非物质文化遗产保护体系建设，印发《天津市市级非物质文化遗产代表性传承人认定与管理办法》，规范代表性传承人的管理，增强非物质文化遗产的存续力；印发《关于文化文物单位文化创意产品开发激励奖励实施细则（试行）》，完善文物单位文化创意产品激励机制，推动文化创意产品开发；起草并审议了《天津市红色资源保护与传承条例（草案）》，加强我市红色资源的保护与传承。

（二）推进公共文化设施功能完善与数字化提升

一是加快推进公共服务设施建设与功能完善。完成平津战役纪念馆、周恩来邓颖超纪念馆、天津自然博物馆、中共天津历史纪念馆等文化场馆基本陈列改陈及配套提升项目，“新海门”号船舶落户周恩来邓颖超纪念馆；开展杨柳青木版年画博物馆、北疆博物院、元明清天妃宫遗址博物馆等馆藏文物的预防性保护性工作；天津博物馆“红色记忆——天津革命文物展”“周恩来邓颖超纪念馆基本陈列”“平津战役基本陈列”三项展览入选庆祝中国共产党

成立 100 周年精品展；开展天津市第三届（2021 年度）博物馆原创陈列展览推介活动，展现文物本体修缮、陈列展示、社会服务等方面的优秀做法与经验，助力我市文博场馆展览质量和水平提升；滨海新区积极探索公共文化服务体系建设新路径，上榜第四批国家公共文化服务体系示范区。

二是数字化建设迈上新台阶。启动天津博物馆革命文物数字化保护项目，将对馆藏的 984 件（套）珍贵革命文物进行高精度三维模型和高清图片的数字化信息进行采集，配套开发革命文物数字化保护平台，启动首批馆藏档案整理修复及数字化项目，初步建立了档案数字化数据库。天津博物馆通过推出科技文创产品、云展览、云直播、短视频、H5 等方式，切实提升展览的社会影响力。首家天博数字移动博物馆分馆在津南区八里台镇西小站村建成开放，通过三维全息技术弘扬党史到基层。

三是延伸公共服务时间和空间。天津博物馆、天津自然博物馆开启延迟闭馆服务；天津博物馆与天津轨道交通运营集团深入合作，举办“《地铁里看百年觉悟》红色印记主题展”，推出“地铁流动博物馆”项目，将精品文物元素融入地铁空间，打造文化主题网红车站；天津图书馆持续开展汽车图书馆进校园活动，建立全国首家相声主题图书馆（天津图书馆谦祥益相声分馆），打造嵌入式、交互式新型阅读空间。

（三）公共服务场馆教育功能不断强化

一是推进科普教育工作。平津战役纪念馆不断探索开展科普工作的新方式、新方法，丰富扩展科普内容与形式，打造历史小课堂、垃圾分类小课堂等教育活动，推进青少年人文素养和科学素养的提升。天津图书馆发挥资源和平台优势，推出“海津讲坛”公益文化讲座和“天图悦读会”等常设活动，设计丰富多彩的特色活动和重大科普活动，不断满足人民群众日益增长的科普需求。

二是开展多种形式的红色主题宣讲活动。习近平总书记指出：“要把红色资源利用好，要把红色文化发扬好，要把红色基因传承好。”2021 年，我市文博场馆积极发挥红色教育功能，传播红色文化，探索纪念馆教育资源与学校教育的有效衔接，深入社区、学校、企事业单位开展“童心向党”“党的故事我来讲”“永远跟党走”“中国共产党在天津的革命斗争（1921—1949）校园巡展”“红色文化走出去，革命故事到身边”等系列活动，传播红色精神，传承红色基因；发挥革命文物在传承红色基因、弘扬革命精神中的重要作用，举办“革命文物·红色传承”百项主题展览展示活动，启动“红色记忆·时空之旅”项目。

（四）深入实施文化惠民工程，不断增加公共文化供给

一是文惠卡持续发行且效能提升。坚持以文惠卡发行激发市场活力，举办 2021 年文惠卡重点演出推介会。文惠卡发行六年来，打造系列高品质低票价的文化惠民演出活动，带动票房持续增长，实现了“百姓叫好、院团发展、市场繁荣”的多赢局面。

二是线上线下相结合，丰富基层文化供给。举办 2021 年天津市名家经典惠民演出季，推出观众见面会、剧目导赏、后台探班等系列文化艺术深度体验活动；开展音乐党课、红色经典音乐会、“民乐季”等内容丰富、形式多样的演出活动，丰富群众文化生活；充分发挥“红色文艺轻骑兵”作用，将党史学习教育与舞台艺术相融合，深入乡村、社区、企业、校园、军营等基层一线，举办文艺演出，提供文化服务；推出云端音乐讲堂，通过公众平台持续推送经典讲座、音乐赏析等优秀文化艺术资源；深入开展全民阅读活动，持续推进书香天津建设。

三是保障特殊群体的文化权益。组织公益儿童剧、艺术课堂等艺术教育活动，把艺术资源向市内留守儿童及困境儿童倾斜；多种形式丰富残疾群体的精神文化生活，通过汽车图书馆为残疾群体现场提供办证、借书、还书服务，推动残疾人阅读深入基层，最大限度地发挥公共图书馆职能；平津战役纪念馆发挥红色文化助残功能，为残疾人特殊群体构建沟通交流平台。

（五）加强文化遗产保护和管理，注重文化传承

一是加强文化遗产保护和管理。贯彻落实《关于实施革命文物保护利用

工程（2018—2022年）的意见》和市委、市政府相关工作部署，组织开展革命文物名录公布和调查工作，形成了天津市革命文物名录（第一批），包括可移动革命文物7154件（套），不可移动革命文物56处；推进非物质文化遗产申报工作，无极拳等14个“非遗”项目入选第五批国家级“非遗”代表性项目名录，截至2021年6月，天津市国家级“非遗”代表性项目达到49项，市级“非遗”代表性项目250项；不断完善提升《天津市大运河国家文化公园建设保护规划》，大运河国家文化公园项目正式启动；落实《长城国家文化公园（天津段）建设保护规划》及导则，持续跟进长城国家文化公园保护传承、研究发掘、环境配套等五大类工程建设。

二是推进“非遗”保护传承体系建设。深入贯彻落实习近平总书记关于历史文化遗产重要论述和指示精神，按照《关于进一步加强非物质文化遗产保护工作的意见》要求，加强“非遗”专职人员的专业能力建设，举办“非物质文化遗产项目代表性传承人记录工作培训班”，提高“非遗”传承人抢救性记录工作的质量和水平；着力构建非物质文化遗产课程体系，设计推出“‘非遗’进校园·传承文化魅力”课程，将非物质文化遗产内容融入国民教育。

三是持续做好“非遗”资源的宣传推介活动。围绕文化和自然遗产日年度活动主题，以“运河记忆 红色传承”为主题，汇集运河沿线八省市的120余个“非遗”项目和文创团队，全面展示大运河沿岸丰富的非物质文化遗产；以影像志的方式展示天津市贯彻落实《中华人民共和国非物质文化遗产法》十周年以来，“非遗”工作历程和工作成果；举办第二届“天津‘非遗’购物节”，以“淘宝”“抖音”双平台为媒介，拓展“非遗”项目电商销售渠道，对百项“非遗”项目进行滚动推送。

（六）“文化+”新业态发展态势良好

一是红色旅游持续升温。整合红色旅游资源，促进红色资源与旅游深度融合，培育打造复合型红色旅游知名品牌，“平津战役·走向胜利”“生态蓟州·田园如诗”精品线路，入选“建党百年红色旅游百条精品线路”；充分发挥红色旅游教育功能，组织开展“红色讲解员”宣讲活动；进一步扩大红色旅游载体规模，全面提升红色旅游服务水平，开展天津市红色旅游区（点）评定工作，于方舟故居等15家单位为首批天津市红色旅游景区（点），红色旅游成为假日旅游的新亮点。

二是商旅文融合发展促进消费提质增效。和平区充分发挥国家全域旅游示范区的带动引领作用，打造时尚消费高地，推出“首届南市食品街端午文化旅游节”等九大“文旅+”系列主题活动，发放“惠民暖企 畅享和平”500万元消费券，积极刺激消费，商旅文呈现深度融合态势；文物交流中心在“旅博会”期间举办文物鉴赏专题讲座、公益文物鉴赏咨询、委托文物拍卖等活动，发挥公益效能，助力文旅融合。

（七）京津冀文化协同发展全面推进，对外交流不断深化

一是积极落实京津冀协同发展战略，联合举办“我唱心歌给党听——京津冀博物馆庆祝中国共产党成立100周年文艺展演”、京津冀曲艺（非遗）交流演出、“新起点、新征程、新篇章——庆祝中国共产党成立100周年京津冀书法名家邀请展”等活动；举办“第二届京津冀传统文化大联展启动仪式暨冬奥主题非遗文创发布会”，展示京津冀三地的近50个“非遗”代表性项目的200余件特色“非遗”传统作品，推动京津冀三地传统文化资源交流互补。

二是不断扩大对外交流合作。一方面，不断创新文化交流载体，通过多种形式的艺术合作实现了资源互补、科学协作、人才交流。例如，京津冀甘黔湘五地文旅部联合举办“‘百年华彩 盛世非遗’——2021年第三届西岸哪吒杯京津冀甘黔湘非物质文化遗产创新创意大联展”，天津博物馆与河南博物院联合主办“中原瑰宝——河南出土夏商周文物特展”，天津美术馆与故宫鼓浪屿外国文物馆联合主办“四海昔韵 丹青风华——国画中的鼓浪屿”，天津交响乐团联合深圳、四川、青岛、哈尔滨、武汉6支乐团共同打造了大型主题交响曲《灯塔》。另一方面，深入贯彻落实东西部协作和支援合作工作要求，继续以文化交流为抓手，开展2021年“春雨工程”天津市文化志愿者边疆行活动，扎实推进与西藏昌都市、青海省黄南藏族自治州的文化旅游交流，做好脱贫攻坚与乡村振兴的有效衔接。

二 天津市文化事业面临的机遇和挑战

（一）天津市文化事业面临的机遇

当今世界正面临百年未有之大变局，国际政治经济格局深刻调整，国际关系复杂多变，各种不确定性、不稳定性因素显著增加。党的十八大以来，习近平总书记反复强调文化自信，他指出："文化自信，是更基础、更广泛、更深厚的自信，是更基本、更深沉、更持久的力量。"坚定文化自信，是事关国运兴衰、事关文化安全、事关民族精神独立性的大问题。在世界意识形态领域斗争更趋尖锐复杂的背景下，建设社会主义文化强国，传承历史文脉，赓续红色血脉，激发时代活力，激扬文化自信，谱写天津文化发展新成就，是时代赋予的重要课题。

2021 年，我国进入第十四个五年规划时期，开启全面建设社会主义现代化国家、向第二个百年奋斗目标进军的新征程，提出加快构建以国内大循环为主体、国内国际双循环相互促进的新发展格局。繁荣文化事业、壮大文化产业是满足人民群众日益增长的美好生活需要的重要途径，也是激活国内大循环、促进国内国际双循环的有效抓手。天津拥有良好的文化优势，"一带一路"建设、乡村振兴、京津冀协同发展等国家战略叠加，国家消费中心城市建设、大运河国家文化公园建设等国家大事集成，国际国内新技术、新产品加速迭代，新业态、新模式不断涌现，为天津市建设国际文化大都市提供了宝贵的机遇。

（二）天津市文化事业发展面临的挑战

一是基本公共文化服务的覆盖面和适用性有待持续提高。对照 2035 年建成文化强国的远景目标和推进社会主义文化强国建设的部署要求，对应人民群众对更高品质美好生活的文化需求，我市文化公共服务在产品供给、品质提高、发展的充分性等方面仍存在提升的空间，文化综合实力、文化标识度有待进一步增强，文化节展赛事活动的普及度、影响力有待提升，广大人民群众的文化获得感、幸福感有待持续增强。

二是文化遗产的经济价值有待充分释放。近年来，天津市切实加强对文化遗产的有效保护和合理开发利用，充分发挥各类文化场馆的社会教育功能，但文化遗产背后巨大的经济价值仍有广阔的释放空间。如何对内容丰富的文化遗产进行梳理和挖掘，认真研究潜在的经济价值，分析其转变模式和转化的体制机制，变文化遗产为文化产品和文化服务，不仅是建设文化大都市的题中应有之义，也是提高城市软实力和影响力、助力国际消费中心城市建设的重要手段。

三是文化跨界融合的深度和广度有待进一步拓展。文化跨界融合是推进优秀传统文化资源创造性转化与发展，创新性传承与传播的有效手段，也有助于提高相关产业的文化内涵和附加值。天津市拥有深厚的文化底蕴，怎样将独特的地域文化与产业发展中的生产、流通、消费各环节深入对接，是促进文化与经济社会深度融合需要解决的重要问题。

四是文化交流与合作机制有待不断完善。文化交流与合作为实现文明互鉴和民心相通创造了有利条件。天津对外文化交流在规模、领域、渠道等方面仍然存在提升空间，文化产品和文化服务开发有待进一步加强，有待整合各方面力量，不断创新对外文化交流合作长效机制和文化传播理念，夯实文化服务贸易基础，拓展文化发展空间。

三　2022年天津市文化事业发展展望

（一）持续推动公共文化服务提质增效

一是持续优化现代公共文化服务设施体系。加速现有公共文化服务设施的数字化、智能化、信息化提升改造，提高设施、设备的现代化水平；创新公共服务运行与管理机制，推进图书馆、博物馆、美术馆等公共文化资源的互联互通、共享合作；持续推动公共文化服务进地铁、进景点、进广场、进社区，创新打造文化体验和艺术展示空间。

二是提升公共文化场馆、文化设施的使用效能。鼓励博物馆、美术馆、文化馆等公共文化场馆按需错时开放、延时开放或提供夜间服务；充分挖掘各类文化场馆在社会教育、研学实践等方面的综合性功能，持续开展博物馆进校园等活动，为人民群众提供形式多样的体验式、互动式特色文化服务，提升群众的科学文化素养。

三是繁荣群众文化生活。设计市民可以广泛参与的音乐类、体育类、艺术类节日或比赛项目，释放城市文化发展活力；持续放大“文化惠民卡”的惠民效应，不断完善文化消费促进机制，持续办好文化和旅游惠民消费月、消费季等活动；做好优秀戏曲进基层、进校园常态化机制等公益性文化活动的同时，继续引进高品质文化产品，提升群众的艺术鉴赏能力和审美水平。

四是提高文化服务的导向性和精准性。畅通群众公共文化需求的沟通与反馈机制，多措并举开展文化服务征求工作，提供菜单式、订单式等公共文化服务生产模式，满足群众的多样化文化需求；进一步加大对于老年人、残障人士等特殊群体的公共文化保障力度，借助“重阳节”“全国助残日”“国际残疾人日”等重要时间节点，组织开展系列主题文化活动，丰富特殊群体的精神文化生活。

（二）加速完善文化遗产保护与传承创新利用体系

一是完善文化遗产资源管理和保护机制。对接好国家文物资源大数据库、国土空间规划“一张图”系统，加强文化文物资源信息普查、共享与信息发布；完善文物安全管理机制，基于文物属性开展分类保护，加强对革命文物、优秀历史建筑、特色工业遗产等文化资源的持续跟踪管理。

二是加强文物的创新发展与利用。推进博物馆展陈提升完善，支持天津市博物馆、海洋博物馆、周邓纪念馆等建设成为国内知名博物馆，推进天津海洋博物馆建设成为滨海新区大型地标性博物馆；对全市文化文物进行深入挖掘，支持各类文化主体培育打造具有天津地域特色、行业特色等专题博物馆建设。加强对文化遗产价值和意义的深入研究和阐释，与新一代信息技术相结合，建立特色品牌、开发文化产品和服务、推动跨界合作等方面的成果转化；加大革命文物保护力度，强化教育功能，打造红色旅游研学主题产品，积极构建革命文物保护利用新格局。

三是推进优秀传统文化的活态传承。深入贯彻落实《“十四五”非物质文化遗产保护规划》，推进非物质文化遗产档案和数字化建设，推进“非遗”馆、“非遗”展示体验中心和传承工作室等建设；完善“非遗”代表性传承人名录体系，加大对传承人支持和培养力度，加强评估和动态管理；全面推进“‘非遗’进校园”“‘非遗’进社区”和“非遗”旅游线路开发工作，增强非物质文化遗产知识的传播普及力度。组织专业研究力量，开展“津派文化”专题研究阐释，推进戏曲文化、中医药文化、体育文化等特色传统文化的演化发展研究，形成一批天津特色文化典籍。

（三）全面推进新时代文化艺术创作

一是加强对艺术创作的引导，打造文艺精品。以文学、电影、戏剧等为重点，聚焦重大革命题材、历史题材、现实题材和天津地域题材，围绕“一带一路”“京津冀协同发展”等国家、市委市政府重大战略，打造一批原创精品力作；推动人工智能、虚拟现实、区块链等新一代科学技术在艺术创作过程中的深度应用，增强线上制作生产能力，丰富壮大文化新业态、新模式；完善各类文化艺术基金的导向、引领和带动作用，提高艺术基金运作的科学化、专业化水平，助力文艺作品量质齐升。

二是提高文艺院团发展能力。深入贯彻落实《关于深化国有文艺院团改革的意见》，聚焦分类指导、精准施策，针对不同门类、规模、运行模式的艺术团体，制定和实施具有较高针对性的政策措施；加大对民营文艺表演团体的引导、扶持力度，激发民营文艺团体生产创作的积极性和创造性，推进国有文艺院团与民营文艺团体的优势互补与良性互动；探索本地文艺院团与国际国内知名院团的常态化合作交流沟通机制，通过“委约制作”“联合制作”“联合演出”等形式，创新产品创作和推广范式，促进艺术院团的合作与交流。

三是推动优秀作品展演、传播、交流与推广。筛选一批传统经典优秀文艺作品和新时代特色作品，以全国或天津市各类重大活动为载体，搭建演出、展示、传播推广平台，形成具有国际国内知名度的系列艺术活动品牌；扩展网上剧场、优化线上展厅，借助社交平台、新媒体等新型传播渠道，构建多层次、立体化的宣介平台和体系，扩大人群覆盖面，提升优秀文艺作品的传播力和影响力。

（四）深入推进文化跨界融合，繁荣文化消费

一是推动“文化 + ”融合发展。创新“文化 + 互联网”公共文化服务模式，推进“云上图书馆”“云上博物馆”“云上音乐厅”等数字化公共文化平台建设，构建互联互通、覆盖城乡的公共文化数字化服务网络；大力促进文化产业数字化转型，推动人工智能、云计算、物联网等现代科学技术在文化产品创作、生产、流通、消费等环节的应用，促进传统文化产业技术变革、业态升级；进一步规范文化创意产业园区建设，促进文化创意产业与我市先进制造业、现代服务业等新兴产业的融合发展，建立文化跨界融合发展协调推进机制。

二是激发和释放文化消费潜力，全面促进文化消费。《2021 年上半年全国文化消费数据报告》显示，2021 年上半年文化消费时长有效延展，周末、夜间消费明显增长，线上与线下文化消费场景已深度嵌入居民日常生活。天津市应以建设国际消费中心城市为切入点，发挥文化和旅游消费的带动作用，创新“古文化街”“意式风情街”等特色文化街区消费场景建设；探索举办一批具有全国乃至全球影响力的文体赛事和节庆活动，积极培育政府支持、社会参与、群众受益的工作机制，促进文体商旅多产业融合发展；充分发挥文化消费季对于居民消费指引功能，通过政府企业并举、线上线下联动等方式，引导消费升级增强文化消费体验；加大惠民消费券的宣传力度，努力扩大惠民消费券的使用范围，增加其对居民文化消费的补贴功能；围绕消费结构变化，加大对新消费、新模式、新场景的财政支持及政策引导力度。

（五）加强对外文化交流，构建文化服务贸易新格局

一是深化开展文化交流与合作。全面贯彻落实习近平总书记考察天津重

要指示和在京津冀协同发展座谈会上的重要讲话精神及市委实施意见，以京津冀协同发展为契机，主动对接、积极协同，完善文化领域协同发展体制机制，推进区域内文化资源的有效整合，强化高效协同，促进基本公共服务便利共享；在文化设施、“非遗”保护、文化旅游等领域深化与“一带一路”沿线国家文化交流合作的长效机制，通过联合展览、学术研讨等方式，创新文化艺术合作交流范式，推动文化领域高水平对外开放。

二是大力支持文化企业创新发展。加强对文化产业园区的规范管理，避免盲目投入和同质化建设，鼓励创新发展；为文化企业营造良好的对外贸易与投资环境，推动国家文化出口基地中新天津生态城的提质扩容，发挥重点企业和项目的引领带动作用；支持文化企业深入挖掘和整理我市特色文化资源，提高研发投入，增强技术创新和模式创新能力，加快发展创意设计、移动多媒体、动漫游戏等高附加值新兴产业，提升文化产品的质量和效益；主动服务以国内大循环为主体、国内国际双循环相互促进的新发展格局，提高资本、人才等生产要素资源的配置能力，打通生产、分配、流通、消费等环节，提高文化产品供给与国内外市场需求的适配性。

三是积极开拓国际文化市场。充分利用国际文化产业大会、夏季达沃斯论坛、世界智能大会等交流平台，开展文化贸易投资合作，大力推介富有天津文化特色的中医药、工艺美术等产品和服务，重点推动文化产品和服务在“一带一路”沿线国家出口交易；支持我市文化企业参加境内外国际性知名展会和对接洽谈活动，加大对外文化贸易推介力度，拓展搭建国际营销网络；充分利用天津自贸试验区的政策优势，进一步便利文化贸易投资，创新文化产品和服务贸易，活跃文化产权交易。

天津市生态环境发展研究报告（2022）

牛桂敏　天津社会科学院资源环境与生态研究所研究员
唐丽丽　天津市生态环境科学研究院工程师

摘　要： 2021 年全市坚定“降碳”战略方向，保持攻坚力度、延伸攻坚广度、拓宽攻坚深度，统筹推进二氧化碳达峰行动和深入打好污染防治攻坚战，生态环境改善成效更加稳固。2022 年面对重重困难和挑战，天津更须保持战略定力，完整、准确、全面贯彻落实新发展理念，统筹发展与保护、统筹降碳与减污，强化顶层设计、强化推动落实、强化改革创新，加快推进人与自然和谐相处、共生共荣的现代化美丽天津建设。

关键词： 生态文明建设　生态环境保护　碳达峰碳中和污染防治攻坚战　环境治理体系和治理能力

2021 年是“十四五”规划开局之年，是奠基定向的关键一年。天津市委、市政府坚持以习近平生态文明思想为指引，笃实践行“绿水青山就是金山银山”理念，牢牢抓住“减污降碳协同增效”的总抓手，统筹污染治理、生态保护、应对气候变化，全面启动碳达峰碳中和工作，持续深入打好污染防治攻坚战，切实解决了一批突出环境问题，全市生态环境质量总体保持稳定，“十四五”生态环境工作扎实起步。

一 2021 年天津生态环境质量状况分析

2021 年前三季度，天津生态环境质量改善趋势稳中加固、改善成效稳中加进。

（一）大气环境质量改善显著

2021 年 1—9 月，全市环境空气质量综合指数为 4.33，同比下降 10.9%；空气质量优良天 192 天，同比增加 18 天；重污染天 5 天，同比减少 5 天。其中，各区优良天数比率范围为 62.5% ~ 73.2%，蓟州区、滨海新区、南开区的优良天数比率超过 70%。$PM_{2.5}$平均浓度为 37 微克/立方米，同比改善 22.9%，臭氧平均浓度为 170 微克/立方米、同比改善 11.9%，两项污染指标近年来首次出现“双降”。特别是各区 $PM_{2.5}$平均浓度实现近年来少有的“普降”，河西区、和平区、南开区、河北区空气质量实现了达标。PM_{10}、SO_2、NO_2浓度均值分别为 64 微克/立方米、8 微克/立方米、33 微克/立方米，均同比持平。

（二）水环境质量持续巩固

2021 年 1—9 月，36 个国控考核断面中，Ⅰ-Ⅲ类优良水体断面 14 个，占比 38.9%；劣Ⅴ类水质断面 1 个，占比 2.8%；河流主要污染物高锰酸盐指数、化学需氧量、氨氮和总磷浓度分别同比下降 9.4%、5.7%、8.8%、5.1%。12 条入海河流监测断面水质均达到Ⅴ类及以上，消劣成果深化巩固。渤海近岸海域水质持续改善，优良水质面积比例为 87.9%，同比提高 6.5 个百分点。

（三）土壤环境质量总体良好

2020 年，27 个背景点位土壤环境质量较好，均未出现超标现象。受污染耕地安全利用率达到 91%，污染地块安全利用率达到 100%。

（四）自然生态系统保持稳定

从生物丰度、植被覆盖、水网密度、土地胁迫、污染负荷五个方面综合分析，全市生态环境状况良好，特别是蓟州区、宝坻区、宁河区、武清区等区生态环境状况位居前列。

二　2021 年天津生态环境保护与建设成效

2021 年，天津以经济社会发展全面绿色转型为引领，以“减污降碳协同增效”为抓手，以“生态环境质量持续改善”为核心，深入推进生态环境保护与建设，绿色低碳发展态势蓬勃，生态环境改善更加稳固，全年工作平稳开局。

（一）统筹减污降碳，推动绿色高质量发展取得新成效

坚持把提高发展的质量和效益，作为解决生态环境问题的根本前提。一是积极应对气候变化，制定实施《天津市碳达峰碳中和促进条例》，研究探索达峰时间、路径，编制碳达峰行动方案研究报告，制定第一批目标任务措施清单，推动 118 项重点任务实施，扩大碳排放权交易试点企业范围，增加到 8 个行业、104 家企业，市场成交量 2724 万吨、成交金额 3.97 亿元，均位列全国第二。二是持续推进能源革命，紧盯公共及自备煤电机组、燃煤锅炉、钢铁、化工等重点用煤行业，持续削减煤炭消费总量，积极争取新增“外电入津”通道，加快推动风电、光伏发电项目建设，全市可再生能源电力装机规模达到 295 万千瓦。三是加快推动产业转型升级，严控高耗能、高排放项目“上马”，推动钢铁等重点行业实施绿色化改造，荣程钢铁建成全市首个氢能运输示范应用场景，天钢集团购置 20 辆电动重型卡车替换燃油重卡。四是持续推进交通运输结构调整，天津港加快打造绿色港口，巩固“公转铁”成果，天津港铁矿石铁路运输比例达到 64.6%，集装箱海铁联运量同比增长 25%，港口新能源作业机械比例达 30%以上。

（二）着力补齐短板，环境污染治理能力稳步提升

聚焦群众身边的突出生态环境问题，系统治气、治水、治土、治海，持

续深入打好污染防治攻坚战。一是坚持燃煤源、工业源、移动源、面源“四源”同治，3家公共发电企业燃煤机组完成深度治理，55台燃气锅炉完成低氮改造，750家涉VOCs（挥发性有机物）企业完成治理设施低效升级改造，淘汰老旧车4.6万辆，新增新能源汽车5.3万辆，严格落实施工工地“六个百分之百”控尘标准，强化“以克论净”考核。二是坚持控源、治污、扩容、严管“四措”治水，实施于桥水库综合治理，完成1048处雨污错接混接点改造，开展“清洁雨水管网行动”，完成一批污水处理厂建设，工业园区污水集中处理基本实现全覆盖，废水排放企业及污水处理厂监测达标率达100%。三是坚持陆海统筹治污、生态保护修复、环境风险防范“三招”治海，深入实施12条入海河流“一河一策”污染治理，开展入海排口“一口一策”整治，全市16个工业直排海污染源保持稳定达标排放，工厂化海水养殖企业实现尾水处理设施稳定运行。四是坚持耕地、建设用地风险“两控”治土，开展中高风险企业土壤污染隐患排查，加快推进污染地块治理修复，天津农药厂污染地块完成158万立方米土壤和23万平方米地下水修复施工，农耕地、建设用地继续保持安全利用。五是强化农业农村污染防治，深入开展农村环境整治，完成一批农村黑臭水体治理，农村污水处理设施覆盖率、规模化畜禽场设施覆盖率全部达到100%，在全国居于领先水平，特别是农村污水处理设施出水水质达标率达到92%，同比提高33.4%，远高于全国平均水平。

（三）坚持生态优先，生态保护修复效果更加突显

坚持尊重自然、保护自然，坚持人与自然和谐共生，加强生态保护、修复、建设。一是严格生态分区管控，加快推动“三线一单”落地应用，成为全国生态保护红线监管试点，持续开展绿盾专项行动，启动生物多样性调查观测评估，观测记录鸟类452种，较2014年增加36种。二是加快推动“871”生态保护修复工程建设，全面加强七里海、大黄堡、北大港和团泊等875平方公里湿地自然保护区保护修复，加大153公里海岸线管控，加快绿色生态屏障区建设，完成拆迁630多万平方米，建成生态路、绿道150余公里，新建高标准农田5万余亩，目前，一级管控区内林地面积达到18.73万亩，森

林覆盖率从7%提升至25%以上，蓝绿空间提升至64%。三是积极开展生态创建，宝坻区、西青区辛口镇分别成功创建国家生态文明建设示范区、“绿水青山就是金山银山”实践创新基地。

（四）强化创新驱动，环境治理体系和治理能力不断提高

系统谋划推进改革，综合运用法治、行政、市场、科技等技术手段，不断提高生态环境治理体系和治理能力现代化水平。一是强化生态环境监管，坚持总量、强度双控，开展50个工业园区（包含148个片区）及钢铁、燃煤火电、平板玻璃制造、垃圾焚烧等重点行业污染排放强度监测评估，实施环境保护企业“领跑者”制度，评选17家环保“领跑者”企业，推动企业由“要我治”到“我要治”。二是完善环境政策体系，探索建立农村污水处理收费制度，规范市场秩序，开展环境监测机构、环评机构监督检查，严肃查处监测、环评机构违法违规问题。三是提升环境治理能力，启动“细颗粒物和臭氧污染协同防控‘一市一策’”驻点跟踪研究，加快智慧环保平台建设，在10个涉农区建设600多套高架视频设备监控露天焚烧火点，通过数字赋能治理、赋能监管，精准、科学治污能力逐步提高。

三　2022年天津生态环境保护与建设面临的形势分析

当前，生态环境保护仍处于压力叠加、负重前行的关键期，制约生态环境改善的结构性、根源性、趋势性压力尚未根本缓解，生态环境质量改善从量变到质变的拐点还没有到来，生态环境质量同人民群众的期盼、美丽天津的目标相比还有一定的差距，生态环境保护形势依然严峻，矛盾、问题、困难依然重重，生态环境保护工作依然任重道远。

（一）生态环境质量改善仍存差距

一是大气环境仍未摆脱“气象影响型”，环境空气质量持续改善的基础还不稳固，秋冬季$PM_{2.5}$污染、夏季臭氧污染时有发生，特别是重污染天气成因

机理还不明朗，污染溯源还不精准，治理管控难度较大。二是水环境仍未摆脱“资源短缺型”，生态用水严重短缺，来水水质差、境内径流短，汛期总磷、氨氮等河流主要污染物超标严重，依然存在劣V类水体。三是近岸海域水质仍未摆脱“季节波动型”，2019年监测季节波动幅度超过90%，污染机理有待研究。四是土壤污染风险管控压力大，个别污染地块超标严重，治理修复难度大。此外，餐饮油烟、异味噪声等扰民问题仍频繁出现，生态系统仍较脆弱，森林覆盖率低于全国平均值，生态承载力低，生物多样性不足。

（二）生态环境保护压力依然较大

以煤为主的能源结构、以重化工为主的产业结构、以公路货物为主的运输结构尚未根本转变，经济社会发展、产业发展、能源结构“高碳依赖”的特征依然明显，其中，钢铁、石化等高耗能产业产值在二产占比接近三分之一，煤炭消耗占比超过三分之一，非清洁货运量占比接近三分之二。重点行业排放强度较大，钢铁、燃煤火电、垃圾焚烧、平板玻璃等重点行业单位产品污染排放强度仍处于高位，超过全国同行业先进水平，智能化、绿色化改造任务艰巨。

（三）环境基础设施建设仍有短板

部分中小企业VOCs治理设施低效、运行不正常。中心城区污水收集处理仍有薄弱环节，雨污合流制地区雨污混接错现象依然存在，造成汛期排涝泄污入河，影响河道水质。农村地区环境治理设施配套仍有欠缺，远郊城乡结合部生活污水收集率普遍较低，农村生活污水处理设施、垃圾处理设施建而不运的问题依然突出，农村黑臭水体尚未完全治理。

（四）生态环境治理能力有待提升

推动绿色低碳转型的统筹能力、创新招法还有待提高，激活企业内生动力的市场机制还有待完善。生态产品价值实现机制还未实施，生态保护补偿制度不够完备，用能权、用水权、排污权、碳排放权等市场交易机制不够健全，推动结构调整的价格、税收、金融等经济政策供给不足。支撑科学精准治污的能力还有待提高，污染溯源、协同治理、生态评估、碳汇测算等技术研究还有欠缺，生态环境数字赋能、科技创新、成果转化和推广应用还不够。

四　2022 年天津生态环境保护与建设的重点任务

2022 年，面对生态环境保护与建设的新形势、新挑战，须突出重点、补短板、强弱项，重点做好以下五方面工作：

（一）加快推进经济社会绿色发展转型

牢牢抓住“减污降碳协同增效”的总抓手，加快推动产业结构、能源结构、交通运输结构、用地结构调整。一是坚持把节约能源资源放在首位，实施重大节能工程，严格落实能耗总量和强度“双控”，全面提高资源利用效率。二是加快推进生产方式变革，严格管控“两高”项目建设，积极推进重点行业和重点领域绿色化改造，推动节能环保、清洁能源等绿色产业大力发展。三是深入推进能源革命，进一步削减煤炭消费总量，大幅提升天然气、绿电、非化石能源等清洁低碳能源供用量。四是持续优化交通运输结构，重点建设绿色交通、绿色港口，加快推动机动车、非道路移动机械油改电或清洁能源使用。五是积极倡导绿色低碳生活，把绿色低碳理念融入生产、分配、流通、消费各个环节，大力推广绿色建筑，扎实落实垃圾分类，加快推进白色污染治理和“无废城市”建设。

（二）持续深入打好污染防治攻坚战

聚焦群众身边的突出生态环境问题，保持攻坚力度、延伸攻坚深度、拓宽攻坚广度，持续深入打好几场标志性战役，推动污染防治攻坚战在重点区域、重要领域、关键指标上实现新突破，带动生态环境保护整体推进。一是强化燃煤源、工业源、移动源、面源“四源”协同，深入打好蓝天保卫战。强化 $PM_{2.5}$ 和 O_3 协同控制、多污染物协同管控、区域协同治理，统筹源头替代、过程控制和末端治理，开展钢铁、水泥行业超低排放改造，推进 VOCs 全过程综合整治，加强柴油货车、非道路移动源污染防治，着力解决餐饮油烟、恶臭等群众反映强烈的问题，基本消除重污染天气。二是强化水资源、水环境、水生态“三水”统筹，深入打好碧水、渤海保卫战。强化饮用水水源保护，深入实施于桥水库综合治理，加快补齐城镇环境基础设施短板，建立“入海口—入河口—设施排口”的污染倒查链条，进一步减少入海、入河污染负荷，推动建设一批人工湿地，增加旁路净化、提高生态容量，优 III 水质比例实现稳中有升，劣 V 类水质稳定消除，近岸海域水质保持稳定。三是强化农用地、建设用地“两地”同管，深入打好净土保卫战。加强农用地、建设用地监管和防范风险，实行受污染耕地、受污染场地利用管控机制，坚决防止新增土壤、地下水污染，坚决做到“不安全、不利用”，探索受污染土壤“修复工厂”模式，创新实践“环境修复 + 开发建设”。四是推动污染治理向乡镇、农村延伸，强化农业面源污染治理，整治农村人居环境，切实解决农村厕所、生活垃圾和黑臭水体等突出环境问题。

（三）着力提升生态系统质量和稳定性

坚持系统观念，从生态系统整体性出发，全力抓好山水林田湖海一体化保护和修复，增加优质生态产品供给。一是加强生态保护修复，不断增加绿色生态面积和蓄积量，提升森林、绿地、湖泊、湿地、海洋等自然生态系统碳汇能力。二是强化国土空间规划和用途管控，严格落实生态保护、基本农田、城镇开发等空间管控边界，实施好主体功能区战略，完善以国家公园为主体的自然保护地体系，严守生态保护红线。三是加快实施“871”重大生态工程，全面加强七里海、北大港、大黄堡、团泊洼等湿地保护，深入推进“津城”“滨城”绿色生态屏障区建设，加快渤海近岸海域岸线修复，打造一批美丽河湖、美丽海湾。五是加强生物多样性保护，实施生物多样性保护重大工程，加强野生动物保护，推进生物多样性调查评估，强化生物安全管理，加强外来物种入侵防控。

（四）全力防范生态环境风险

坚守底线思维，聚焦重点领域，强化常态化管理，加快构建全过程、多层级生态环境风险防范体系。一是聚焦危废医废、核与辐射等重点领域，聚焦临港临海等重点区域、石化化工等重点行业，建立风险源清单，实行全过程跟踪，利用大数据、智能化等手段，做到早发现、早研判、早预防，防患于未然。三是聚焦空海两港、定点医院、集中隔离点等重点区域，聚焦收运车辆和处置企业，全程监管涉疫废物产、收、运、处各个环节，确保涉疫废物零流失、收处人员零感染。三是强化生态环境风险预警应急，健全完善生态环境应急物资储备库，建设突发环境事故应急响应平台，建立完善环境应急预案管理平台，实现涉危涉重企业电子化备案全覆盖，完善平战结合、区域联动的环境应急监测预警体系。

（五）提高生态环境治理体系和治理能力现代化水平

坚持改革创新，构建完善党委领导、政府主导、企业主体、社会组织和公众共同参与的现代环境治理体系，加快完善监管、法制、市场、科技四个政策体系，推动实现“要我干”到“我要干”的转变。一是完善监管制度，构建以排污许可制为核心的固定污染源监管制度，强化碳排放、污染排放强度和总量管控。二是完善法规标准，统筹制定节能降耗、减污降碳的地方法规标准。三是完善市场机制，推进排污权、碳排放权市场化交易，推进实施生态产品价值实现机制，建立第三方治理、环保管家等指导政策，支持环境治理产业做大做强。四是完善技术支撑，加强低碳前沿技术研究，加快推广应用减污降碳技术，坚持数字赋能，通过数据采集与集成、数值模拟和智能分析等技术手段，丰富和创新管理、监测、执法服务方式，为生态环境治理提供技术支撑和数据保障。

五 2022年生态环境保护与建设的对策建议

2022年，天津须坚持以习近平生态文明思想为指引，立足新起点、抢抓新机遇，乘势而上，努力开创“十四五”生态环境保护工作新局面。

（一）保持加强生态文明建设的战略定力

习近平总书记在中共中央政治局第二十九次集体学习时强调，保持生态文明建设战略定力，努力建设人与自然和谐共生的现代化。立足新发展阶段、贯彻新发展理念、构建新发展格局，天津要完整、准确、全面贯彻落实新发展理念，牢固树立“绿水青山就是金山银山”的重要理念，认真贯彻落实党中央、国务院关于生态文明建设和生态环境保护的重大决策部署，特别要着眼长远看当前，客观认识我市生态环境保护面临的机遇、挑战和困难，找准生态环境保护的坐标、定位，保持攻坚定力，统筹做好碳达峰、碳中和工作和深入打好污染防治攻坚战行动，推动生态环境持续改善，生态文明建设取得新成效，美丽天津建设取得明显进展。

（二）抓好两个统筹，推动绿色低碳循环发展

习近平总书记多次强调，生态环境问题归根结底是发展方式和生活方式问题，促进经济社会发展全面绿色转型是解决生态环境问题的基础之策。推动绿色低碳循环发展，要重点抓好两个统筹：一要统筹发展与保护，自觉把生态环境保护放在经济社会发展大局中考量，坚持在发展中保护、在保护中发展，努力打通“绿水青山”与“金山银山”的转化通道；要加大环境治理力度，加快生态绿化建设，形成绿色生产方式和生活方式，促使环境质量不断提升，为经济发展提供更大的空间。二要统筹减污与降碳，坚定“降碳”战略方向，自觉把“减污降碳协同增效”，作为促进经济社会发展全面绿色转型的总抓手，作为解决生态环境结构性、根源性问题的总抓手，自觉对标对表，强化全面统筹，做好经济发展的“加法”、能耗排放的“减法”；结合我

市经济社会发展实际，统筹做好碳达峰碳中和，深入打好污染防治攻坚战的顶层谋划，一体谋划、推进落实，创造性贯彻落实中央决策部署，确保经济社会发展稳妥有序转型。

（三）突出三个治污，推动生态环境质量从量变到质变

2020 年，尽管受到新冠肺炎疫情等诸多不利因素的影响，但是天津依然圆满完成了污染防治攻坚战阶段性目标任务，其重要做法就是认真落实“精准治污、科学治污、依法治污”的治污方针，切实提高了污染治理效能。一是抓住关键环节，精准治污。要坚持问题导向，建立健全环境污染形势分析机制，找准影响环境质量改善的关键因素，细化到乡街镇、落实到污染源，坚持“一源一策”，分类施治，实现源头精准、管控精准、治理精准。二是强化治理手段，科学治污。要提升科学认知，加强环境问题成因机理研究，聚焦节能减排降耗、生态修复、污染来源解析等领域，开展生态环境领域科学技术基础性、跟踪性、战略性、创新性研究，强化大数据、“互联网 +”等现代化技术应用，做到科学决策、科学监管、科学治理。三是增强法治思维，依法治污。要研究制定生态环境监管相关法律法规标准政策，强化执法检查，聚焦重点区域、重点行业、重点企业、重点时段，集中全市执法力量开展强化督查、交叉执法，坚持宽严相济管理，以法律的武器治理环境污染，用法治的力量保护生态环境。

（四）聚焦四个领域，引领生态环境深化改革

习近平总书记强调，保护生态环境必须依靠制度、依靠法治，要加快制度创新，增加制度供给，完善制度配套，强化制度执行，让制度成为刚性约束和不可触碰的高压线。惟改革者胜、惟创新者强，解决老问题、应对新形势，都必须依靠改革制度机制、创新思路招法，依靠改革应对变局、开拓新局，为生态环境持续好转提供坚强保障。深化生态环境领域改革，要紧紧围绕构建现代环境治理体系、协同减污降碳、持续改善生态环境等重点任务，抓住牵一发动全身的改革事项，分层级、分领域、分类型，科学推进。一要

强化生态环境治理监管，完善绿色发展监管考核机制，坚持用绿色系数评价发展成果，强化“亩产论英雄”考核评价，引领倒逼经济社会绿色转型。二要强化环境经济政策激励，完善产业差别化水价电价等环境经济政策，健全跨流域、跨区域生态保护补偿机制，加强绿色金融服务，推进排污权、碳排放权、用水权、用能权市场化交易，以可预期的长效利益驱动企业从“被动”治污向“主动”治污转变。三要强化环境治理科技支撑，加大对节能减排降耗等绿色技术研发的投入，加快推动研究成果转化、试点示范和技术推广，为发展绿色产业提供新动力。四要强化环保铁军队伍建设，强化基层生态环境队伍能力建设，建立健全激励机制和容错纠错机制，推动生态环境保护职责向下延伸，着力打造政治强、本领高、作风硬、敢担当，特别能吃苦、特别能战斗、特别能奉献的生态环保铁军队伍。

天津市慈善事业发展研究报告（2022）

高　原　天津社会科学院社会学研究所副研究员

摘　要： 在2021年8月召开的中央财经委员会第十次会议上，把以慈善捐赠为主渠道的“第三次分配”明确为“基础性制度安排”，慈善事业的重要地位不言而喻，慈善将会在我国经济社会发展中发挥着越来越重要的作用。2021年，天津慈善事业发展稳步推进，公益慈善组织总量增长稳定，虽然基金会总量增速有所放缓，但志愿服务蓬勃发展，彩票市场逐渐回暖，各慈善组织认真贯彻乡村振兴战略，尤其在新冠肺炎疫情防控工作和脱贫攻坚战中，发挥了不可替代的积极作用。但与此同时，天津慈善事业仍面临着诸多挑战，如慈善组织数量和规模有待提升，慈善组织信息披露质量亟须提高，慈善组织人才工作机制有待完善。2022年，天津需要继续扎实推进落实非营利组织财税制度，以此激励慈善组织发展；构建内外部有效监督机制，助推慈善事业公信力建设；创新慈善组织人才队伍建设，提高公益组织专业化程度，努力开创慈善事业工作新局面。

关键词： 天津市　慈善事业　发展

一　2021 年天津市慈善事业发展现状分析

（一）公益慈善组织总量增长稳定

截至 2021 年第二季度，我国社会组织总量为 90.1 万个，较 2020 年增长 5.35%，增长率稳中有升，其中，社会团体 37.5 万个，民办非企业单位（社会服务机构）51.8 万个，基金会 8647 个。截至 2021 年 10 月，天津市社会组织总量为 6195 个，较上年增长 3.72%，增幅略有回落，其中社会团体 2460 个，民办非企业单位 3630 个，基金会 105 个（见图 1、2）。

近年来，我市深入贯彻落实《中华人民共和国慈善法》，积极培育各类慈善主体，加强慈善组织、慈善信托及慈善活动监管，不断强化慈善组织的公信力，充分发挥慈善力量在基本民生保障、基层社会治理和基本社会服务等方面的积极作用，进一步优化公益慈善生态环境。截至目前，我市共登记（认定）慈善组织 150 个，其中具有公开募捐资格的慈善组织 50 个，标识志愿服务组织 270 个，备案慈善信托项目 34 单。此外，在打赢脱贫攻坚战三年行动期间，全市社会组织全力投入，据不完全统计，共有 779 家社会组织承接扶贫项目 673 个，帮扶资金总计 1.74 亿元，市属社会组织认领乡村振兴公益帮扶项目 87 个，公益帮扶资金达 6591 万元，2020 年度公益支出达 6 亿元以上。

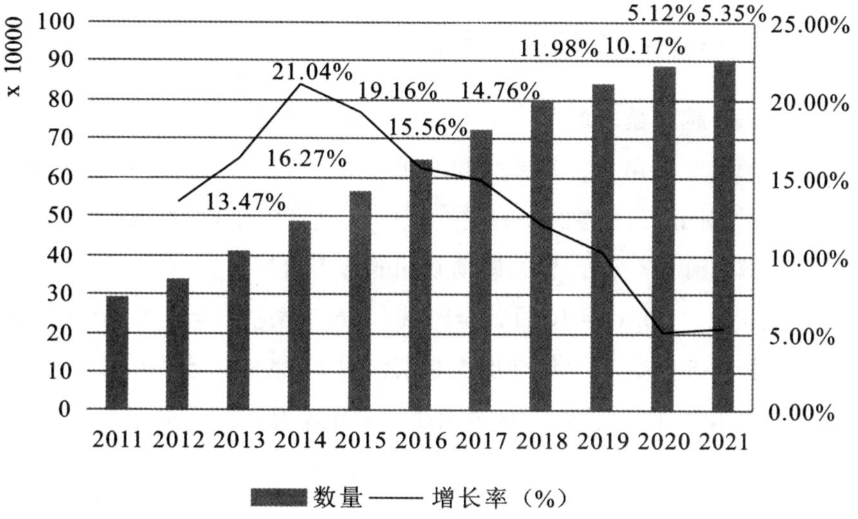

图 1　2011—2021 年全国社会组织发展变化趋势

数据来源：中国社会组织公共服务平台，社会组织数据截至 2021 年 10 月。

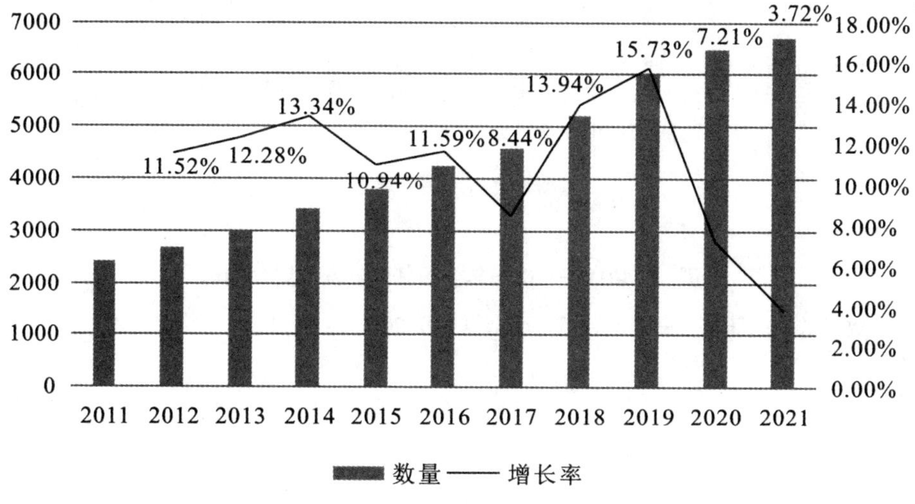

图 2　2011—2021 年天津市社会组织发展变化趋势

数据来源：中国社会组织公共服务平台，社会组织数据截至 2021 年 10 月。

（二）基金会总量增速有所放缓

近年来，越来越多的基金会选择在省级民政部门注册，更多的扮演着区域公益资源分配的角色，基金会和注册在市县级的社会服务机构和社会团体一起构成了我国的公益生态，在这个共同体中，个人和组织相互作用和衔接，与社会各部门开展合作，合力撬动共同的慈善目标。据基金会中心网统计的数据显示，截至 2021 年 10 月，全国共有 8647 家基金会，与 2015 年的 4804 家相比增长了 80%，比上年增加 518 家，增长 6.4%；天津市现有基金会 105 家，比上年增加 4 家，增长 4%，增速较去年略有回升（见图 3、图 4）。

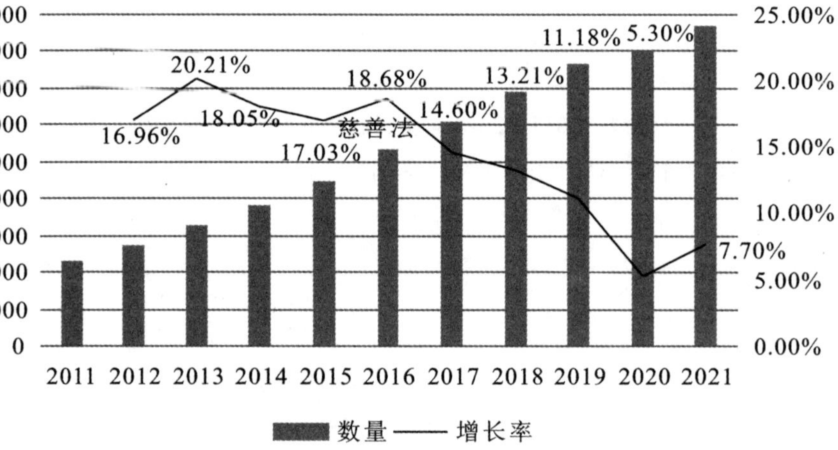

图 3　2011—2021 年全国基金会发展变化趋势

数据来源：基金会中心网，基金会数据截至 2021 年 10 月。

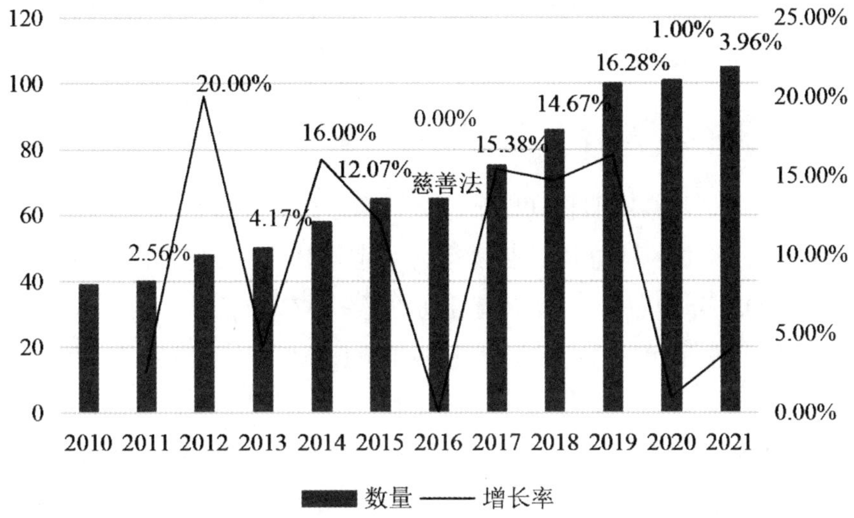

图 4　2011—2021 年天津市基金会发展变化趋势

数据来源：基金会中心网，基金会数据截至 2021 年 10 月。

就基金会类型来看，自 2010 年非公募基金会数量首次超过公募基金会之后，非公募基金会增长势头强劲，其主要原因在于政策的推动。首先《基金会管理条例》在明确了非公募基金会的地位和基本运作规则后，非公募基金会登记管理权限下放，进一步促进了非公募基金会数量的增长；其次《企业所得税法》的实施，提高了企业发生的公益性捐赠支出免税比例及其他优惠措施，进一步激发企业参与公益慈善的意愿，因此非公募基金会增速迅猛，相比之下公募基金会数量变化不大。

从全国范围看，民办基金会数量多但资产规模较小，由个人或民企等发起的民间基金会尽管数量占比过半，但资产规模仅占整体的四分之一；学校型基金会数量虽少，但资产体量不容小觑。天津市基金会的活动领域主要集中在教育以及传统的救灾济贫、医疗救助、文化等方面，而致力于推动艺术、环境保护、公共服务、社区发展以及公益支持等更为广阔的社会公共领域内的基金会则较少。有两所我市全日制高校发起设立的基金会“天津大学北洋教育发展基金会”和“天津南开大学教育基金会”分别位列由基金会中心网开发，清华大学廉政与治理研究中心提供咨询，反映我国基金会的透明度水平的中基透明指数 FTI2020 大学基金会透明度榜单的前列。

（三）健全志愿服务体系，志愿服务蓬勃发展

志愿服务是社会文明程度提升的重要标志，是加强新形势下精神文明建设的有力抓手，加强志愿服务制度建设，健全志愿服务体系，天津一直在行动。截至 2021 年 10 月，天津共有注册志愿者 272.07 万人，比上一年度增加 24.26 万人，增长 10%，注册志愿服务团队 16889 支，比上一年度增加 2176 支，增长 15%。

2021 年由市文明办牵头，共计 23 个单位加入的天津市志愿服务工作协调小组成立，成为我市志愿服务工作的议事协调机构，主要职责是明确各单位的任务分工。随后天津市志愿服务联合会完成转隶工作，其业务主管部门变更为市委宣传部，在市文明办的具体指导下开展工作。紧接着天津市志愿服务联合会第二届会员代表大会顺利召开，进行了津志联换届选举，并通过《天津市志愿服务联合会章程》。

2021 年 4 月，天津市“百万志愿者服务群众大行动——新时代文明实践志愿服务送基层”项目正式发布，各市级单位依托宣讲、教育、文艺、科技、农科、民政、法律、卫生和体育 9 大资源平台，组建市级志愿服务队伍 442 支，设立志愿服务项目 530 余项，为基层群众提供点单派单精准服务。将“我为群众办实事”实践活动督导工作纳入新时代文明实践中心建设，形成与“志愿服务”相结合的生动实践。当前，我市这种以志愿者为主体、志愿服务为主要形式的新时代文明实践，日益成为广大志愿者开展中国特色志愿服务的广阔舞台。

（四）彩票市场逐渐回暖，彩票公益金筹集分配使用工作开展有序

2021 年彩票销售情况略好于去年，截至 8 月，全国共销售彩票 2472.92 亿元，同比增加 524.64 亿元，增长 26.9%。其中，福利彩票机构销售 904.07 亿元，同比增加 24.32 亿元，增长 2.8%；体育彩票机构销售 1568.85 亿元，同比增加 500.32 亿元，增长 46.8%。天津市共销售彩票 40.08 亿元，比上年

同期增加9.15亿元，增长29.6%。其中，福利彩票机构销售9.95亿元，同比下降34.1%；体育彩票机构销售30.12亿元，同比增长90.4%。①

彩票公益金分配情况方面，2020年市级财政收缴入库彩票公益金7.55亿元（福彩3.74亿元，体彩3.81亿元），其中：市级福利彩票公益金支出4.55亿元，主要用于养老服务项目、殡葬公共服务、扶贫助困项目、社会公益服务、其他社会公益类；市级体育彩票公益金支出3.42亿元，主要用于全民健身工程、青少年体育工作经费、全民健身工程组织建设、资助市级全民健身系列活动经费、承办重点体育活动专项经费、大型体育场馆免费低收费开放补助、体育设施维修改造、备战第十四届全国运动会经费等。2020年末市级彩票公益金结转1.52亿元，其中福利彩票公益金结转7956.7万元，体育彩票公益金结转7199万元，2021年拟安排用于养老服务补助、社区服务群众专项经费、体育场馆维修改造、全市体育活动等项目支出。

（五）全力抗击新冠肺炎疫情，彰显慈善组织力量

在抗击新冠肺炎疫情的阻击战中，天津市公益慈善组织不忘公益初心、牢记慈善使命，以果敢坚韧的精神风貌，第一时间募集资金、采购防疫物资，汇聚社会各界拳拳爱心，驰援疫区与支持我市并举，连续奋战，募集大批资金和物资，用于支援医疗救治、医疗设备紧急购置、支持基层社区和福利机构疫情防控，为全市疫情防控做出了积极贡献。

疫情初期，天津市荣程普济公益基金会和天津市凯尔翎公益基金会，迅速高效行动，及时采购防疫物资，有效缓解了物资紧缺问题。市红十字会累计接受社会捐款10760.40万元，已援助疫情防控支出捐款10583.73万元，拨款率达98.36%。市慈善协会精准对接疫区和我市拨付社会捐赠款物。其中，向疫区和我市拨付社会捐赠资金3085.46万元，拨款率达87.02%，款物全部用于新冠肺炎疫情防控工作。②

① 财政部网站：《2021年8月份全国彩票销售情况》，http：//zhs.mof.gov.cn/zonghexinxi/202109/t20210929_3756154.htm（2021年10月12日）。

② 《天津日报》2020年4月17日，天津民政11版。

各公益慈善组织，严格工作流程和制度规范，通过门户网站、公众号等媒介，真实、完整、及时公布接受捐赠信息，接受社会监督。在疫情异常紧迫、生产经营活动遇到极大困难的情况下，公益慈善组织从业者尊重捐赠人的意愿，管理好、分拨好、使用好每一笔捐赠，不辜负捐赠人的嘱托。

（六）巩固拓展脱贫攻坚，推进乡村振兴项目落地

“弱有所扶”是党的十九大报告提出的一项全新的民生建设目标。慈善事业作为我国社会保障体系的必要补充，是实现新时代“弱有所扶”的重要力量。2021 年，在迎来中国共产党成立一百周年的重要时刻，我国脱贫攻坚战取得了全面胜利。现行标准下 9899 万农村贫困人口全部脱贫，832 个贫困县全部摘帽，12.8 万个贫困村全部出列，区域性整体贫困得到解决。

2020 年以来，天津市慈善组织、爱心企业、志愿者以及社会各界爱心人士全面落实党中央、国务院的决策部署和市委、市政府的工作要求，通过产业帮扶、劳务帮扶、消费帮扶、教育帮扶、医疗帮扶助力脱贫攻坚，积极投身乡村振兴，做出了重要贡献。其中，天津市慈善协会共接收全市社会各界捐赠扶贫款物 2009.44 万元，以“两不愁三保障”为中心，执行援助项目侧重民计民生，合计向甘肃省、河北省承德市、新疆和田地区援助款物 1700.9 万元。转接市民政局、市工信局、市合作交流办、各民主党派等系统扶贫款 3665.67 万元。天津市慈善协会荣获中共中央、国务院颁发的“全国脱贫攻坚先进集体”荣誉称号。

按照党中央、国务院关于巩固拓展脱贫攻坚成果同乡村振兴有效衔接的决策部署，我市各慈善组织积极行动起来，全力投身乡村振兴战略工作。截至 2021 年 9 月，天津市慈善协会已制定了“津陇慈善情・助力乡村振兴”慈善项目总体规划，计划用三年时间在我市对口帮扶甘肃省 34 个县 80 个示范村建立老年人活动站、电子阅览室，在尚未建设“关爱儿童之家”的帮扶协作县建设儿童之家，在部分学校设立学龄儿童健康筛查“光明小屋”，此类项目共计 300 个，不断完善专项扶贫、行业扶贫、社会扶贫“三位一体”的工作格局。目前，天津市慈善协会已完成了甘肃“一家”“一站”“一室”三类

30个项目的选址、对接、签约，即将开始实施建设，确保2021年底完工验收。第二批80个项目的前期工作，也将陆续展开，力争在年内最大限度地推进项目进程，确保百个项目如期完成。

二　天津市慈善事业发展面临的挑战

（一）慈善组织数量和规模有待提升

慈善组织是慈善事业的重要载体，是动员慈善资源的主体，慈善组织的数量与规模直接关系到慈善资源的募集、分配、使用和管理。《中华人民共和国慈善法》的立法目的就是为了发展慈善事业，我市现有社会组织6000多家，其中慈善组织只有400多家，所占比例还不到10%。按照《中华人民共和国慈善法》规定，社会组织（基金会、社会团体、社会服务机构）等可以通过登记或申请认定的方式成为慈善组织。目前我市社会组织登记总数6000多家，具备扩大慈善组织队伍的基础条件。慈善组织的数量取决于两个方面，一是有多少社会组织申请登记成为慈善组织；二是民政部门批准了多少申请。我市慈善组织增长缓慢的原因在于：一是慈善组织获得的政策优惠力度与一般社会组织没有明显差别，并且监管制约过多，存在要求偏多、指导服务不够的现象，因此社会组织不愿申请；二是《中华人民共和国慈善法》对想成为慈善组织的社会组织，缺少相关的政策规定，社会组织无法申请；三是民政部门执法力量不足，2019年民政部设立了慈善事业促进和社会工作司，但在基层民政部门，由于种种原因，始终没有设立专门负责慈善工作的内部机构，缺少抓手造成工作不到位。多方面原因造成近几年慈善组织数量增长放缓，没有达到预期。

（二）慈善组织信息披露质量亟须提高

政府信息披露制度约束能力有限，依据《中华人民共和国慈善法》，慈善组织取得公开募捐资格后可以开展公开募捐。民政部就此已经出台了与《中华人民共和国慈善法》同步实施的《慈善组织公开募捐管理办法》，2018 年由民政部公布的《慈善组织信息公开办法》再次对公开募捐的信息公开做出了进一步的明确要求。慈善组织应当依法在民政部门提供的统一的信息平台上履行信息公开义务，信息公开应当真实、完整、及时。慈善组织应当建立信息公开制度，明确信息公开的范围、方式和责任。慈善组织应当对信息的真实性负责，不得有虚假记载、误导性陈述或者重大遗漏，不得以新闻发布、广告推广等形式代替应当履行的信息公开义务。该办法从慈善组织和慈善活动的特点出发，突出了对慈善组织财产活动和公开募捐的信息公开的监管。

然而在实际操作过程中，由于慈善组织的募捐来源与信息披露制度并没有成正比，因此慈善组织缺乏信息披露的内在动力。参考反映基金会透明程度的中基透明指数（FIT）排行，我们不难发现，基金会的资金募集来源并没有随着透明度的提升而增加，基金会透明度没有和募集资金总量成正比。打开民政部一体化政务服务平台慈善中国，查看天津慈善组织的信息，几乎所有的慈善组织都没有完善“专项基金信息、本组织费用标准、前五名人员报酬”这些规定的项目申报。由此可以看出，目前我国的这种机制，缺乏对慈善组织的激励程度，没有促进慈善组织公开自己信息的动力。

（三）慈善组织人才工作机制仍待完善

公益慈善组织在我国从出现到发展经历了很长一段时间，但是在我国现代化发展进程中，仍属新生事物。相关的政策、法规等仍需进一步完善，良好的行业发展机制也尚未形成。随着公益慈善组织发展的不断加快，公益慈善人才短缺这一问题也逐渐暴露出来。比如，在这次抗击新冠肺炎疫情期间，作为重要社会力量的公益慈善组织在社会动员、资源分配、公益服务等方面发挥了重要作用，为打赢这场疫情防控阻击战贡献了力量。但同时也暴露了一些短板和漏洞，如捐赠物资积压、分配效率不高、信息公开不及时甚至有误等，其根本原因就在于缺乏专业化、职业化人才应对突发公共卫生事件的能力和预案。

慈善组织人才队伍建设是慈善组织实现可持续、专业化发展的核心基础，慈善组织人才建设问题就是社会对慈善人才的认可、培养以及薪酬待遇等一系列问题。例如：政府在购买社会服务时，并没有体现“人”的价值。说到底，开展社会服务最根本的力量是人，但人才的价值并没有得到认可，我们如何留住人才？同时也从另外一个角度反映出，我国慈善组织人才队伍问题尚未引起社会和政府的足够重视。

三　完善相关支持政策，促进天津慈善事业高质量发展

（一）推进落实非营利组织财税制度，激励慈善组织发展

慈善组织和事业的健康发展离不开政府的支持，完善的税收优惠和捐赠制度就是对慈善组织的肯定和激励。《中华人民共和国慈善法》颁布之后，全国人大常委会、财政部、国家税务总局等相关部门持续推进非营利组织财税制度的完善。具体包括：一是对符合条件的社会组织取得的非营利收入给予免征企业所得税的优惠。二是为鼓励支持公益慈善事业，现行税收政策体系对公益捐赠支出给予所得税优惠政策。个人捐赠股权、房产的，按照个人持有股权、房产的财产原值确定等。三是增加了公益捐赠支出税前结转三年扣除的规定，完成了与《中华人民共和国慈善法》的衔接。四是“先捐先扣”，即企业在对公益性捐赠支出计算扣除时，应先扣除以前年度结转的捐赠支出，再扣除当年发生的捐赠支出，进一步保障了捐赠人的税收权益。

尽管《中华人民共和国慈善法》中关于非营利组织（基金会）相关的税收优惠政策、财务核算制度都有了一定的完善，然而实践中，《中华人民共和国慈善法》、税收政策、会计核算的衔接依然存在一些具体障碍。鉴于目前我国对于非货币捐赠行为，没有清晰的流程、规范，建议要尽快落实非货币捐赠（房产捐赠、股权捐赠等）减免流转税的政策优惠，吸引更多的民众和企业参与慈善事业，扩大第三次分配范围。

（二）构建内外部有效的监督机制，助推慈善事业公信力建设

中央财经委员会第十次会议在研究扎实促进共同富裕问题时，提出“构

建初次分配、再分配、三次分配协调配套的基础性制度安排”，这是继 2016 年《中华人民共和国慈善法》颁布实施后，进一步释放出新时代党和国家大力发展公益慈善事业的重大信号。慈善事业作为社会治理的重要组成部分，其公信力将直接影响市场主体和人民群众的参与积极性。进一步提升慈善公信力，除了必要的行政监管，还需要进一步探索加强社会监督体系的建立。

首先，要在严格执行《中华人民共和国慈善法》的基础上，加强对慈善组织的行政监管。2016 年出台的《中华人民共和国慈善法》是社会领域的重要法律，是我国慈善制度的基础性、综合性法律，也是我国慈善事业迈入法治化轨道的标志。因此，必须以《中华人民共和国慈善法》为基本指导，结合本地实际情况，进一步出台具体的实施办法、细则和规章制度，形成完整、有序、统一的监管体系。

其次，进一步推动慈善组织信息公开，加强社会监督。公开透明是加强社会监督的前提条件，建议我市参照民政部出台的《慈善组织信息公开办法》，构建符合我市市情的具体办法，并探索引入“第三方评估”，推动慈善透明化。针对不同类型的慈善组织，比如是否具有公募资格，具体明确信息披露的标准，哪些信息应该公开以及公开的时效性。探索建立第三方评估委员会，包括专家学者、律师、会计师、媒体、资深社会组织从业者、公众代表等组成的第三方监督委员会，对慈善组织的信息公开程度、管理效率、项目绩效等多个重要指标进行定期评估，评估结果作为行政部门监管和公众监督的重要参考。

（三）创新慈善组织人才队伍建设，提高公益组织专业化程度

在人类历史的各个阶段，人才都是最重要的，是推动社会进步的中坚力量。习近平总书记在全国组织工作会议上强调，要完善人才培育机制，改进人才评价机制，创新人才流动机制，健全人才奖励机制。“流水不腐，户枢不蠹。”慈善组织人才也是这样，只有像水一样流动起来，方能将新鲜的慈善思想、慈善知识、慈善能量传播开来，最大限度地释放慈善人才的内在潜能。

首先，建立完善的慈善组织人才培养机制。公益慈善人才培养应包括两

类，高校学生的学历教育和在职从业人员的继续教育。公益慈善学历教育应着眼于潜在人才的培养，普及慈善知识和理论，做好慈善事业发展的人才储备库。公益慈善在职从业人员的继续教育则应着眼于现实人才的训练，以案例教学为主，进一步提高从业人员的实操能力和水平。通过慈善组织、高校，加大对公益慈善事业科研人才的培养和支持力度，实现“产学研”的有机结合，利用高校的科研能力和教学水平，提升公益慈善人才队伍的创新能力，同时借助慈善组织的实践平台，培养更多的有丰富实操经验的公益慈善人才。除此之外，也要注重公益慈善人才的政治素质培养，将公益慈善人才的政治能力作为提高我党执政能力的有力抓手，并加强对公益慈善人才在工作实践中的监督和指导。

其次，创新慈善组织人才流动机制。鼓励优秀青年干部进入公益慈善领域，从另一个方面扩宽公益慈善从业人员的专业水平。人才流动是社会化生产与现代化治理的客观要求，只有合理的人才流动才能为行业发展带来创新与活力。在创新慈善组织人才队伍建设方面，也可以尝试破除人才流动障碍，畅通党政机关、企事业单位、社会各界人才流动渠道，搭建人才对接平台，建设一支能适应公共服务事业的公益慈善人才队伍。

天津市人才建设与形势分析报告（2022）

杨玉秀　天津社会科学院产业发展研究所副研究员

摘　要： 2021年，天津市在人才建设方面采取了系列举措，创建了“10＋1”产业人才创新创业联盟，打造出“海河英才”行动计划升级版，成立博士后创新联合体，完成系列职称改革，人才引育成效显著，“海河英才”行动计划引才总量不断增长，引才质量不断提高，并形成较为完善的高技能人才培养体系。但是天津市在人才建设方面也面临着引才速度趋缓、人才吸引力下降、人才受北京虹吸作用影响以及所属区域人才吸引力持续下降等问题。2022年，天津市人才建设的重点应放在以产业聚人才、创新引才育才方式、营造优良人才发展生态以及加强人力资源行业发展等方面。

关键词： 人才引进　人才培养　海河英才　人才联盟

一　2021年天津市人才建设基本情况

（一）人才引进

1.引才总量不断增长，引才速度持续下降

自2018年5月份“海河英才”行动计划实施以来，该行动计划每年为天津市引入大量人才，截至2021年8月中旬，已经累计引进各类人才达40万人，为天津市的发展提供了有力的人才支持。三年多来，随着“海河英才”

行动计划引才政策的不断完善、引才总量的不断增长，各类符合要求、想来天津发展的人才大多已经被逐步引入，“海河英才”行动计划的政策效应趋于降低，引才速度逐年下降。政策实施之初的2018年，人才扎堆流入，仅仅7个半月就引进人才13.3万人，月均引才达到1.77万人，而随后的三年，每年引进人才数量持续下降，2019年全年引入人才11.5万人，月均引才0.96万人，2020年全年引进人才降到10.2万人，月均引才降低到0.85万人，到了2021年，月均引才人数继续下降，降到平均每月引才0.67万人的水平。

表1 天津市2018年以来“海河英才”行动计划引进人才情况

时间	累计引才（万人）	新增引才（万人）	月均引才（万人）
2018年5月16日—12月	13.3	13.3	1.77
2019年全年	24.8	11.5	0.96
2020年全年	35.0	10.2	0.85
2021年1—8月中旬	40.0	5.0	0.67

数据来源：根据天津市统计公报（2018、2019、2020）以及人社局发言资料，整理而得。

2.对高端人才的引进持续加强，引才质量不断提高

在引才数量放缓的同时，天津市不断提升人才引入的质量，加强对高端人才、战略新兴产业人才、青年人才的引入。“海河英才”行动计划引进各类人才平均年龄32岁，其中人工智能、生物医药、新能源新材料等战略性新兴产业人才占比达到25.6%。2021年，天津市完成了“10+1”产业人才创新创业联盟的组建，加速了高端人才的集聚，据《天津日报》相关资料截至目前（2021年8月9日），人才联盟已链接高校院所50家，聘请院士专家55位，联系领军企业家1500人，集聚工程师22000名，签约了51个人才团队和高端项目。

天津市持续加大对博士后人才的引育，博士后工作站连年增长。2018年新建博士后工作站10个，2019年增长到35个，2020年达到43个，新进站博士后达到417人，而在2021年6月，天津市又获批26个博士后科研工作站和11个博士后创新实践基地。截至2021年6月，天津市共设有博士后培养平台441个，共有1700余名博士后先后到博士后科研工作站开展研究工作。

其中，博士后科研流动站 84 个，博士后科研工作站 275 家，博士后创新实践基地 82 家，覆盖了人工智能、生物医药、新能源新材料、航空航天、高端装备等全部战略性新兴产业和重点产业链。2021 年，天津市还成立了首家博士后创新联合体，并已成功联合引进了博士后 5 名。

（二）人才培育

1.加强培训机构建设，形成较为完善的高技能人才培养体系

2021 年，天津市继续加强企业职业技能培训基地的建设，在战略性新兴产业、先进制造业领军企业中遴选企业培训中心，在 2020 年 408 家企业基础上，再认定企业培训中心 24 家，截至 2021 年 7 月底，累计遴选认定企业培训中心达 432 家，企业公共实训基地 18 家。截至 2021 年 7 月底，天津市已经建成 1 个国家级公共实训中心、18 个国家级高技能人才培训基地和 25 个市级高技能人才培训基地、30 个国家级技能大师工作室和 57 个市级技能大师工作室。同时，天津市还积极开展技能等级的自主认定，共备案开展职业技能等级认定的自主评价企业 60 个、开展职业技能等级认定的院校 16 个、面向社会提供职业技能等级认定服务的社会培训评价组织 11 个。目前，天津市已经逐步形成了以政府为引导、企业为主体、职业院校为主阵地、民办培训机构为依托的高技能人才培养新格局。

2.技能培训取得新进展

2021 年天津市继续加大技能培训力度，全年计划开展技能培训 30 万人次。2021 年 1—7 月，天津市已经开展补贴性职业技能培训 19.6 万人次、以工代训 23.8 万人次，发放培训费补贴 4.4 亿元。各备案机构累计组织实施职业技能等级认定 99209 人次，共颁发职业技能等级证书 82894 本，其中高技能人才（高级工及以上级别）取得技能证书 37426 本，占取证人数的 45.15%。另外，天津市人社局 2021 年还将安排公共培训、高端培训、实践培训等 3 大类 13 项培养培训活动，全年将培训 2000 余人。为了提升留学人员创新创业能力，2021 年，天津市还制定留学人员创新创业能力提升培训计划，联合多部门开展国家级、市级和区级 3 个层级 20 余项活动，全年预计培养培训留学

人员企业 200 余家，留学人员 1000 余人次。

通过对技能人才的培训、培育，天津市高技能人才队伍规模不断壮大，结构不断优化，能力水平不断提升，综合素质不断提高。2021 年 6 月，天津市又有 7 名高技能人才荣获“全国技术能手”和“国家技能人才培育突出贡献个人”荣誉。截至 2021 年 7 月底前，天津市共拥有 6 名中华技能大奖能手，177 名全国技术能手，299 名天津市技术能手。在人力资源和社会保障部公布的 2021 年国家级专业技术人员知识更新工程计划中，天津市 7 个国家级高级研修项目获批入选。

二　2021 年天津市人才建设的重点、特点

（一）完成“10 + 1”产业人才创新创业联盟的创建，以联盟引才、聚才

为了搭建人才创新平台，实现筑巢引凤，天津市先后成立无人机与新材料、智能轨道交通、智能网联汽车、半导体集成电路、互联网新经济、高端装备和智能制造、动力与电气、电子信息与大数据、生物医药、航空航天等十大产业人才创新创业联盟。2021 年 5 月 21 日，新能源电池人才创新创业联盟成立，至此，天津市人才创新创业联盟已达“10 + 1”，即 11 家。天津市人才创新创业联盟的建立，实现了高等院所、专家院士、领军企业、高端项目和高技术人才的融合和集聚，具有对人才和项目的“虹吸效应”，加速了高端项目和人才的汇聚。如生物医药联盟涵盖的博士后站数量达到全市的 20%，成为高层次青年人才的重要集聚地和“蓄水池”。

人才创新创业联盟促进创新链、人才链、产业链、技术链、金融链“五链”深度融合，对于打造互生共荣的人才创新创业发展生态有积极作用。为了满足产业联盟对高端人才引入、汇聚的需求，天津市人社局还专门针对联盟制定了专项措施予以支持。一是加强对联盟引进高端紧缺人才的支持力度。如，针对联盟企业专门举办招聘活动、设立招聘信息专区、在“项目 + 团队”重点培养专项申报中，单独给联盟推荐名额。二是给予联盟企业更加灵活自

主的人才激励和评价机制。如，在职称评定、技能等级认定上给予联盟企业充分的自主权，为联盟企业内特定人才提供职称评审“直通车”服务。三是支持联盟平台载体建设。在自主创新人才培养培训中，为联盟人才单独预留名额，支持联盟企业申报设立博士后科研工作站或创新实践基地，支持联盟企业、高校、科研院所共建博士后创新联合体。四是给予联盟专属人才服务保障。在中国北方人才市场，为联盟专门设立人才服务共享秘书处，服务于联盟人才的各项需求，在天津市引进人才综合服务中心设立产业联盟高层次人才服务驿站，配备专业化人才服务专员，为联盟头部企业及其核心成员提供高层次专属服务。

（二）打造“海河英才”行动计划升级版

为了适应天津高质量发展需求，更强力度集聚优秀人才，天津市委、市政府于 2021 年 5 月出台《关于深入实施人才引领战略加快天津高质量发展的意见》，打造“海河英才”行动计划升级版。“海河英才”行动计划升级工程，包括四个子项目，分别为：“项目 + 团队”专项、青年人才集聚专项、留学人员创新创业支持专项和人才服务提升行动。相较于“海河英才”行动计划而言，升级版的“海河英才”行动计划具有以下几个特点：

一是引才政策更加开放有力。为了加速集聚海内外优秀人才，升级版的“海河英才”行动计划加大了对留学回国人员创新创业的支持力度。如，放宽回国人员年龄、经历、回国时限等要求，在入籍落户以及家人随迁落户、签证等方面给予更便利的措施，实施更加便利的外籍人才工作居留举措，创新人才和团队引进方式。

二是育才举措更精准务实。为了加快培养造就高水平人才队伍，升级版的“海河英才”行动计划将对人才进行分层级、分重点、全方位的培养。继续完善领军人才培养体系，加快培养创新创业领军人才；在人工智能、大数据、区块链、金融科技等前沿领域，广泛储备创新后备人才；在重点产业领域，培育卓越制造人才，重视高技能人才队伍建设，培养产业基础人才；同时加强对基础教育、卫生健康、金融服务、商务会展、港口运营等各领域高端专业人才的培养。

三是用才机制更灵活高效。实施更加完善的、不拘一格的人才评价使用机制和用人机制；在绩效分配、科技成果转化利益分配、所得税税负差额补贴等方面，实行增加知识价值为导向的分配机制；建立更加顺畅的人才流动机制；利用各种新经济、新业态，提升对高端人才和青年人才的吸附能力；对人才项目实施更加有力的金融支持政策。

四是服务保障更贴心。优化人才公共服务，升级“海河英才”网站，建立“海河英才之家”，开发推出“海河英才服务码”；强化人才安居保障，多渠道规划建设人才公寓，满足人才阶段性住房需；加强人才服务保障，在人才档案管理、医疗保健、出行、配偶工作安排、子女入学入园等方面给予便利措施。

（三）成立博士后创新联合体，探索高层次青年人才培养新模式

为了推进高等院校、科研院所、企业共建博士后工作站，创新人才协同培养机制，吸引集聚海内外优秀博士后，激发人才创新活力，打造高层次青年人才高地，天津市成立了首家博士后创新联合体，即天津市新医科和生物医药产业博士后创新联合体。天津医药博士后创新联合体采取“1 + 1 + N”的组织架构，是一个由天津大学主建、生物医药人才创新创业联盟共建、相关学科和生物医药人才联盟的博士后设站单位参建的，博士后人才“联招、联育、联考、联用”的培养平台。首批加入博联体的博士后科研流动站、工作站、创新实践基地共 72 家，包括天津大学、中科院工业微生物所、康希诺公司等 30 家高校、科研院所和企业博士后设站单位。博士后创新联合体体采用“联合招收、联合培育、联合考核、联合使用”四种协同共建方式，包括统一发布博士后招收计划、共建导师库、统一出站考核、共享科研平台、联合申报课题（项目）等 13 项共建任务。成员单位按需选择参与一项或多项共建任务，签订共建协议书，明确成员单位的权利和义务，形成“1 + 1>2”的共赢发展态势。以博士后人才培养为纽带结成的博联体，将有利于形成产学研用一体推进的创新人才生态。

（四）完成系列职称改革，优化职称评价体系

根据人力资源和社会保障部系列职称改革指导意见，天津市人社局在增设职称专业、优化评价标准、创新评价机制等方面大胆创新、不断深化，完成系列职称改革，充分释放了人才活力，为天津市人才引育提供了更加优质、灵活、宽松的人才环境。

一是完成职称基本制度改革，实现职称申报、评审、管理、服务、使用等关键环节的制度覆盖和政策衔接。二是推进完成分系列职称改革，完成工程技术、农业技术、技工院校教师、经济、会计等15个系列职称改革实施意见，新出台或修订了8个专业职称评审标准。三是聚焦新产业新职业及时增设新职称专业。紧盯战略性新兴产业和新职业、新技术发展，先后增设了人工智能、科学传播、快递工程、网信、技术经纪、集成电路6个职称专业。其中，人工智能和网信专业都是在全国率先设立。四是明确了新职业、职业资格与职称的对应关系，公布了人社部38项新职业可参照对应的职称专业，明确了59项职业资格与职称的对应关系。五是改革评审方式，赋予用人主体更多的评价自主权。如，实施民营企业单独评价的职称评审“直通车”，实现“谁用人谁评价”；在全国率先组建了民营企业工程技术系列高级职称评审委员会；开展“科创企业评职称”专项服务；在高等院校、大型骨干企业、高新技术企业中大力推进职称自主评审；探索高职院校联合自主评审改革、探索产业联盟单位联合自主评审，实现“一盟一链一职称体系”。

三　天津市人才建设面临的问题

（一）人才流入缓慢，人才吸引力持续下降

为了吸引人才来津，2018年天津市开始实施“海河英才”行动计划，大力引进各类人才，累计引才已达40万人，然而分年份看，引才数量却是每年

递减的，2018 年 7 个半月的时间，引才人数就达到 13.3 万人，而到 2020 年，全年引才只有 10.2 万人，2021 年引才更少，具体可参见表 1。

常住人口的增减变化可以在很大程度上反映一个城市对人口、人才的吸引力。然而，近年来，天津市常住人口的增长却很缓慢。从人口普查数据来看，第七次人口普查，天津市常住人口只有 1386.6 万人，和第六次人口普查相比，十年间天津市常住人口只增长了 92.78 万人。而同时期，北京增长了 228.07 万人，上海增长了 185.18 万人，重庆增长了 320.8 万人。在四大直辖市中，天津人口增长最少。除了四大直辖市，和其他城市相比，天津人口增长排名更是靠后，十年间，深圳常住人口增长了 720.22 万人，成都增长了 689.02 万人，广州增长了 597.58 万人。西安、郑州、合肥、杭州、长沙、武汉等城市，人口增量均是天津的 2 倍以上。从常规人口统计看，从 2011 年到 2020 年，天津市常住人口增长并不是一直呈下降趋势，2013 年前，每年增长 50 多万人，从 2014 年开始，人口增量就开始显著下降，尤其是到了 2017 年，人口增长呈现断崖式下降，当年人口负增长 5.25 万人。2018 年天津施行“海河引才”行动计划的时候，人口增长有所回升，但是增长非常缓慢，每年只有 2 万多人，具体可见图 1（2020 年是依据普查数据计算的人口增量）。

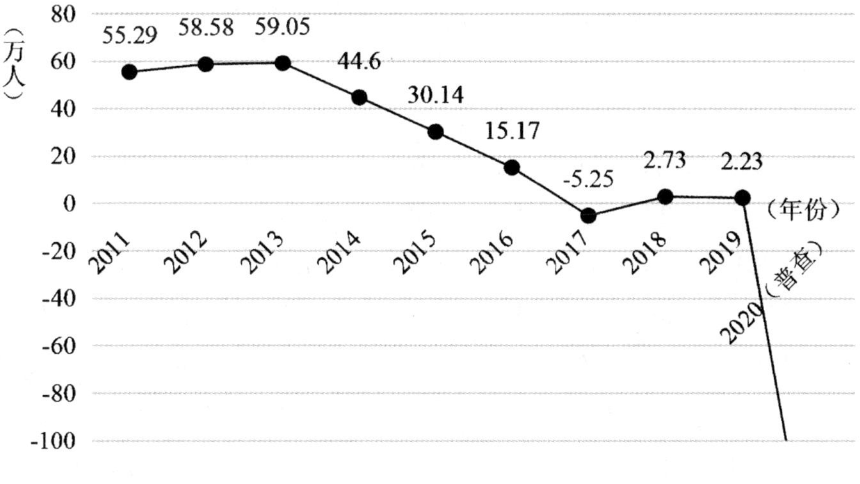

图 1　天津近 10 年常住人口增长情况图

另外，根据恒大研究院和智联招聘共同发布的《中国城市人才吸引力报告》（2020、2021），作为直辖市之一的天津近年来人才吸引力一直在缓慢下降，2020年剧降。从2016年到2018年，天津市人才吸引力指数排名从第8名降到第10名，再到第12名，2019年有所好转，回到第10名位置，然而，到2020年却一下降到第20名。天津不仅在四大直辖市中排名最后，而且还低于很多二线城市，如长沙、青岛、济南、厦门、西安、郑州等。

（二）北京对天津人才的虹吸作用加强

作为国际化大都市的首都，北京对人才的吸引力是毋庸置疑的，根据《中国城市人才吸引力报告2021》，2020年北京的人才吸引力在全国所有城市中排名第一。天津紧邻北京，不可避免地存在人才受北京虹吸作用的影响。过去几年来，北京一直致力于疏解非首都功能，严控人口、疏解产业，天津借机出台各种人才政策，大力引进北京的人才和项目，2019年天津流入人才中，北京占比高达31.8%，几乎占到所有流入人才的三分之一。然而，北京疏解非首都功能已达到一定成效，严控人口措施开始放缓，在经过了2016—2019连续四年人才净流出后，2020年开始，北京人才净流入占比从2019的-3.9%直接转为0.2%，实现了人才从净流出转为净流入。从北京的常住人口变化也可以看出，北京常住人口2017年开始出现负增长，2018年负增长达到16.5万人，2019年流出变慢，只负增长0.6万人，而2020年第七次人口普查，北京市常住人口竟然达到2189.3万人，比2019年末实际多了35.7万人。与此相对应，北京对天津的人才虹吸作用又开始加强，天津代替上海，成为北京人才流入的第一目标城市。流出北京的人才中有7.6%流向天津，流出天津的人才中，有27.7%流向北京，北京和天津互为人才外流目标城市的第1位，但是，北京流向天津、天津流向北京的人才在全国流动人才总量中占比分别为0.5%、0.6%，人才是从天津净流向北京。

（三）所属区域人才吸引力持续下降

经济发展与人才的汇聚具有显著正相关，经济的高速发展必然带来大量的岗位需求和薪资上涨，从而吸引人才从各方汇聚而来。相反，经济发展缓慢、活力下降，将会影响岗位需求的释放，导致劳动力市场的饱和，增加求职难度，从而降低对人才的吸引力。近年来，中国经济发展总体趋势是南方强于北方、东部强于西部，人才流动总趋势也与此相对应。人才向东部和南部集聚，从西部、北部、东北流出。从城市群来看，长三角、珠三角人才汇集，持续流入，而京津冀人才持续流出。

据《中国城市人才吸引力报告》（2020、2021），2016 年到 2020 年五年间，长三角人才净流入比分别是 4.7%、4.6%、4.6%、5.0%、6.4%，珠三角人才净流入比分别是 1.7%、2.0%、2.2%、2.8%、3.8%，而京津冀人才净流入比分别为-0.4%、-1.9%、-2.9%、-4.0%、-0.7%。很显然，近年来长三角人才是净流入的，而且净流入占比显著高于其他城市群，说明人才有大量向长三角汇聚的趋势。珠三角人才净流入比低于长三角，但是也处于逐年上升趋势，人才稳步流入。而京津冀几年来一直处于人才净流出的状态，而且流出规模呈现出逐年扩大的趋势，2020 年才有所好转，但依然处于净流出状态。处于北方地区的京津冀城市群人才吸引力的整体下降，人才大量外流，对于天津的人才吸引和人才建设而言，是不利的。

四 2022 年天津市人才建设对策分析

（一）以产业聚人才

引进人才就好比筑巢迎凤，只有建好了巢，有足够的职位，有广阔的发展空间，才能吸引各类人才汇聚而来。北京、上海、深圳、广州、杭州等城市，在人才吸引力尤其是高端人才吸引力上非常强，一个重要的原因就是这些城市产业发展好，对人才需求强劲，人才有较大的发展空间。根据猎聘发布的《2021上半年中高端人才就业数据研究报告》，2021年上半年全国新发布的职位，上海、北京、深圳位居前三，占比分别达到13.23%、11.90%、9.63%，广州、杭州的新发职位占比也分别达到6.41%和5.44%，而天津新发职位占比只有1.4%。高新技术产业、战略性新兴产业、高端服务业既是经济高质量发展的基础，也是高端人才的汇集地，一个地区高新技术产业占比重较大，产业完备程度高，中高端人才就业和发展机会较多，人才吸纳力就强。天津要想广聚人才，就需要在产业发展、产业集聚上下功夫，围绕“一基地三区”功能定位，大力推进战略性新兴产业、高技术产业的发展，以新产业、新动能带动经济发展和人才的汇集。一是以智能科技、生物医药、新能源新材料等八大产业为支撑，着力构建较为完备的现代产业体系，完善并延展产业链条，为人才大量集聚提供职位空间；二是以产业园区为主要空间载体，实现产业向园区集聚、园区向主导产业集聚的产业集聚式发展模式，以产业的集聚带动相关人才集聚；三是积极发展各种新经济、新业态，提升天津经济活力，提升对青年人才和高端人才的吸引力。

（二）创新引才育才方式

近年来，为了引育高质量人才，天津市出台了很多政策措施，在人才引进上取得了很好的成效。为了构筑人才高地，还需要在人才引进、人才培养上创新招法，实施更为灵活的、多元化的政策措施。海外高层次人才的引育一直是天津市人才政策的一个重点，针对海外高层次人才的利用、引进和培养，可以采取长期聘用和柔性引进相结合的引才用才方式。对暂时无法来到本地的人才，可以通过“智力共享”实现“为津所用”。围绕重大科技项目研发需求，可以采取揭榜制、挂帅制、科研众包等方式，征集破解“卡脖子”技术难题的人才和团队。为了便利外籍人才的工作居留需求，可以申请国家创新性、突破性人才政策在天津试行。为了加强对留学人员的培养，可以探索多元人才培养模式，通过联合京冀相关部门召开京津冀留学人员工作联席会，探索三地留学人员工作合作新模式，借助首都资源和清华大学、北京大学等双一流高校资源，组织留学人员企业家高级研修班、训练营等活动，提升留学人员的创新创业能力。

（三）营造优良人才发展生态

经过几年的发展和改进，天津的各项引才、育才政策措施已经越来越完善，政策力度已经不小。而且各地的人才争夺战已经从过去的“拼待遇”转向了“拼生态”。吸引人才需要同时打造微环境与大环境，使得人才既能引进来，还能留着得住，更能用得好。下一步天津市人才政策的重点也应该放在构建优良的人才发展生态上。一是在产业上下功夫，以产业集聚人才，以人才兴产业，形成产业和人才的良性互动。二是建设良好的人才发展环境。在创业扶持、项目落实、团队配备、成果转化、职称评定、人才流动、档案管理、社会保障等方面实施更加灵活而规范的措施，破除人才发展体制机制障碍，千方百计提高人才发展的空间。三是加强服务保障，打造人才微环境，解决好人才居住、出行、随迁家属医疗、就业、子女入学等问题。四是加强人才流动机制建设，进一步畅通人才流动渠道，打破人才流动障碍，加强京津冀人才合作和三者之间的人才流动，鼓励和促进人才向基层一线流动。

（四）加强人力资源行业的发展

人力资源服务业是连接人才供给和需求的纽带，可以促进人力资源的有效开发和优化配置。现代化高水平的人力资源服务业不仅有助于人才流动，更有利于人才供给与需求的精准对接。为了活跃天津市人才市场、加速人才在天津的集聚，《天津市人力资源和社会保障事业发展“十四五”规划》也明确提出，要加强人力资源服务业发展。加强天津市人力资源行业的发展，一是要重点培育一批有市场、有特色、成长性好、有竞争力的人力资源骨干企业，发挥人力资源骨干企业对行业的引领带动作用。二是引导人力资源服务业延伸产业链条，提高专业化水平，加强人力资源服务业的猎头业务、教育培训、服务外包、管理咨询等高价值服务的发展。三是加强天津市人才部门与人力资源行业的合作，通过人力资源行业对互联网、大数据等新技术的应用，掌握并发布天津市人才供给、需求等方面的动态数据和深度数据，为人才部门的人才政策措施提供支撑。四是加强人力资源行业人才建设，引进和培养一批专业知识强、业务素质好的高水平人力资源人才，引领人力资源行业高水平发展。

（本文部分资料来源于天津市人社局官网）

天津市社区建设状况研究报告（2022）

李宝芳　天津社会科学院社会学研究所副研究员
赵文裕　天津市红桥区区委党校

摘　要： 天津一直高度重视社区建设。2021年，社区居住环境明显改善，社区综合服务设施日益完善，党建引领共建共治共享机制不断健全，社区文体活动日渐丰富，平安社区建设成效显著，但是亦不能否认，社区建设中仍存在一些薄弱环节和短板，社区建设中居民诉求比较集中的几个问题包括：老旧小区停车难题、老旧小区基础设施与环境有待提升、物业管理与收费问题等。需要加大老旧小区停车位建设力度，提升老旧小区停车管理水平，探索停车位共享机制来破解老旧小区停车难问题。通过进一步摸排老旧小区配套设施短板，坚持多部门协调联动、精简程序，建立后期管养可持续模式等，加大老旧小区基础设施改造提升力度。采取推动物业管理企业自身建设，加强居民物业管理消费观念，完善物业管理监管机制等方式切实提升物业管理水平。

关键词： 社区建设　物业管理　老旧小区

加强社区建设是加快城市现代化的必然要求，是提高城市文化品位的客观需要，也是服务群众、满足人民对美好生活期待的重要途径。作为我国首批开展社区建设的城市，天津一直高度重视社区建设。近年来，社区居住环境明显改善，社区综合服务设施日益完善，党建引领共建共治共享机制不断健全，社区文体活动日渐丰富，平安社区建设成效显著。但是调研发现，我市社区建设还存在一些短板和薄弱环节，尚不能完全满足市民日益增长的对美好生活的期待。为贯彻落实习近平总书记关于更好地为社区居民提供精准化、精细化服务的重要指示精神，建设让人民群众满意的完整居住社区，我市亟须补齐短板，完善社区建设。

一 社区建设总体概况

（一）社区居住环境明显改善

近年来，天津通过创建文明城市，实施绿色社区、美丽社区创建行动等措施，对城镇老旧小区改造、市政基础设施和公共服务设施进行提升维护，大大改善了社区居住环境。

文明城市创建持续发力，开展社区环境综合治理工程，解决社区私搭乱建、乱倒乱扔垃圾等问题，对环境卫生实行“大清整、大清洗、大扫除”，深入推进老旧小区和远年住房改造工程，建立长效保障机制，提升物业服务管理水平，打造了一批各具特色的示范社区，老旧小区面貌焕然一新。全市 2020 年城镇老旧小区改造新开工 49 个、256 万平方米、3.2 万户[①]。截至 2021 年 7 月，已累计通过中央转移支付资金安排各有关区老旧小区改造项目资金 2.5656 亿元。2021 年，和平区、南开区、河西区、河北区、红桥区等 11 个区拟开展 123 个小区、636 万平方米的老旧小区改造，涉及居民 8.46 万户，总投资 12.2279 亿元[②]。截至 2020 年 11 月底，全市已确定的老旧小区加梯项目共 102 部，其中，正在进行意见征询的 78 部、已进入施工前期阶段 14 部、在建 8 部、建成 2 部[③]。

作为保障和改善民生的“20 项民心工程”之一，自 2013 年起，天津每年都会按照“居民自治规范化、管理手段现代化、办事服务便捷化、人文环境宜居化、生活方式文明化、群众参与广泛化”的六大标准，创建至少 100

① 李文博：《天津完善老旧小区 今年改造 3.2 万户》，北方网，2020 年 10 月 27 日。
② 马明：《天津推动老旧小区改造 2021 年已投 2.5 亿余元》，北方网，2021 年 4 月 25 日。
③ 陈璠：《天津老旧小区加梯已确定 102 部》，北方网，2020 年 12 月 15 日。

个“美丽社区”。到2019年，已累计创建了6批次共计923个“美丽社区”，全市有一半以上的社区已经创建为“美丽社区”[①]。2020年，又命名121个社区为“美丽社区”，14个社区为“精品美丽社区”。2020年11月，城市绿色社区创建行动启动，具体包括推进社区基础设施绿色化、营造社区宜居环境等五项内容。在社区设计、建设、管理和服务等活动中贯穿绿色发展理念，通过绿色低碳、简约适度的方式，推进社区人居环境建设和整治，推动社区最大限度地节约资源、保护环境。到2020年底，全市各区每个街道都启动了1~2个社区试点[②]。

（二）社区综合服务设施日益完善

近年来，天津社区公共服务设施、便民服务设施等综合服务设施日益完善，居民在社区就可以实现就近办事、享受各类便民服务。天津加快公共服务设施达标建设，持续实施服务能力提升工程，加大老年配餐服务中心、老年日间照料服务中心等社区居家养老服务设施建设。到2020年，社区综合服务设施基本普及，社区公共服务设施达标率100%，社区老年配餐服务和社会组织参与公共服务全覆盖，实现服务设施齐全、内容多元普惠、队伍专业职业、社区服务居民满意率90%以上[③]。通过新建、项目配套等途径，基本实现每百户居民拥有包括居民委员会办公用房（内含社区党组织用房）、文化活动室、社区服务用房等在内的综合服务设施面积不低于30平方米的发展目标，实现城乡社区综合服务设施全覆盖。城乡社区综合服务设施服务功能包括公共服务、便民利民服务、志愿服务、专业社会工作服务等多个方面。在公共服务方面，构建实体窗口受理、移动客户端、网上办事大厅、自助终端等多样化服务格局，让居民可以就近办事。在便民利民服务方面，电信、燃气、自来水、邮政、金融、电力等公用事业服务更多进入城乡社区；各类市场主体也参与发展社区家庭服务、健康服务、养老服务、美容美发、餐饮、维修、

① 刘波：《天津着力保障和改善民生 广泛创建美丽社区》，中国网滨海高新，2019年5月14日，http：//news.022china.com/2019/05-14/289336_0.html。

② 雷风雨：《本市在城市社区开展绿色社区创建行动》，《今晚报》2020年11月18日。

③ 刘超：《天津创新健全管理模式，“六化”标准建美丽社区》，北方网，2013年7月29日。

物流配送等生活服务；一些企业采取连锁经营的方式在城乡社区设立超市、便利店、菜店等零售网点。在志愿服务方面，搭建起志愿者、服务对象和服务项目对接平台，以家政服务、文体活动、心理疏导、医疗保健、法律服务等为主要服务内容，以空巢老人、留守儿童、残疾人等为主要服务对象，有针对性地开展社区志愿服务[①]。

我市还通过大力推动社区商业中心、社区便利店布点建设，积极打造15分钟便民消费圈，即5分钟一个便利店，服务半径500米；10分钟一个菜市场，辐射服务半径1000米；15分钟一个社区商业中心，辐射服务半径1500米的便民商业格局。目前已基本形成中心城区、滨海新区“15分钟便利消费圈”全覆盖、环城四区日臻完善、其他区域加快建设的便民商业发展格局。近日，天津社会科学院实施的“千户居民户卷调查”（以下简称“户卷调查”）显示，我市居民对小区日常购物的便利度满意度较高，15.27%的居民表示非常满意，44.27%的居民表示比较满意，31.3%的居民表示一般，不太满意和非常不满意的居民仅占6.97%和2.19%。

（三）党建引领共建共治共享机制不断健全

全市紧紧依托“战区制、主官上、权下放”这一治理机制，强化街镇、社区村党组织的战区地位和轴心作用，将16个区、245个街乡镇、5205个社区村层层划分为分战区[②]。各作战方队党委书记是该区域社会治理的第一责任人。坚持党建引领，健全完善基层社会治理组织领导体系和工作运行机制，打造党委主导、战区主管、部门主责、基层主抓的工作格局，推动重心下移，力量下沉，把街镇基层的治理职能做实做大做强。

强化政府负责，构建协调各方共建共享的工作机制。以机构改革为依托的“街乡吹哨，部门报到”制度，重构了基层政府或派出机构与职能部门之间的关系，将街镇机构进行精简，赋予街道对有关部门的“吹哨”调度权、考核评价权、人事建议权，同时明确提出应该由部门落实的工作职责不得下

① 刘超：《天津创新健全管理模式，“六化”标准建美丽社区》，北方网，2013年7月29日。
② 李鲲：《创新市域社会治理的“天津算式”》，《新华网每日电讯》2019年10月29日。

派给街道社区，确保街道聚精会神抓党建、抓治理、抓服务。通过创新基层治理体制机制，组成社区“大党委”，将党员干部、志愿者、辖区单位等吸纳进基层党委，完善公众参与的社会治理格局，凝聚熟悉社区情况的社会力量共同实现社会治理，将矛盾问题纠纷化解于萌芽之中，实现共建共治共享。

为满足社区居民个性化、多样化的服务需求，自 2013 年起，在全市社区开展网格化建设。以社区管理信息平台为支撑，把社区划分成若干个单元网格，社区工作人员进入各个网格中，建立“一岗多责，一专多能”的运行模式，使社区的管理服务变得更为立体，实现横到边、纵到底的对接，为网格内居民提供更多元、更细化的动态服务。总网格长由社区党组织书记或居委会主任担任，对社区网格负总责。网格员由社区党组织、居委会成员和专职社工担任，实行一岗多责，具体负责网格内的日常事务。社区物业管理人员、楼门栋长、居民代表等会协助网格员工作。目前已配备专兼职网格员 2.4 万余名①。

（四）平安社区建设成效显著

天津一直高度重视社区安全和平安社区建设，多年来总体社区治安状况保持良好态势。“户卷调查”显示，我市居民的社区安全感较高，七成多居民表示感到安全，比例为 73.22%。近年来，天津更是将智慧化手段运用于社区平安建设，着力推动智慧平安社区建设，成效显著。自 2018 年开始，天津市连续两年将“建设 100 个智慧平安社区”纳入“20 项民心工程”，大力推进智慧平安社区建设。目前全市已建成智慧社区 450 个，实现了社区治安预警防范，有效提升了社区管理的智能化水平。2020 年以来，83%的智慧平安社区入室盗窃“零”发案，还帮助抓获在逃人员 33 名②。通过在居民社区安装视频感知、门禁系统等科技安防设备，与市公安局大数据平台进行对接，实现对社区边界的精准管控，实现安全、便民、服务等多重功能，真正实现了“科技让民警就在身边，智慧让平安就在身边”，让群众切实体验到了平安天津建设的成果。未来两年，全市还将建设 6500 余个智慧平安社区，届时现有

① 李鲲：《创新市域社会治理的“天津算式”》，《新华网每日电讯》2019 年 10 月 29 日。
② 《未来两年天津再建 6500 余个智慧平安社区》，《今晚报》2020 年 12 月 22 日。

建成小区全部都建设为智慧平安社区。

二　社区建设的短板和薄弱环节

天津社区建设已经达到较高水平，但是亦不能否认，社区建设中仍存在一些薄弱环节和短板，与居民对美好生活的期待还存在一些差距。“户卷调查”显示，社区建设中居民诉求比较多、反映比较集中的几个问题包括老旧小区停车难题、老旧小区基础设施与环境有待提升、物业管理与收费问题等。

（一）老旧小区停车难题

“户卷调查”表明，57.02%的居民认为，小区停车难、停车乱是社区建设中的突出民生问题。老旧小区停车泊位难以满足居民的停车需求，很多有车族都饱受停车难的困扰，而伴随停车难而来的是停车混乱，车辆停占便道、消防道路和正常通行道路等情况时有发生。停车困难和混乱也极易引发居民与物业管理人员之间、居民与居民之间的矛盾。

1.停车泊位不足导致停车困难

老旧小区在设计建设之初，居民的汽车保有量较少，因而没有规划足够的停车泊位。近年来，随着居民汽车保有量的逐步增加，老旧小区的停车位不足问题日益凸显，停车成为困扰很多居民的日常难题。对此，市民反应非常强烈，纷纷抱怨：“停车太难了”；“下班稍微晚点回来就找不到停车位了，绕小区三圈找不着地方停车，太难了”；“小区里停车都快成心病了，晚上不管在哪儿，都得赶紧早点回去占车位，稍微晚点就停不下了”；“小区主要道路两旁都停满了车，开车进去像过地雷阵一样，稍不注意就会剐蹭别的车，真是头疼”；“车位严重不足，停车太难了”。

2.停车管理存在混乱

由于居民的车辆数量远多于小区划线的停车泊位数量，很多车辆无法正常停放，所以只能见缝插针地停车。而出于减少与业主的矛盾的心理，物业管理人员也“睁一只眼闭一只眼”地放任居民随意停车，缺乏有效管理。伴随停车难而来的是停车管理混乱，如很多车辆因为找不到空地停车便在小区草坪上停放，严重破坏了社区绿化环境；有的车辆直接在便道上停放，影响了行人正常通行，导致居民出入不便；还有的车辆占停消防车道，形成了很多安全隐患。很多居民表示："现在住的小区乱停车现象严重，直接堵掉一条车道的现象时有发生，司机素质低下，肆无忌惮"；"小区停车过于混乱，管理混乱"；"小区车位太少，导致很多车在绿地停放，绿地已经光秃秃的了"；"汽车乱停放，堵塞通道，救火车、救护车根本无法通行"。

3.停车难易引发其他问题

由于车辆密集和乱停，很容易引发汽车剐蹭，给居民造成一些麻烦。很多有车的居民反映："小区内停车难，经常被其他车辆剐蹭，并且小区没有摄像头，难找到肇事车"；"小区停车秩序混乱，车辆剐蹭无处申冤"；"小区内停车不规范，非常拥挤，容易引发车辆剐蹭"。停车难题也极易引起居民与物业管理人员之间的矛盾。很多居民认为，停车混乱是由物业管理人员不作为、管理混乱所致，因而对物业心存不满："地上车位出售现状混乱，是租是售，没有具体法律法规条文规定，业主维权无门"；"物业管理混乱，车辆怎么停也没人管"。

停车难题还容易引发居民之间的矛盾。为了能有位置停车，居民们"各显神通"：有的用废弃椅子、旧自行车等杂物占车位，有的让家里人提前出来占车位，有的私装地锁，有的干脆将车辆停成双排，堵住了其他车辆的出入口……由此引发了很多居民之间的矛盾纠纷，影响了邻里和谐。如有的居民反映："有的人回来晚了，找不着停车位，就随意乱停，我的车就被堵过几次，早晨起来打电话让挪车，还经常打不通，有时忍不住会吵起来。"

（二）老旧小区基础设施与环境有待提升

调研发现，老旧小区由于建成时间较长，一些基础设施的使用功能较差，亟须改造。老旧小区居民反映的社区问题也较多，主要有下水管、暖气管道老化失修，道路坑洼不平，环境脏乱差以及亟须加装电梯等适老化改造问题。

1.老旧小区基础设施存在老化失修的问题

由于原来设计标准较低，养护、维护不到位，很多老旧小区的基础设施老化，水、电、路破损严重，安全隐患突出。很多居住在老旧小区的居民反映，小区的道路坑洼不平，下水管经常跑漏，暖气管年久失修，冬季室内温度很难达标：“老旧小区下水跑漏严重”；“居住的小区路面坑坑洼洼，无人进行维修”；“小区道路坑洼不平，特别难走”；“小区排水严重不畅，旧楼区改造还存在很多问题”；“老旧小区，楼道乱防盗门也坏了，不少门铃也坏了”。

2.部分小区环境脏乱差问题仍突出

尽管在创文、创卫过程中，我市老旧小区改造取得重要成效，环境面貌有所改善，但是老旧小区往往存在无物业管理、无维修管养经费的问题，客观造成了改造后反弹较大，在后续的维护中缺乏可持续性，成果难以长期保持，部分老旧小区的环境脏乱差问题依然突出。调研中，居民反映较多的问题包括楼道乱堆杂物、楼道和小区卫生不好、小区私搭乱盖、宠物狗随地大小便等：“楼道堆杂物，占用公共空间，小区到处都是宠物粪便”；“楼道堆杂物，消防隐患严重”；“老楼道没人打扫，楼道里有僵尸车子”；“老旧小区破烂不堪”；“楼道乱堆杂物严重”；“楼道卫生经常不打扫、楼道乱贴小广告”；“小区内的私人占地、私搭乱盖始终没有解决”；“不文明养犬，到处都是狗便”。

3.老旧小区适老改造亟待提速

2020年，我市60岁及以上人口比重为21.66%，其中，65岁及以上人口比重为14.75%[①]。我市老龄化程度高于全国平均水平，远远高于联合国规定的老龄化标准，已进入深度老龄化。随着深度老龄化时期的到来，老年人口的生活需求亟须得到足够重视。我市很多老年人口都居住在老旧小区，因而老旧小区的适老改造尤为迫切。很多居民都希望老旧小区能尽快加装电梯，满足日益增多的老年人需求：“老人上下楼太费劲，希望逐步加装电梯”；“加快老小区的电梯改造工程进度，解决老年人上下楼的困难”；“老楼加装电梯急、难、愁、盼”；“我们小区内老人不少，年纪都不小了，加装电梯问题急需解决”；“老楼楼层偏高，年纪大了，爬楼很难，能不能安装电梯”。

① 《2010—2020年天津市人口数量、人口年龄构成及城乡人口结构统计分析》，华经情报网，2021年7月24日，https://www.huaon.com/channel/distdata/734297.html。

（三）物业管理与收费问题

调研发现，我市居民对物业管理公司的总体评价不尽如人意，52.65%的居民认为物业管理粗糙、不到位，物业管理成为社区建设中另一个民生诉求较多的问题。从调研的情况来看，物业管理存在的主要问题有部分物业乱收费、收支不透明；物业管理水平低、服务不到位；物业缺少监管，业主维权困难；物业费催缴困难、造成恶性循环等。

1.物业乱收费、收支不透明

按照物业管理条例，业主对小区公用部位、设施、场地经营使用和经营收益有知情权和监督权，但是调研中很多市民反映小区物业存在乱收费和收支不透明的情况，知情权和监督权并没有得到保障："广告收入自己留，物业费使用不透明"；"业主没有发言权，物业收的停车费等费用收支不透明"；"物业利用停车位、广告位获得各种利益，不向业主沟通，严重缺乏监管"；"还迁房停车位属于居民，电梯广告位也属于居民，和物业没有任何关系，物业侵占居民公共财产"。

2.物业管理水平低、服务不到位

很多市民认为物业管理水平低，物业费与物业服务不匹配，有些物业只收费，服务却不到位，小区的卫生保洁做得不好，小区安全没有保障，物业服务难以让人满意。对此，居民的反映较多："物业管理混乱，楼道打扫不及时"；"小区物业管理不到位，存在安全隐患"；"物业费高，管理水平太差。与实际情况严重偏离，性价比低"；"社区物业普遍都不行，服务质量低收费高，这是好多社区居民苦恼的问题，交了物业费不能得到相应的服务"；"物业服务人员整体素质偏差，工资水平不高，只能招一些年龄大的或者学历低的人员，与业主沟通非常容易激化矛盾"；"物业费收得太高，物业服务没有达标"；"物业公司为赚钱，牺牲业主利益，放任外人进入社区店铺，引发安全隐患"。

3.物业缺少监管、业主维权困难

有些市民认为物业管理混乱是因为缺少有效监管，业主权益得不到保障，维权存在很大困难，政府应该加强管理和监督，不能放任物业只收费却不好好为业主服务："物业没有监管，出了问题，业主维权很难"；"物业利用停车位、广告位获得各种利益，不向业主沟通，严重缺乏监管"；"有问题找物业，对方都是敷衍了事，根本不解决，谁来管理物业"；"电梯里的广告收入是不是应该归全体业主所有？这些都让物业私吞了，谁来监管"。

4.物业费催缴困难、造成恶性循环

物业费催缴困难一直是很多小区物业管理的顽疾。部分居民不愿意交物业费，主要原因在于他们认为物业服务不好，就不应该交物业费。也有些居民存在"搭便车"的消费心理，享受了物业服务却不愿意交费。拖欠管理费用，"搭车消费"物业服务，这种现象会传播开来，导致更多的业主拖欠费用。而不交物业费，物业公司不得不减少支出，降低服务，造成恶性循环。正如一些市民所言："物业不作为，如果打分，物业服务只完成了50%，但物业费可以交50%吗？不可以。长期下去，业主心存不满就不想交物业费，从而形成恶性循环"；"现在很多老旧社区的物业服务层次不高，导致收不上物业费，造成恶性循环"。

三　社区建设的改进建议

在新的发展阶段，为进一步提升社区建设水平，增强居民的获得感和幸福感，我市亟须补齐短板，完善社区建设。针对社区建设中的老旧小区停车难、老旧小区基础设施有待提升、物业管理和收费问题等突出民生问题，需积极采取措施加以破解，改善社区的居住环境，提高社区的居住品质，满足人民日益增长的美好生活需求。

（一）积极破解老旧小区停车难题

1.加大老旧小区停车位建设力度

针对老旧小区停车位不足的现实，需要进一步加大老旧小区停车位建设力度，充分利用小区边角空间改建停车场，探索建设"绿荫车位"，即在地面适当铺设绿化用的草皮，并在停车场种植或移植树木，利用树木作为车位与车位之间的隔离手段，达到既不减少绿化，又能增加停车位的目的。如 2013 年 7 月，北京大兴区兴丰街道通过“草改树”立体绿化等措施，确保了绿化面积不减，同时增设了 820 个停车位①。可以按照“谁投资、谁受益”的原则，积极鼓励相关企业和社会力量投资老旧小区地下停车场、立体停车场建设，凝聚各方力量增加老旧小区停车位。

2.提升老旧小区停车管理水平

老旧小区停车难、停车乱，一个重要原因是小区停车位的归属权不清，物业缺乏管理的积极性，停车管理水平较低。因而解决老旧小区停车问题，须尽快明确小区停车位的产权归属，出台小区停车管理办法和细则，顺应停车产业发展趋势，规范小区停车位收费标准和管理收费行为。同时要加快建设老旧小区地面车位管理系统和电子监控系统，从而提高小区车辆停放和科学管理水平。大力号召居民文明停车、秩序停车，严禁车辆在绿化带、消防通道、人行道等地方任意停车，加大违规停车处罚力度。

3.探索停车位共享机制

共享停车，是把利用不充分的车位资源最大限度地利用起来，提高效率，减少浪费。首先，可以借鉴深圳、合肥等地的有效经验，由交管部门、街道和社区联动探索推行老旧小区与毗邻商业区实行停车位共享机制，即白天商业区车位紧张时可以让车辆停进住宅小区，夜间住宅小区车辆停进毗邻商业区停车场，二者车位资源能够实现双向共享，从而助力解决老旧小区停车难问题。其次，可以搭建小区实时车位资源共享平台，推动小区居民停车位共享机制，即采取各种措施鼓励居民共享暂时不用的停车位。比如有的居民出差了，或者某个时段暂时不用停车位，可以把自己租用的车位共享出来给其他居民停车，既方便了他人，又能获得零散收益，而需停车的业主可有偿预约共享车位，解决停车难题。

① 李祥：《大兴“草改树” 巧增停车位》，《北京日报》2013 年 7 月 19 日。

（二）加大老旧小区基础设施提升改造力度

习近平总书记指出，要加快老旧小区改造，不断完善城市管理和服务，彻底改变粗放型管理方式，让人民群众在城市生活得更方便、更舒心、更美好。老旧小区改造工作能够从源头上解决老旧小区居民的生活难题，改善生活状况，因而需要加大改造提升力度。

1.进一步摸排老旧小区改造配套设施短板

2021 年 6 月，《天津市老旧房屋老旧小区改造提升和城市更新实施方案》印发实行，对老旧房屋改造提升、老旧小区改造提升和城市更新都提出了具体的任务要求和实施机制。需以此方案作为指导，加快工作推进，认真摸排老旧小区存在的基础设施和配套设施短板以及公共空间可能存在的安全隐患，重点掌握养老、托育、便民等民生设施缺口情况。根据摸排结果，因地制宜，分类实施改造。

2.坚持老旧小区改造的多部门协调联动及精简程序

老旧小区改造牵涉多个部门的工作职责，需要加强各部门之间的协调联动、联系沟通，强化乡镇、街道属地管理职责，做好具体职能分工和工作落实。要推进老旧小区的改造进程，必须精简老旧小区改造工程的审批事项和环节，构建快速审批流程，积极推行网上审批，提高项目审批效率。

3.建立老旧小区后期管养可持续模式

现实表明，为保持老旧小区改造的效果，后续管养非常重要和关键，因而需着力解决老旧小区绿化保养、消防安全、停车管理等方面的民生难点问题，进一步扩大老旧小区业主委员会及物业管理的覆盖面，探索品牌物业公司接管已改小区管理模式，使改造后的老旧小区能够形成可持续的长效有序管理模式。

（三）切实提升物业管理水平

1.推动物业管理企业自身建设

物业管理企业自身的员工素质、管理水平直接影响社区的物业管理效果，因而提高物业管理水平首先需要推动物业管理企业自身更新服务观念，进行常态化培训，不断提升职工队伍素质，严格实行持证上岗制度，逐步实施规范化管理，努力打造服务品牌。采取积极措施鼓励、引导和支持物业服务企业通过资产重组和产权多元化，促进小企业之间的联合、兼并，创新物业管理模式，加快形成合力，实行集约化经营。

2.加强居民物业管理消费观念

针对部分业主不愿意按时缴纳物业费、物业费催缴困难的问题，需大力宣传普及物业知识，宣传“等价有偿、优质优价”的市场经济理念，提高广大业主对物业管理服务的认识，树立“花钱买服务”“享受了服务就要花钱”的正确的物业消费意识。各类媒体不仅要报道物业管理中的矛盾，维护广大业主的权益，更要客观报道物业管理给居民生活带来的益处，多宣传物业管理的成功经验、案例和正面积极作用，营造良好的物业与业主关系氛围，促进社会和谐稳定。

3.完善物业管理监管机制

促进物业管理规范化、专业化，需尽快完善物业管理监管机制，加强对物业服务经营活动的规范和监督管理，细化物业服务及收费标准。严格物业管理准入机制，根据物业管理公司的服务能力和水平，建立企业信用档案，为业委会选聘物业公司提供帮助，将物业服务级别分类细划，制定不同的服务及物业收费标准。物业公司按业主大会决定，提供相应等级的服务并按标准收费。保证业主享有随时监督物业服务的权利，同时负有按时缴纳物业费的义务。同时要简化业主委员会的成立流程，鼓励更多居民小区成立业主委员会，维护业主的合法权益。

4.建立物业管理第三方评估机制

现实社区生活中，业主与物业出现了矛盾纠纷，往往各执一词，物业服务是否达到了标准，业主对物业服务的满意评价很难清晰判定。根据我市物业管理实情，可以尝试建立物业管理第三方评估机制，统一完善评价标准，规范物业公司服务行为，提升物业公司服务质量，推动业主和物业之间的种种矛盾更好地解决。物业管理第三方评估机制在我国还处于探索阶段，仅在北京、武汉、南京等地推广实行，评估机构还较少，评估技术还有待规范。评估机制应包含物业服务企业的选聘、价格评测、物业服务质量评估和项目承接验收等方面。评估报告可作为物业服务企业的选聘、物业服务纠纷处理、物业服务合同续签等相关物业活动的参考依据。

社会治理篇

天津市社会治理智能化研究报告（2022）

王光荣　天津社会科学院社会学研究所研究员

摘　要： 天津市在社会治理智能化方面做出多方面的探索，取得了显著成效。在构建“城市大脑”的基础上，广泛开发应用平台和场景，将智能技术融入社会治理各领域，同时探索数字社区和智慧社区，形成了一系列做法和经验。借鉴国内城市的实践和创新，进一步推动社会治理智能化，既要加强社会治理智能化的党建引领和制度建设，开展风险评估，也要通过智能技术推动社会参与，依托实践研发新技术，不断增强社会治理效能。

关键词： 社会治理　智能化　治理效能

天津市积极推进社会治理智能化，不断扩展社会治理智能化的范围，深化社会治理智能化程度，形成了社会治理智能化的有效做法，既促使社会治理智能化水平持续提升，也为社会治理智能化向更高层级发展奠定了基础。

一 社会治理智能化的概念与背景

（一）社会治理智能化的由来

社会治理智能化是社会需要和智能技术相结合的产物。习近平总书记在2016年指出，创新社会治理要“注重联动融合、开放共治，更加注重民主法治、科技创新，提高社会治理社会化、法治化、智能化、专业化水平，提高预防各类风险能力”。党的十九大报告提出要提高社会治理社会化、法治化、智能化、专业化水平。社会治理智能化作为社会治理的四个维度之一提出，体现了对社会治理的科技支撑的重视，表明了社会治理现代化的技术路线。社会治理智能化要求将智能化贯穿于社会治理的各个领域，为社会治理创新发挥强大的引擎作用，助推社会治理现代化。

（二）社会治理智能化的概念

社会治理智能化是将智能技术应用到社会治理形成的新事物和新概念，是以人工智能为代表的新技术发展的产物。社会治理智能化是指在社会治理中广泛应用互联网、大数据、人工智能、云计算等技术，优化治理方式和提高治理能力的过程。社会治理智能化是社会治理的多个发展维度中的技术维度，它与社会治理专业化、社会化、法治化并行不悖、相辅相成。社会治理智能化并不是完全替代原有的以人为主的社会治理，而是通过使用必要的智能技术，实现二者的最佳结合。智能化是提高社会治理效能的技术支撑，是社会治理现代化的应有之义。智能化是不断深化的过程，随着智能科技与社会治理深度融合，创造出社会治理的新方法、新模式、新形态，让智能技术在加强社会沟通、改进管理服务中充分发挥作用，社会治理智能化向更高程度迈进。

（三）社会治理智能化的意义

社会治理智能化有多重意义。一是为解决现代社会出现的传统治理手段难以应付的复杂社会问题提供了钥匙。二是推动治理精细化、精准化，有利于满足群众对社会安全稳定和美好生活的期待。三是促进多元治理主体协同，增强系统性和整体性治理能力。四是运用大数据治理，提高预测、预警、预防各类风险的能力。五是构建群众参与的载体和平台，开放利益表达渠道，加强主体间信息互动互通和民主协商，有利于形成社会治理共同体。六是打破时空限制，突破人力局限，延伸感知范围和工作时间，填补治理空白并延伸治理触角。

二　天津市社会治理智能化的探索

天津市社会治理智能化多措并举，循序渐进。从智能化的总体基础到基层应用全面铺展，形成了以“城市大脑”为中枢的智能化社会治理框架，应用平台和场景随着实践需要不断丰富，本报告选择具有典型性和标志性的泰达和中新生态城的做法为例，呈现社会治理智能化的样态和进展。

（一）构建智慧城市大脑

2020 年，天津市出台《天津市建设国家新一代人工智能创新发展试验区行动计划》，提出实施“生态城市升级版”和“智慧城市创新版”双轮驱动发展战略，打造国内智慧城市标杆，在智慧城市、智慧港口等重点领域走在全国前列。在智慧城市建设中，天津市着力打造城市智能系统的中枢——具有超强算力的“城市大脑”。它通过海量数据将城市运行态势集于一屏，对城市运行进行智能监测和预警，奠定了智能化治理的基座。“城市大脑”接入为民服务的“津心办”平台和城市治理的“津治通”平台，通过后台数据协同、系统协同、业务协同，推动政务服务“一张网”和城市治理“一张网”的融合，构成天津特色的“管理穿针、数据引线、基层落地”的数字化城市治理方案。[①]“城市大脑”接入的治理服务平台不断增加，覆盖城市生活范围越来越广，社会治理的智能化水平随之日益提高。

① 杨刚：《数据赋能城市 天津打造智能化城市治理新样本》，《华商报》2021 年 5 月 23 日。

（二）探索精细化、精准化治理模式

首先，泰达探索“数字社区”新模式，大幅提高社会治理的精准化和精细化程度。一是借助监测系统，提升治理能力。泰达街利用以城市大脑 IOC 为核心的大数据平台，对通过物联网传感器汇聚而来的翔实数据进行存储、加工，全面掌握城市运行状态，利用数据开展决策分析和业务优化。政府统一投入安装公共摄像头，对公安、交管、绿化、消防等多个部门全面开放，成为各部门了解实情的“眼睛”。构建从发现问题到上传处理的闭环，既无遗漏又高效率。例如为井盖配装 GPS 定位系统，一旦出现破损、丢失等问题，系统便会监测到，后台指挥相关责任单位在限定处置时间内解决。又如将共享单车数据接入“城市大脑”，科学研判城市的承载能力和市民的需求，动态调节车辆投放数量，有效治理共享单车无序投放、占道、“僵尸车”等难题。二是利用数据统筹资源，提高服务效率。泰达街将辖区内的医疗卫生机构与“城市大脑”串联，统筹配置医疗资源，促进分级诊疗，已基本实现小病不出社区、中病不出泰达、大病直通专家。三是借助技术平台，解决管理难题。在文明行为引导上，泰达街依托大数据、云计算等技术，推出文明积分制度，将行人过马路闯红灯、车辆转弯不礼让等不文明行为作为扣分项，志愿服务等作为加分项，在后台统一记录。文明积分高者有公共资源优先使用权，可抵扣部分收费项目，大大促进了文明行为。在社区管理服务上，通过小区出入口视频监控采集进出小区的车辆和人脸视频信息，利用视频大数据分析安全情况，实现安全防控“全覆盖、无死角”，对安全隐患提前预警预测，同时为物业、居委会、治安防控等提供相应的业务支撑。

其次，打造“3 + N”“社会治理智能体”，突破治理困境。泰达打造管理、服务、大数据 3 个框架，依靠 N 个应用小平台，为居民提供智能化服务。管理框架面向内部，通过五色网格平台，将各类问题进行规范监管，提升内部运行效率；服务框架面向居民集成各个应用系统，为居民提供碎片化、精准化的服务；大数据框架利用城市大脑 IOC，提供精准分析，实现人、企、事三大主体画像分析。通过 3 个框架加上 N 个应用服务系统协同工作，实现泰达街融政府管理、居民服务为一体的社会治理智能化体系。应用服务系统不断向更多的领域延伸，涵盖生活服务、文化教育、志愿慈善、文体健康、交通出行等方面，让咨询、预约、选择、学习、查询等更加方便，为志愿服务和垃圾分类等活动开辟了新途径。①

再次，网格化与智能技术相结合，及时有效化解社会问题。城市大脑 IOC 中心将感悟平台发现的问题进行分析，把分析结果对接到全科网格体系，逐一解决，实现了道路、社区、学校、商业楼宇、企事业单位等空间的全域覆盖。

（三）打造舒适便捷的"智慧社区"

在智慧社区建设上，中新生态城城通过对智慧小区进行规模、服务、技术、理念四个层面的创新升级，打造智慧社区。规模升级是指扩展智慧小区数量。服务升级是指在党建、创业、生活、健康、养老、志愿服务等方面引进智慧科技手段，为居民提供贴心便捷的服务体验。技术升级是指对智慧小区的高空抛物监视管理系统、可充电座椅、智慧灯杆、智能健身设施、AI 互动屏等应用场景进行复制推广，并增加志愿服务平台、智慧养老等新的应用场景，让 5G、人工智能、视觉分析等新技术为社区治理提供支持。理念升级是指从"智慧 + 功能"向"智慧 + 服务"转变，通过智能设施和科技手段，吸引和鼓励更多居民参与社区智慧化治理，发挥政治、法治、德治、自治、智治"五治融合"的综合效能，构建共建共治共享的社会治理格局。

在智慧社区里，智慧应用场景涵盖住、行、商、创、学、管等方方面面智慧方式方便快捷。为居民构建起了充满活力的生活"舒适圈"。"社区综合运营管理驾驶舱"是智慧城市中的"社区中脑"，汇聚了社区治理、智慧安防、疫情防控、重点人群关爱、商业商圈、便民服务、文化旅游、物业服务能源管理等数据信息，并与生态城智慧城市大脑数据互联，为区域内的居民、商户提供智慧化服务，为职能部门提供决策参考。通过几个具体场景可以真切地感受智慧社区的生活。生态城三级公共卫生健康服务体系的末梢端——"健康 E 站"进驻社区。居民通过刷身份证或社保卡，就可以自助进行身高体重、血压血糖血氧、心理和营养评估等一系列健康检测，也可通过视频与家庭医

① 《滨海泰达智慧城市大脑让社会治理更聪明更智慧》，https: //3g.163.com/dy/article/FFSASR2U05346GQK.html，2020 年 6 月 24 日。

生进行远程问诊。共同缔造文明实践站借助智慧化手段，让“党建引领、共同缔造”的理念真正走进居民。线上，生态城搭建的共同缔造志愿服务平台已经投用。通过百姓“点单”、平台“派单”、志愿者“接单”、群众“评单”的模式，实现了“人人可下单，人人可接单”，全体居民既是服务者，也是受益者。居民只需通过微信小程序在手机端发布助人为乐、爱心陪伴、义务理发、物资赠予、图书漂流、闲置车位借用等服务需求，其他居民即可化身“志愿者”主动接单。完成一项志愿服务，可获得相应积分，用以兑换景区门票、超市购物券、培训机构体验课、社区卫生站就诊优先权、诚信加分等奖励，大大提高了居民参与社区治理、建设的意愿和能力。线下，共同缔造文明实践站通过“组织在线、滨海通办、网格化信息”等智能化平台收集居民诉求，通过社区协商议事来问民需、汇民意、议事项、办议案、评效果，打造“有事好商量市民议事厅”。居民还可以在此开展读书会、红色观影、心理咨询、普法咨询等活动，共享社区“会客厅”。AI 垃圾分类科普机器人回答居民提出的有关垃圾分类的问题，智能垃圾桶根据居民需要自动开启对应的垃圾档口，在轻松的对话中帮助人们完成垃圾分类。在智慧社区周边的城市慢行道路上分布着海绵城市展示互动装置、虚拟马拉松打卡点、综合导览一体机、智能调温座椅等一系列智慧“小亮点”，构成了充满活力的智美街区。生态城运用智慧化手段赋能社区基层治理，推动社区在管理手段、模式、理念上进行创新，为智慧社区建设提供了“生态城样本”。①

三　国内城市社会治理智能化的借鉴

国内其他省市在推进社会治理智能化方面也有不少探索成果，其中的创新做法值得我们参考或借鉴。

（一）杭州余杭区推进全域智能化治理

余杭区坚统筹推进社会治理智能应用开发建设，打造数据驱动、人机协

① 齐天宝：《中新天津生态城“智慧小区”升级“智慧社区”》，《中国商报》2021 年 5 月 20 日。

同、跨界融合、共创共享的智能化治理新模式，努力实现数字赋能社会治理常态化。杭州市余杭区社会治理综合服务中心以“杭州城市大脑·余杭平台”为线上指挥中心，目前已覆盖全的所有区镇（街），正逐步推广到村（社区），形成“金字塔型”三级社会治理综合服务中心。该平台整合基层社会治理各类资源力量，包含智慧综治、智慧调解、智慧公安、智慧交警、智慧消防、智慧城管、智慧安监、智慧住建、智慧公交、欠薪预警十大模块，打通21个部门、单位的25套信息系统，归集300余万条人口数据、100余万条房屋地址数据、25万余条企业数据，纳入6000余个机构约3.6万名网格员、人民调解员、行政工作人员、社会组织成员、行业专家等，进行统一调度，成为余杭区全域治理的智能化指挥“中枢”。依托这个智慧“大脑”，余杭区每季度分析总结经济安全、平安环境建设、舆情监测、公共安全等七方面内容，实时监测、提前预警社会治理风险，并推出社会治理指数。2020年10月以来，余杭区从平安建设政治安全、社会治安安全、生产安全、食品药品安全、生态环境安全“五位一体”角度，汇聚形成平安建设“五色图”总图和“12项指标情况”分图数据，定期发布。依据“五色图”的预测预警信息，可以精密、动态、直观地评估全区各镇街的平安风险，为各项决策提供强有力的依据。①

（二）上海打造基层治理智能化的“社区云”

“社区云”是上海基层治理智能化和服务的重要项目。上海“社区云”以市大数据中心为数据支撑，采用“1+2+X”的设计架构：“1”是全市统一的社区治理主题数据库，为社区精细化治理、精准化服务提供大数据支撑；“2”是社区治理、居社互动双应用平台，面向居村干部，提供各类社区治理智能化工具，推进居村减负增能；面向社区居民，提供社情民意表达和居民参与社区治理的网上渠道，推送各类社区服务资源；“X”是开放性的智能化应用集群，依托“统一接口”和开放性架构，采取“应用商店”模式，纵向支持

① 《“制理+智理”社会治理现代化的余杭实践》，《余杭晨报》2020年11月26日。

区级社区治理平台改造接入，横向支持条线部门应用接入。[①]在“社区云”APP（应用软件）上，居村层面主要使用社区治理平台和居社互动平台。社区治理平台有接待、走访、会议、活动等内容，社区工作者将工作及时登记到系统，上级部门通过“社区云”查看基层工作内容。居社互动平台为居民开通了居务公开、社区公告、在线服务、自治议事、邻里互动等功能。平台实行实名制，与居民的居住门牌号关联。居民可自发在上面留言或点赞，操作如同微信朋友圈一样方便。居委会干部结合线下互动，进一步实现了从“观察者”到“参与者”再到“引领者”角色的转变。原本各条线的数据流将逐渐在“社区云”统一平台上汇聚。“社区云”为推动为民服务更加精准、更接地气发挥着重要作用。[②]

（三）重庆合川区依托大数据系统开展智慧治理

重庆市在推进市域社会治理现代化进程中，强化科技支撑和智慧赋能，打破部门壁垒、整合“碎片化”数据资源的治理系统，努力实现数据驱动、人机协同、跨界融合，让社会治理“一张网”运作，一个“大脑”指挥。在此基础上，各区县积极创新“智慧治理”，探索出一些富有成效的新做法，其中合川区的社会治理智能化大数据系统是典型做法之一。合川区打造和深化社会治理“一张网、一片云、一条链”。首先，深化“治理一张网”。织密上下贯通、左右联通、内外畅通的治理网络，以智慧镇街、智慧社区、智慧网格支撑全域智慧治理，搭建镇域智慧治理平台，将“党、政、企、社、民”纳入二维码管理，促使党建、环保、建设等基层事务双线融合、条块联动、整体推进。其次，建好“管理一片云”。打造“合川智慧大脑”，推进全区数据共享交换、城市运营管理等平台与社会治理大数据平台联通共享，形成“大云牵小云”。将185项工作指标与社情、警情、案情、舆情等情况实时碰撞，以平安指数（百分比）变化呈现全区平安稳定状况。提高应用模型深度学习运用能力，对可能发生的风险进行事前预测预警，对正在发生的案事件提供

① 丁艳彬：《“一朵云”的新能量——上海周家渡街道以智能化激发社区治理活力》，中国建设新闻网，2020年9月27日。

② 《上海“社区云”实现基层治理与服务智能化》，《中国社会报》2020年7月3日。

事中处置指引，对已经发生的案事件进行事后分析研判。再次，扩大“感知覆盖面”。整合“雪亮工程”“看家天眼”视频监控 7.5 万余个，全部编码上图，与治理地图、数据资源池、标准地址库关联支撑，运用最新的人脸识别、视频结构化分析等技术，做到重点人员知行踪、肇事逃逸知轨迹、事故现场知状况，形成立体化、可视化、扁平化的管控、感知、处置体系。运用云视频系统，结合热力感应、无人机、高空瞭望等技术手段，3 分钟完成一次全城扫描，通过大数据可视化大屏实时呈现各类动态，实现从单一事件感知向社会运行整体感知飞跃。最后，延长“服务一条链”。以社会治理信息系统 2.0、“合舟共济 e +”等平台为支撑，为群众提供调解、心理咨询干预、司法确认等“网上网下一站式”服务，确保不化解不落地。利用区块链技术打通政务服务全链条，优化出生、上学、就业、结婚、生育、置业、就医、退休养老、殡葬等阶段服务流程，确保全生命周期政务事项“最多跑一次”或“一次不用跑”，实现“一生轻松”。[①]合川区市域社会治理经验入选 2020 年全国“创新社会治理典型案例”最佳案例。

四　天津市推进社会治理智能化的方位与思路

天津市在推进社会治理智能化方面的探索全面展开，形成了有益经验和良好态势，也面临诸如制度规范建设相对滞后、智能治理的效益和风险评估较为薄弱、技术治理与人工治理的协同尚需优化、更加人性化的智能技术有待开发等问题和挑战。未来发展需要从人机协同、制度建设以及利用智能技术调动公众参与、增进技术治理与人工治理耦合等角度探索社会治理智能化的新经验，不断提高治理效能。

（一）强化社会治理智能化的党建引领

智能化已经并将持续为社会治理赋能，社会治理智能化的推进，已经表

① 谢东：《重庆市合川区“四坚持四转变” 整体提升市域社会治理现代化水平》，《重庆行政》2021 年第 4 期。

现出非凡的能力，许多以前无法治理的问题迎刃而解，原来的时空等因素的限制得以突破，使社会治理更加高效和深入。但是，社会治理是复杂的系统工程，智能化作为科技手段，运用于社会治理离时不开党建引领。在推进智能化过程中，发挥党建统筹全局、协调各方的作用，始终坚持让智能化服务于社会治理的方向。一方面，党建引领为智能化提出需要解决的问题和要求，使智能化与社会治理更加科学的融合；另一方面，党建引领促进治理主体与智能化的协同，使治理主体有效地利用智能化手段提高治理水平。

（二）加强社会治理智能化的风险评估

智能化所使用的人工智能、大数据等技术的基础或核心是算法，容易受人为影响和控制，在运行中可能出现程序误差或漏洞等意外情况，也可能受到病毒攻击而失灵乃至瘫痪，引发治理环节的断裂或数据错误，产生治理中断或决策错误等问题，造成不可预期的危害。智能化感知监测设备收集了不计其数的治理主体和公民个人的信息，一旦泄露或被盗，引起新的安全问题，后果非常严重。因此，要建立社会治理智能化风险评估机制，围绕智能化的技术选择、使用效果、可能问题、受众感受等进行科学的评估，提高技术的适应性和可控性，及时消除负面影响，将风险隐患控制在最低程度。

（三）促进智能治理与人工治理耦合

智能技术在社会治理中广泛应用后，原先由人处理的业务被部分替代，或者某些环节被整体替代，当遇大众到问题时，面对的是按照既定程序运行的机器，这种“见物不见人”的情境，要求人必须依照机器的思维去表达，常常出现简单的诉求或问题费尽周折却难以被准确理解和解答。治理主体的责任随着技术的替代而稀释或缺失，使智能技术带来的便利大打折扣。在治理中融入智能技术后，有必要对作为治理主体的人的角色进行重构，而不是人全面让位于技术，或者技术和人的功能重复。因此，促进智能治理和人工治理的耦合是未来必须重视的议题，探索人和智能技术各尽所长、相互密切配合的模式，才能通过智能化降低成本并且提高效率。

（四）加快社会治理智能化制度建设

制度是社会治理智能化健康发展的保证。社会治理智能化推进到一定阶段，必须依托实践经验来探索社会治理智能化的制度。技术的应用必须以人为本，以提供更好的服务为目的，一旦偏离目标而大量使用技术，可能导致混乱，付出一定的代价。天津市在社会治理智能化方面的实践和做法为制度建设提供了基础，因此，面向未来，率先探索通过制度确立标准和依据，设立社会科学专家和公众评估程序，规范智能技术在社会治理中的应用，强化对智能技术的监管，对将使用的技术作出分析测评，并及时收集用户反馈，完善技术缺陷，引导和鼓励安全和符合需要智能技术进入社会治理。

（五）调动人人参与共治共享的积极性

建设人人有责、人人尽责、人人享有的社会治理共同体，是加强和创新社会治理的重要目标。智能技术为社会参与社会治理创造了有利条件，借助智能技术平台，进一步畅通表达渠道，优化参与方式，让每个人都有机会参与，让每个有参与意愿的人都能找到适合自己的参与途径，从而使群众对社会治理的感受和评价成为提升治理的动力和资源。与此同时，利用智能技术充分吸收群众的智慧，将其转化为治理的策略和行动，助推社会治理变成群众参与的生动实践，真正实现群众成为社会治理的最广参与者、最大受益者、最终评判者的要求。

（六）推进社会治理智能技术研发

随着科技发展，信息技术迭代不断加快，但是应用于社会治理的智能技术仍然存在完善和创新的空间，而开发解决新问题和满足新期待的技术是长期不懈的任务。技术的研发有自身的规律，但是技术的价值取决于满足社会需要的程度。从发展趋势来看，社会治理智能技术研发与实践、公众的结合需要加强。一方面，跟踪社会实践，从中发现问题，转化为技术研发的思路，形成符合实践需要并具有前瞻性的技术产品。另一方面，加强研发主体与公众的互动，掌握公众对技术的需要和建议，吸收治理主体和受众等各方面的智慧，提高智能治理技术研发的创新能力。

天津市未成年人保护与发展研究报告（2022）

龚红卫　天津社会科学院法学研究所助理研究员

摘　要： 天津市历来重视未成年人的保护与发展，在立法、司法、执法以及其他配套制度措施方面积极探索和落实。2020 年新修订的《中华人民共和国未成年人保护法》对天津市未成年人保护与发展工作提出了新要求。天津市未成年人保护与发展中也面临着一些新问题，即有关未成年人保护与发展的地方法治保障体系亟待修正与完善；未成年人保护法律法规的实施力度有待加强，法治宣传仍需进一步深入；未成年人保护与发展的配套制度体系有待进一步完善。针对此，需要进一步统筹协调、整体推进天津市未成年人保护与发展工作的法治化；加强未成年人保护法律法规贯彻实施，深入开展法治宣传教育；不断完善未成年人保护的福利政策体系，促进未成年人发展的新格局。

关键词： 未成年人保护与发展　法治保障　配套制度　法治宣传

未成年人既因其承载着国家和社会的希望而是人类持续发展的后备力量，又因其心智发育尚未健全而需要得到社会的特殊关怀与照顾。我国是未成年人口大国，未成年人保护与发展问题关系着国家长久稳定、社会未来发展和民族伟大复兴。

一　天津市未成年人保护与发展的现状分析

天津市历来重视未成年人的保护与发展，无论从立法、司法、执法还是其他配套制度措施方面，都积极探索和落实保护未成年人的权益和促进未成年人的发展，并取得了突出成效。

（一）在立法方面，积极为本市未成年人保护与发展提供法治保障

天津市有关未成年人保护与发展的地方立法方面，形成了以 2007 年《天津市未成年人保护条例》、2014 年《天津市预防未成年人犯罪条例》为主，2015 年《天津市学校安全条例》、2018 年《天津市预防和治理校园欺凌若干规定》等为补充的立法体系。天津市在相关地方立法上积极回应民众呼声，很多地方性立法走在全国前列。如 2018 年《天津市预防和治理校园欺凌若干规定》就是全国首部关于校园欺凌预防和治理的地方性法规，为预防和治理校园欺凌提供了重要的法治保障。

（二）在配套制度措施方面，积极探索发展未成年人的福利事业

天津市积极探索发展未成年人的福利事业，促进未成年人保护与发展。如大力推进全域科普工作计划（2019—2020 年），旨在提升未成年人的科学素养；制定《天津市中长期青年发展规划（2017—2025 年）》，从促进青年全面发展出发，致力于构建全面、系统、长效的青年发展政策体系；制定《天津市民政服务设施布局规划（2020—2035 年）》，在提升儿童福利设施建设方面做了详细规划；不断完善儿童福利事业，如儿童医院原址改造完成并投入使用，加强儿科专科服务体系建设；启动实施义务教育优质均衡三年行动，全力推进区域义务教育优质均衡发展国家评估认定；加强和改进新时代学校思政教育，深化“三全育人”综合改革，完善大中小幼一体化育人机制，完善德智体美劳全面培养的教育体系；完善提升健康服务体系，实施孤独症儿童康复提升行动；保障儿童合法权益，加强特殊困难群体关爱帮扶等。

（三）在执法宣传和落实方面，重视并贯彻国家有关上位法的实施

《中华人民共和国未成年人保护法》和《中华人民共和国预防未成年人犯罪法》修订后，2021 年 6 月 1 日同日施行，我市高度重视对其的宣传。如滨海新区民政局 6 月 1 日举办“贯彻《中华人民共和国未成年人保护法》，关爱未成年人”系列活动启动仪式，通过法律讲座、困境儿童和农村留守儿童自护夏令营等活动，进一步宣传贯彻两法；天津市开展青少年“传承红色基因 奋进新征程”知识产权夏令营，培养中小学生创新精神和实践能力，培养青少年家国情怀，为建设创新型城市创造良好氛围；武清区举办关心关爱农村留守儿童剧场；北辰区举办“迎接少代会争做好队员”主题队活动，北辰区教育系统为学生组建疫情心理疏导团队等。

（四）在凝聚社会合力方面，充分发挥群团组织的积极作用

未成年人保护与发展需要凝聚全社会的共同合力，充分调动多元主体和多方力量投身于这一事业。天津市在未成年人保护与发展中除了发挥政府的主导作用，还积极发挥出了群团组织在基层未成年人保护与发展中的重要作用。如天津市共青团在青少年权益保护中积极开展“共青团与人大代表、政协委员面对面”活动，通过人大、政协等制度化渠道反映青少年诉求、促进青少年发展；积极开展“青少年零犯罪零受害社区（村）”创建活动，为青少年营造健康、安全、和谐的成长环境；积极开展“青少年维权岗”创建活动，通过各单位创建活动，发挥相关行业（系统）基层单位作用，履行自身职能和社会功能，在预防青少年违法犯罪、维护青少年合法权益、促进青少年健康成长方面发挥积极作用。其中，天津市 2016—2018 年有 19 家单位获评全国“青少年维权岗”；2019—2020 年度有 24 家单位入选全国“青少年维权岗”命名候选单位。

二　新修订《中华人民共和国未成年人保护法》对天津市未成年保护与发展的新要求

我国现行《中华人民共和国未成年人保护法》是1991年颁布，历经2006年第一次修订、2012年的修正，直至2020年的再次修订而成，这30年间未成年人保护的理念、立法技术和规范内容不断完善。该法根据现实需要和党中央精神，在原法基础上进行增补改，条文从72条增至132条，结构上新增了“网络保护”和“政府保护”两章。作为未成年人保护专门的法律的上位法修订之后，这对天津市未成年人保护与发展提出了新要求。

（一）贯彻落实未成年人利益最大化原则

新修订的《中华人民共和国未成年人保护法》总则中增加规定了最有利于未成年人原则。该原则是“儿童利益最大化原则”的中国化表达。

第一，强化未成年人保护，压实各方义务主体责任。此次修订的《中华人民共和国未成年人保护法》在强化家庭监护责任、加强未成年人网络保护等方面亮点颇多。例如，在强化父母或其他监护人第一责任的同时，压实国家、社会、学校等义务主体在未成年人安全教育和保护、网络保护、勤俭节约意识培养等方面的主体责任，进一步压实了监护人、学校、网络服务提供者的主体责任，增加规定了未成年人权益受侵害后的强制报告制度等。

第二，健全未成年人保护体系，良法之外还需善治。良法是善治之前提。全面系统修订《中华人民共和国未成年人保护法》和《中华人民共和国预防未成年人犯罪法》，解决好重点问题，才能为继续推动我国未成年人保护和犯罪预防工作一体化、系统化、现代化提供更加坚实的法治保障。同时，在法律之外还需善治。这就需要进一步健全未成年人保护体系，加强配套制度和体系的建立，注重发挥全社会保护未成年人的共同合力。对此，国家顶层设计上尽力完善相关配套制度体系，尊重未成年人的成长规律，实现对未成年人保护的系统化。如教育部颁布的《未成年人学校保护规定》已于2021年9

月 1 日实施，该规定全面而细致地构建了未成年人学校保护制度体系。

第三，听取未成年人意见，体现国家亲权理念。新修订的《中华人民共和国未成年人保护法》在规定“最有利于未成年人”原则基础上，新增了给予未成年人特殊、优先保护，保护未成年人隐私权和个人信息，听取未成年人的意见这三方面的规定，并构建了完整的国家监护制度体系，即明确规定未成年人的监护人不能履行监护职责时，由国家和社会组织兜底监护，实现了《中华人民共和国未成年人保护法》向“福利法化”的转向。

（二）加强未成年人网络保护

《2020 年全国未成年人互联网使用情况研究报告》显示，2020 年互联网在我国未成年人中的普及率为 94.9%，未成年网民已达 1.83 亿人，其中超过 1/3 的小学生在学龄前就开始使用互联网，且低龄化网民数量呈逐年上升趋势。由此可见，不仅当前未成年网民规模持续增长，而且“触网”低龄化趋势更为明显，凸显了未成年人网络保护的紧迫性和重要性。新修订的《中华人民共和国未成年人保护法》中新增网络保护的相关规定，完善的未成年人网络保护机制建立起来后，未成年人就能够得到家庭、学校、社会的合力教育与引导，规范自己的上网行为，避免受到网络这把双刃剑的侵害。

第一，加强未成年人网络素养教育。网络空间是未成年人成长中密不可分的一部分，它是家庭、学校、社会等现实世界的延展。网络素养是数字时代的基础素养，关系着国家的长远发展。新修订的《中华人民共和国未成年人保护法》中强调应该加强对未成年人的网络素养教育，明确了国家、社会、学校和家庭都应当注重未成年人网络素养的提升，对未成年人网络空间合法权益保障的同时，还应对有利于未成年人健康成长的网络内容的创作与传播行为加以鼓励和支持，并对利用网络从事危害未成年人身心健康的活动依法予以惩处。

第二，强化对网络空间未成年人个人信息的保护。当前，未成年人个人信息网络保护面临严峻挑战。新修订的《中华人民共和国未成年人保护法》对未成年人网络空间的个人信息保护提出了明确要求。该法除了将未成年人网络保护对象由《儿童个人信息网络保护规定》中的不满 14 周岁未成年人扩展至所有未成年人，即还包括已满 14 周岁不满 18 周岁的未成年人个人信息保护，同时进一步明确了信息处理者通过网络处理未成年人个人信息应遵循合法、正当和必要的原则，规定了信息处理者的通知义务以及网络服务提供者的提示义务，赋予了未成年人及其监护人的更正、删除权。

第三，防治网络沉迷。新修订的《中华人民共和国未成年人保护法》针对实践中未成年人沉迷网络游戏这一突出问题，规定了网信、新闻出版、教育等相关部门的责任和义务，并赋予了网络产品和服务提供者履行预防未成年人沉迷网络的相关制度义务。上位法新增的这些规定对天津市未成年人保护工作提出了相关具体工作的指引方向和新的要求。

第四，防治网络欺凌。针对网络欺凌方式的复杂性以及可能导致的后果的难以控制性，为了保护未成年人免遭网络欺凌，免受其可能对其身心健康带来的伤害，新修订的《中华人民共和国未成年人保护法》明确禁止网络欺凌，进一步对网络欺凌的含义和实施主体加以明确，并规定了网络欺凌的救济途径，即网络服务提供者应当及时采取必要的措施制止网络欺凌行为。

（三）构建未成年人保护和犯罪预防大格局

未成年人保护与犯罪预防是一个问题的两个方面。新修订的《中华人民共和国未成年人保护法》和《中华人民共和国预防未成年人犯罪法》同时施行，就是从立法层面要求各责任主体加强协作配合，积极构建未成年人保护和犯罪预防工作大格局。这对天津市立法、司法、执法等工作都提出了新要求，以检察机关的相关工作为例，就是要求各级检察机关需坚持预防为主、提前干预的理念，深入推进未成年人检察社会支持体系建设，对未成年人涉罪案件贯彻落实宽严相济的刑事政策。

（四）全面加强未成年被害人保护

新修订的《中华人民共和国未成年人保护法》在“司法保护”一章中新增规定“公安机关、人民检察院、人民法院办理未成年人遭受性侵害或者暴力伤害案件，在询问未成年被害人、证人时，应当采取同步录音录像等措施，尽量一次完成；未成年被害人、证人是女性的，应当由女性工作人员进行”，全面加强对未成年被害人的保护，避免其遭受二次伤害。上位法的新增规定对天津市司法实践中未成年被害人的保护问题也提出了新要求。

三　天津市未成年人保护与发展中面临的新问题

新修订的《中华人民共和国未成年人保护法》作为上位法修订和新增了不少内容，这对天津市未成年人保护问题提出了新的要求。同时，随着社会的发展，科技的进步，尤其是“互联网+”的发展，使得未成年人保护与发展面临着诸多新问题亟待解决。

（一）未成年人保护与发展的地方法治保障体系亟待修正和完善

第一，现行天津未成年人保护条例尚不能解决现实存在的一些突出问题。现行《天津市未成年人保护条例》是在1990年通过的条例基础上，历经1997年的修正以及2007年的修订而成，适用至今已有14个年头。该条例已经出现了尚不能解决现实存在的一些突出问题的情况，如未成年人保护工作的协调机制问题、未成年人监护中的国家兜底保护问题、未成年人网络保护问题、学校保护中的性教育问题、密切接触未成年人行业的从业人员的限制问题等。

第二，天津未成年人法律保护间的衔接有待完善，需强调法律的综合保护和不同侧重。《中华人民共和国预防未成年人犯罪法》和《中华人民共和国未成年保护法》两部上位法之间是相辅相成的关系，只是角度不同，各有侧重。《中华人民共和国预防未成年人犯罪法》的重点是对部分未成年人不良行为的干预、严重不良行为的教育矫治和犯罪行为的预防，《中华人民共和国未成年人保护法》侧重于全面保护未成年人各项权益。国家层面同步修订两部法律的重要原因之一就是要厘清两法之间的立法空间交叉问题。

天津市未成年人保护工作中还需要进一步通过立法将地方未成年人保护工作中的一些衔接、协调机制以及好的做法固化整合下来，形成未成年人保护体系性机制，如我市2015年颁布的《天津市学校安全条例》、2018年颁布的《天津市预防和治理校园欺凌若干规定》等地方性法规中针对未成年人学校保护中的一些热点问题都已经进行了专门立法，并取得了相应的一些成绩，这些都需要融合到地方未成年人保护条例中去，做好地方性法规之间的衔接与配合，突出地方性法规的特色和创新。

（二）未成年人保护法律法规的实施力度有待加强，法治宣传仍需进一步深入

第一，未成年人保护的社会网络建设有待加强，对未成年人的保护意识需进一步深化。

当前天津市未成年人保护工作中还存在一些薄弱环节，保护未成年人的责任意识有待增强，保护未成年人工作需要引起全社会的高度重视，要充分认清依法保护未成年人健康成长对家庭、对国家和民族未来的重大意义，需要推动家庭保护、学校保护、社会保护、网络保护、政府保护和司法保护六大责任主体之间的紧密衔接，形成合力，共同推进未成年人保护综合治理和系统治理体系建设。

第二，未成年人法治教育和法治意识有待进一步提升。

依法保护未成年人健康成长，要形成全社会的共识。在加强对未成年人保护的社会网络建设，营造未成年人健康成长社会环境的同时，还需要加强未成年人的自我保护意识。只有把未成年人的思想用法律武装起来，才能有效提升其依法保护自身权益的意识和能力。目前天津市中小学校推行法治副校长制度，但具体落实以及开展法治教育的频率和程度各有不同。同时，未成年人法治教育和法治意识的提升也不能全部依靠学校，还需要家庭、社会、政府、司法机关等主体的共同努力和参与。

第三，损害、侵害未成年人人身权利和身心健康的事件仍有发生。

根据2020年6月1日天津市高级人民法院对外发布的依法保护未成年人合法权益十个典型案例来看，当前天津市损害、侵害未成年人人身权利和身心健康的事件仍有发生，其中包括儿童遭受猥亵的案件、被看护儿童遭受虐

待的案件、未成年子女在父母离婚过程中因父母争夺抚养权而遭受身心健康的案件、未成年人受教育权和健康权等遭受侵害的案件等。这就要求一方面需从宏观层面加强未成年人保护的意识，另一方面需从中观层面落实和保障未成年人保护法律法规的实施力度，加强对相关法律法规的宣传。

（三）未成年人保护和发展的配套制度体系有待进一步完善

从当前天津市未成年人保护现状和制定的中长期青年发展规划来看，还需进一步细化未成年人福利制度，从关心未成年人愿望、未成年人安全和未成年人权益保障三个层面来建立；需考虑相关制度与未成年人保护工作的衔接配套问题，真正体现对未成年人的“特殊保护”和“优先保护”。如对未成年人的网络保护上，2021 年暑期京津冀等多个地区已经陆续开展了暑期网络整治行动，但假期结束之后，未成年人的网络保护将以何种方式继续又是一个新问题，这就需要建立并完善相应的制度规范和配套制度体系，以固定的制度体系去约束和规范未成年人保护和发展问题。

四　加强天津市未成年人保护与发展的对策建议

（一）统筹协调、整体推进未成年人保护与发展工作的法治化

第一，修订《天津市未成年人保护条例》，为未成年人保护提供法治保障。未成年人保护工作，是一项融合法律、社会学、心理学、教育学等综合知识与能力的工作，首要的还是要确保未成年人保护与发展工作的法治化。建议根据《中华人民共和国未成年人保护法》《中华人民共和国教育法》和新颁布的《中华人民共和国家庭教育促进法》等上位法，结合本市实际情况，参照《天津市预防和治理校园欺凌若干规定》（2017）、《天津市学校安全条例》（2020）等地方性法规，强化问题导向，着力完善相关制度，修订《天津市未成年人保护条例》，尤其是要注意提升地方性法规的可操作性和针对性，细化相关的罚则，以推动我市未成年人保护法治化走向更高水平。

第二，同步修订《天津市预防未成年人犯罪条例》，强调未成年人法律保护的综合保护。国家层面的《中华人民共和国未成年人保护法》和《中华人民共和国预防未成年人犯罪法》同时进行了统筹修改，建议在上位法的指引下，天津市也应该同步做好两部条例的修订工作。两部条例之间既相辅相成，又各有侧重。建议遵照两部上位法厘清两部条例之间的立法交叉问题，强调未成年人法律保护的综合性，依据上位法的相关规定，做好与地方已有条例、管理办法等之间的相互衔接，注重法律保护中的综合保护和不同侧重。

（二）加强未成年人保护法律法规贯彻实施，深入开展法治宣传教育

首先，切实履行职责，努力形成全社会齐抓共管的工作格局。要充分发挥出家庭、学校、社会、网络、政府、司法机关在未成年人权益保障中的主体责任，发挥未成年人协调机制在未成年人保护工作中的协调作用，努力形成政府主导，家庭、学校、社会组织、司法机关密切配合，全社会齐抓共管的工作格局。

其次，加强未成年人思想道德和法治教育，增强未成年人法治意识。一是广泛开展未成年人社会主义荣辱观教育。未成年人保护领导小组要把未成年人的思想道德教育工作放在首位，注重未成年人自身素质的提高，从源头上遏制和减少青少年犯罪。二是广泛开展未成年人法治教育。开展以《中华人民共和国未成年人保护法》《中华人民共和国预防未成年人犯罪法》两法为重点的集中宣传活动，可采取通过赠送法律书籍、举办公益法治讲座、免费发放普法资料等形式，集中开展未成年人法治宣传教育活动。三是积极促进未成年人法治家庭教育。大力开展家庭文化建设、家庭法治建设、家庭科学育儿等宣传教育，全面提升家长和孩子的道德和法治素质。四是深入开展未成年人自护教育活动。如通过开展“消防安全自护体验教育演练活动”“社区未成年人远离毒品行动”“青春红丝带”预防艾滋病宣传教育活动等，加强未成年人的自护体验，推进未成年人的自护教育。

最后，加大宣传力度，积极营造未成年人保护工作的良好氛围。各级政府及有关部门特别是各级宣传部门要将《中华人民共和国未成年人保护法》

纳入普法规划，加大对该法的宣传力度，促进该法的贯彻实施，同时进一步营造全社会关心和爱护未成年人的良好氛围。建议采取通俗易懂、群众易于接受的形式，对新修订的《中华人民共和国未成年人保护法》的重要意义、亮点内容和法律责任等进行深入宣传。文化、宣传、出版单位、各类媒体及互联网站等要增强社会责任感，积极主动宣传《中华人民共和国未成年人保护法》，努力创造良好的舆论环境。为不断提高未成年人的法律意识和自我保护意识，教育部门和学校需积极开展宣传《中华人民共和国未成年人保护法》的系列活动。

（三）不断完善未成年人保护的福利政策体系，促进未成年人发展新格局

首先，加强基础建设，深入调查研究，切实维护未成年人权益。一是加强基础建设，进一步创新工作形式。加强未成年人福利事业的发展，进一步加强未成年人保护领导小组的建设和完善，落实资金、人员和办公场所。二是加强对未成年人的调查研究，不断深化未成年人权益保护工作。根据专题调研形成的调研报告，有针对性地解决问题，不断完善未成年人保护工作。三是鼓励和促进未成年人保护的法学理论研究。为推动实践经验转换为理论成果，促进理论研究更好地服务于立法与司法，应当加强未成年人保护的法学理论研究。建议我市建立起社会广泛参与未成年人保护支持体系，其中就要建立未成年人相关问题研究的专家资源库。

其次，加强未成年人健康综合保障和安全保障。国家卫生健康委妇幼健康司司长宋莉在2021年6月8日国务院新闻办公室就关于印发《国务院未成年人保护工作领导小组关于加强未成年人保护工作的意见》有关情况举行的发布会上介绍，截至2020年底，农村6岁以下儿童生长迟缓率由2015年的11.3%降低至2020年的5.8%，下降幅度近50%。2020年，全国婴儿死亡率下降到5.4‰，5岁以下儿童死亡率下降到7.5‰，优于全球中高收入国家平均水平。针对此，需要继续贯彻落实好党中央、国务院的决策部署，进一步加强我市未成年人健康综合保障。一是要进一步加强未成年人健康服务工作。

二是要大力加强基层未成年人健康服务网络建设。建议进一步加强基层社区医院建设，通过“优质服务基层行”活动，进一步促进优质医疗资源下沉，不断提升对基层未成年人健康服务和健康管理的能力。三是持续加强儿童重点疾病防治。在学校、社区等层面逐步建立完善早期筛查、早期诊断和干预服务机制。同时，还需加强未成年人的安全保障。一是要树立起六大保护主体合力为未成年人建构安全的成长环境的保护意识；二是六大保护主体需要各司其职，严格落实主体责任和协调机制；三是要经常性开展安全宣传教育，不断提高未成年人安全意识和自我防护能力。

最后，加强和创新未成年人成长社会环境治理。未成年人保护与发展的配套制度重在落实，这就需要在微观层面加强和创新未成年人成长社会环境的治理。建议构建未成年人成长社会环境治理联合执法机制，加大执法力度。如加大对营业性歌舞娱乐厅、酒吧、互联网上网服务营业场所及其他不适宜未成年人进入的场所违规接待未成年人行为的处罚力度；落实未成年人入住旅馆、宾馆、酒店的核查与报告制度；落实密切接触未成年人行业违法犯罪信息准入查询制度。依法依规及时清理中小学校、幼儿园、托育机构周边设置的营业性娱乐场所、酒吧、互联网上网服务营业场所及烟（含电子烟）、酒、彩票销售网点。对部分儿童用品依法实施强制性产品认证管理，保障未成年人的健康安全。加大互联网上涉及未成年人的重点应用服务的整治和查处力度，加强监管，督促企业切实落实针对未成年人保护的各项措施。督促中小学校、幼儿园、婴幼儿照护服务机构、线下教育培训机构、游乐园等未成年人集中活动场所落实安全主体责任。

参考文献：

[1] 宋英辉、刘铃悦：《〈未成年人保护法〉修订的基本思路和重点内容》，《中国青年社会科学》2020 年第 6 期。

[2] 姚建龙、公长伟:《未成年人保护中的国家亲权理念研究——以新未成年人保护法为重点》,《预防青少年犯罪研究》2021 年第 1 期。

[3] 郗杰英、郭开元:《与时俱进的〈中华人民共和国未成年人保护法〉》,《预防青少年犯罪研究》2021 年第 2 期。

[4] 中国新闻网:《国家卫健委：2020 年全国婴儿死亡率下降到 5.4‰》，2021 年 6 月 8 日。

天津市基层社会治理网格化创新发展报告(2022)

李悦田　天津社会科学院法学研究所助理研究员

摘　要：　天津市坚持以习近平新时代中国特色社会主义思想为指导，在基层社会治理创新方面不断探索，基层社会治理网格化创新是重要探索成果。目前全国基层治理创新的总体趋势以现代化与社会转型为视角，多元共治与党建引领协同，以政社互动推进治理效能提升，从经验扩散转变到制度形成。天津基层社会治理网格化创新在经验总结与理念落地上保持了双向同步发展，注重向网格化服务转型，实现了党建引领下的融合治理，通过网格化助推了治理能力提升，形成了系统化的制度模式，但是在服务下沉、职能部门参与以及社会力量参与方面还有提升的空间。可进一步加强服务体系建设，探索政社活动模式升级，优化制度制定和推行流程，激励机制和考核机制并行。

关键词：　基层治理　网格化　党建　治理能力

习近平总书记强调，“十四五”时期，要在加强基层基础工作、提高基层治理能力上下更大功夫[①]。我国基层社会治理体系日益完善，基层治理能力和治理水平不断提高，为成功防范化解各种风险挑战、统筹推进新冠肺炎疫情防控和经济社会发展、打赢脱贫攻坚战等提供了坚实支撑。天津市坚持以习近平新时代中国特色社会主义思想为指导，在基层社会治理创新方面不

① 人民网：《习近平主持召开基层代表座谈会并发表重要讲话》，https：//baijiahao.baidu.com/s?id=1678254928582013379&wfr=spider&for=pc。

断探索，基层社会治理网格化创新是重要的探索成果，在推进市域社会治理现代化方面发挥了重要作用。

一　基层治理创新的总体发展情况

（一）现代化与社会转型视角

基层治理是国家治理的基石，实现基层治理现代化是推进国家治理能力的根本目标与前进动力。众所周知，我国以几十年的发展获得了发达国家历时许久才取得的成果。党的十八届三中全会提出创新社会治理体制，从管理到治理，一字之差的基础上，我国基层治理现代化实践必须要适应社会转型的大趋势与大变革。党的十九届四中全会通过的《中共中央关于坚持和完善中国特色社会主义制度　推进国家治理体系和治理能力现代化若干重大问题的决定》提出，建设人人有责、人人尽责、人人享有的基层治理共同体，确保人民安居乐业、社会安定有序，建设更高水平的平安中国。这充分体现了中国特色基层治理的优越性。

我国基层治理的现代化视角，是基于国家整体发展建设的宏伟目标而形成的，与中国特色社会主义制度相辅相成。基层治理的探索过程与国家发展历程紧密结合，与各地不同的发展特色相结合，努力尝试在实践扎根与理念前沿方面双向并进。自 2013 年《中共中央关于全面深化改革若干重大问题的决定》中提出“以网格化管理、社会化服务为方向，健全基层综合服务管理平台”以来，网格化治理创新是在基层治理层面回应现代化及社会转型的重要尝试，经过不懈努力和发展，逐渐成为具有中国特色的社会治理新模式之一。在新冠肺炎疫情期间，基层防控网格化管理发挥了重要作用，证明网格化治理创新的科学性和实用性。

（二）多元共治与党建引领协同

我国基层治理创新从因势利导到自生秩序，强调多维度的目标达成，以适应经济社会的快速发展。所以多元力量参与治理，共同构建治理格局，已经成为主要的治理创新趋势。多元共治解决的是治理活力问题，重点在于如何积极引导社会力量参与，达成共建共治共享的多元共治目标。一方面需要社会力量，包括群团组织、社会团体、市场主体、社会工作者和志愿者等共同努力参与；另一方面需要强有力的领导铸造核心凝聚力，使多元力量能够更好地为共同目标服务。

因此党建引领与多元共治协同发展成为基层治理的主流趋势，在确保多元力量参与的能动性和灵活性的同时，统筹党员、志愿者和普通市民的力量，实现治理资源的结构性均衡，治理模式的有效覆盖。党建引领是促进基层民主与社会基层治理的主要保障，确保多元治理视角能够在核心引领下实现治理维度的平衡，避免目标偏移或分歧的出现从而影响治理成果的实现。

（三）政社互动推进治理效能提升

关于政社互动，很多研究引入大量的西方理论，形成了大量的社会治理理论假设，众多研究基本上认同要完善社会自治，促进政府和社会良性互动，通过社会参与解决治理效率问题。但是西方理论的缺陷之处在同中国实际相碰撞的过程中也获得了验证，治理效率与治理责任之间的关系无法很好厘清，因此在面对新冠肺炎病毒疫情的考验时，很多西方国家在政府责任发挥方面显示出了不足之处。

中国现阶段的社会治理创新，关于政社互动部分更强调合作、共赢成为改革的主流，各级党组织和政府始终发挥指导作用。政社互动模式的探索促进是为了提升治理效能，从而扩大服务供给的范围和力度。我国在社会治理方面政社互动的趋势，在于如何更好地履行政府治理职责，而非单纯地寻求减轻负担和体改效率，而是要求治理效能和治理责任相互契合对接，有效提升治理服务水平。

（四）经验扩散到制度形成

我国基层治理创新实践最初是多点开花的状态，不同地方从自身实际出发，以实事求是的精神摸索出各具特色的地方经验。基层治理创新的成果延伸之一就是如何将经验形成有效的传播和进一步改良发展，同更多的地方实践相融合，惠及更多的人民群众。基层治理创新从本质上来说，是治理经验的升华总结，永远立足于来自基层实事求是的扎实摸索，形成了中国特色基层治理的根本底色。

党的十九届四中全会通过的《中共中央关于坚持和完善中国特色社会主义制度 推进国家治理体系和治理能力现代化若干重大问题的决定》中指出，构建基层社会治理新格局的步骤途径，要完善群众参与基层社会治理的制度化渠道，要健全党组织领导的自治、法治、德治相结合的城乡基层治理体系。我国基层治理创新除在实践上的扎实推进之外，在经验总结的基础上，正在初步形成对制度模式的综合探索，将经验扩散变成制度化推广，作为基层治理秩序构建的有力支撑。制度化建设是政策推动和基层实践双向推动的结果，形成从治理经验到治理理念的落实，实现治理过程和治理效能的统一。

二　天津市基层社会治理网格化创新的实践特征

天津市基层社会治理网格化创新充分吸收和借鉴先进模式经验，在基于自身良好的基层治理实践基础上，在实践特征上形成了从服务转型到治理融合再到治理能力提升的逐步推进，最后形成了系统化的制度模式。天津基层社会治理网格化创新在经验总结与理念落地上保持了双向同步发展，在实践探索上具有可参照分析的重要价值。

（一）注重向网格化服务转型

基层治理网格化从根本上说是管理方式的一种突破，有效解决了城市社会治理资源分配的问题。城市基层治理在资源方面比如物质基础方面优于乡村地区，但是常常因为城市规模大、治理复杂性高等原因，导致治理资源结构性不平衡。天津市作为特大城市，城市地域广阔且人口众多，所辖各区之间发展差异性突出。天津市在充分进行网格划分的基础上，注重明确每一个网格的服务重点，设计相应的工作安排，以满足不同区域的发展需要。

自2019年2月起，天津在学习借鉴“枫桥经验”和北京“街乡吹哨、部门报到”做法的基础上，全面推进“战区制、主官上、权下放”党建引领基层社会治理体制机制创新。各单位配合进行政策指导工作，以全市为一个战区单位，将区、街道（乡镇）、社区（村）按层级划分为分战区，构建扁平化组织结构，明确从市到社区（村）四级书记抓治理的第一责任。全市16个区共245个街乡镇以及5205个社区村，全部纳入22000个基础网格，配备了2.4万余名网格员。建设三级贯通的网格管理指挥中心和信息化平台，将网格化管理职能发展作为市域社会治理现代化的前沿阵地。

天津基层网格建设以个性化服务定制为导向，从网格划分到网格员队伍建设，均从群众实际需要出发，部分网格员根据服务内容提供“代跑员”“调解员”“通讯员”等服务，对“治理末梢”部分精密化处理。同时统筹所辖区域内所有力量，带动志愿者及调动群众，激发群众自我管理、自我服务、自我教育、自我监督的积极性、主动性、创造性，形成以服务精神培育服务精神。把社会主义核心价值观融入法治建设和基层社会治理，调动群众参与配合基层事务的管理工作，同时实现社会服务和公共服务的内涵化提升，管理与服务互为支撑和促进。在此次新冠肺炎疫情中，天津市通过网格集结基层防疫力量，网格队伍本身既包含且会同社区民警、物业、业委会、楼门栋长、村民小组长、平安志愿者构建“战疫”战线，利用好网格管理信息平台，形成联动网格防疫机制，发挥了重要作用。

（二）实现党建引领下的融合治理

天津市在党建引领基层治理创新方面保持着强劲的探索力度。天津市党建引领基层治理体制机制创新工作领导小组将健全完善各专项组、市有关部门履行职能、联动协同推进党建引领基层治理体制机制创新的工作机制，作为重点工作认真部署完成落实。实行战区制，明确全市各战区党委书记为区域社会治理第一责任人，形成党委主导、战区主管、部门主责、基层主抓的工作格局，建立三级贯通的网格化管理体系。

天津市党建引领特点在于更好地突出区、街道（乡镇）、社区（村）在市域社会治理中的基础作用。在深化“战区制、主官上、权下发”党建引领基层治理机制基础上，以机制建设带动网格化建设融合发展。基层治理是高度综合性的工作，通过网格化避免了条块式管理，治理任务的基层沉淀由网格全面承接，减少了职能交叉和重复劳动。用节约的人力资源和时间资源更好地抓党建工作，通过党建提升服务意识。遇到街道处理不了的难点问题，启动向同级部门“吹哨”机制进行相应处理，减少治理的薄弱环节。

党建引领的纵向覆盖，建立起区委、街道党工委、社区党委、楼栋（院）党支部、楼门党小组五级组织领导体系网。建立区级党员服务中心、街道党员服务中心、社区党员服务站和楼宇党员服务站三级党员服务管理网，实现了各类党员管理服务的全面覆盖。建立社区党委领导、居委会扶持引导、业委会协调监督、物业公司管理服务“四位一体”社区管理网，实现了社区管理服务全覆盖。通过新冠肺炎疫情防控实践证明，以党建引领基层治理网格化，以高度融合实现政府政策与基层自治力量对接，能够做到见人见事，解决群众所急所需所盼。对各种突发情况能够做到及时回应，关键时刻凝聚民心，快速形成了团结一致、上下一心的抗疫局面。

（三）通过网格化助推治理能力提升

天津市基层社会治理的工作成果积累非常深厚，依托原有成绩的基础，网格化建设关注点注重于提高治理精密化程度，基础网格与专业网格紧密交织，全市基层社会实现治理密度提升。在基层社会治理的实践中，注重对改革创新力度的把握，鼓励基层在创新探索上发挥自主性。有效发挥网格员的信息触角作用，通过社区巡查、入户摸排、电话联络等方式，实时了解居民情况和意见需求，第一时间掌握网格内治安隐患和问题苗头信息，及时化解处置矛盾纠纷和各类问题。

天津市在网格化治理能力提升方面，积极推行信息化手段，通过天津市大数据管理中心的“津治通”一体化社会治理信息化平台，可实时了解全市5607个村居级战区21943个全科网格工作情况。点开各个行政区域地图，可以调看 24732 名全科网格员及所属网格基本信息。通过三级贯通的网格管理指挥中心，统筹整合区域内党建、民政、城市管理、环保、食品安全、禁毒、消防等各类资源，建设“全科网格”可实现，各部门合署办公，实现“小事不出社区（村），大事不出街乡镇”。天津市滨海新区在相关方面成绩突出，21 个街镇、441 个社区（村）三级网格管理机构，使人民群众获得感、幸福感大幅提升。在全国率先将 109 个印章审批合一，区、街镇两级 95%以上的政务服务事项“只进一扇门”，“网上办、马上办、一次办”成为常态。

天津市依靠网格化治理在城镇化建设方面实现了平稳落地和转型进程的快速推进。农村人口向市民化转变，外来人口不断向城市涌入，各类经济组织和社会组织持续涌现。涉农街道有序推进撤村并居工作，通过网格化加速实现城镇化建设中出现的治理困境。网格员联合志愿者和公益性社会组织，通过开门送温暖、老年证办理、生育登记服务、丧葬补贴申请、城乡养老保险待遇申领、关心关爱孤寡老人等多种形式为居民提供切实服务，为市民身份转化和新市民融入提供了相应助力。

（四）形成系统化的制度模式

坚持和完善共建共治共享的基层社会治理制度，是保持社会稳定、维护国家安全的基本要求。天津将基层网格化治理创新的总结和固化，通过不断重复的制度建设，形成治理理念的可持续推广，实现机制推动步骤化、专职网格员精干化、兼职网格员专业化。各区以创建市域社会治理现代化点为契机，天津市基层网格化制度模式体现在建立网格化“九全”工作机制：人员全配备、入户全覆盖、信息全采集、民情全掌握、问题全上报、微信全建立、力量全整合、奖惩全兑现、责任全压实。

在人员队伍机制化建设基础上，实现全周期服务。由以前的专人单项、一岗一责向一专多能、全科全能进行转变。每位网格管理员掌握着自己管辖的居民的家庭基本情况，以及党员、残疾人、低保户、特困户等详细信息，居民出现问题后管理员能迅速进行处理，方便上级部门统计信息。明确网格员职责任务和工作制度，明确对社会参与力量的协同职责，建立网格内定期协商制度。

实行网格负责制公开化管理，围绕社区公共利益、群众切实利益制定诉求清单，召集入列轮值党员干部、社区“两委”成员、党员代表、居民代表、有关当事人召开协商议事会，做到“小事不出社区、大事全区吹哨”，全程公示办理措施、办理结果，接受群众广泛监督。实现了“责任网格化、平台信息化、管理精细化、服务人性化”的工作目标，形成了全面掌握实情、及时反映民情、迅速解决问题、有效化解矛盾的社区管理服务长效机制。

三　天津市基层社会治理网格化创新面临的挑战

基层治理是一个复杂的系统工程，天津市在基层社会治理网格化创新方面开展了有益的尝试，取得了良好的效果。天津作为特大城市，对于国家整体发展中面临的问题必然有先觉性和敏感性。所以天津市基层社会治理网格化工作仍要做好应对新问题的准备，对于未来挑战应有深刻认识与思考。

（一）服务下沉的内容与水平尚待提升

现代化大都市的市域社会治理需要面对的问题十分复杂，受时代发展冲击较为严重。都市生活的原子化问题日益凸显，“同住一楼，互不相识”的状况随着信息技术的高度发展而加剧，传统的居民代表议事甚至可以在手机等通信设备上完成。社区工作必须改变以往的工作思路，对于社区居民的分层需求有更清晰的认识。年龄代差、职业因素、收入特点等都需纳入服务内容的考察范围。网格化对于服务下沉的内容与水平提出了更高的要求和挑战。

天津市在全面推进网格化治理模式的过程中，尽可能做到因地制宜实现网格全覆盖。在实现辖区网格充分划分的基础上，下一步可根据人口发展特点更加精准分类。对于网格内住户的情况在已经充分了解的基础上，服务要更加把握时代特点，能够进一步配合市域治理现代化的需求。近年来天津在人才引进和城市开放性建设方面加大了力度，人口构成更加多元，区域发展的产业型特征突出，因此对市域治理现代化目标要求提出更多的挑战。

（二）职能部门的参与力度有待提高

网格化使基层社会治理的“神经末梢”更加清晰明确，但是对于一些困扰人民群众的长期性问题，还需要组织相关部门人员与居民能够面对面共商共议。“战区制、主官上、权下放”工作落实，对于各单位的配合程度提出了很高的要求。职能部门除政策指导性工作外，还要提供多项工作的基层延伸。

网格化管理并非是把问题都集中于网格解决，对于部分疑难性问题，网格管理员起到的是发现问题、及时反映的职责，而不是承担所有的职责。兼职网格员专业化解决了部分问题，但是兼职网格员的数量有一定限制，网格内有效停留时间也受到本职工作的制约。另外，部分社区间在跨街道、跨业务协助方面的处理能力仍有提升空间。尤其在涉及利益纠纷时，难以依据网格化管理的实际需求对其他单位及部门资源进行调度。

在深化市域治理现代化的背景下，基层工作的复杂性和广泛性有所提升，越来越多的职能部门参与其中，网格化治理能够起到更多的中间介质和信息沟通工作。所以应充分利用网格化提供的向基层延伸的便捷性，让职能部门更多地参与网格化建设，对综合性治理问题提供更方便的解决渠道。

（三）社会力量融入渠道仍需拓展

目前通过网格化建设的拓展，多路径社会力量融入渠道已经在逐步建设，但是仍然有一些困扰和难点。天津市对于社会力量的培育较为重视，一直有较好的群众参与基础。不过在社会组织的培育和赋能方面，与全国一些先进地区相比，缺乏一定的突出特色。特别是在多周期培育、拓展参与灵活度、增强市场合作方面，仍然处于成绩总量突出、工作特点不足的情况。

在具体基层网格化治理中，在培养自治能力和自治结构方面，采用的方式以稳步实施为主，这样充分保障了既有成果，但缺点就是在创新驱动方面略显保守。天津市在基层治理方面仍有一定资源缺口需要填补，对于社会力量参与的重要性有深刻认识。相对应，天津市社会力量的自我成长意愿较强，对于自身能力的提升有一定目标追求。所以社会力量参与在渠道顺畅情况下，能够形成更多的创新亮点。但目前政府需求和社会力量运作对接不足，形成了一定的联通瓶颈，缺乏中间平台作为信息对接渠道，影响了社会力量的参与效率。

四　对天津基层社会治理网格化创新的发展思考

（一）进一步完善服务体系建设

网格化治理的目的是推动公共服务资源下沉，优化政府服务管理流程。目前通过网格化治理，天津已经实现基层治理扁平化管理方式创新，管理水平和能力大幅度提高。政府服务的基层下沉相对到位，服务壁垒逐步被击破。下一步应对综合性服务体系建设投入更多的关注，利用好目前“全科网格”建设所取得的工作成绩，进一步加强公共服务和社会服务职能。

服务体系建设借助于扁平化管理的便捷性，同时要提升网格之间综合施策的能力。通过网格化实现了治理区域的切割，变粗放治理为精细治理，实现了基层治理的分而治之，那么下一步可实现的是服务体系的联合治理。根据网格人口的特点，同质化网格或者本网格与其他网格的同质服务内容，可以展开合作和经验沟通，相互可以结成互助网格。如城市空巢青年问题，不同区之间青年聚居网格可以结成互助小组，配合团市委等单位解决相关问题。

相关部门一定要重视对网格化队伍的培训，保证服务人员的质量以及实力能够满足该项工作有效开展的需求。面对社区多元化的服务需求，提升网格员的应对能力，如掌握一定的初级心理知识，对于老年服务对象掌握一定的急救技巧等。专职网格员和兼职网格员之间建立经验和技能交流机制，利用好本网格内志愿者和相关社会组织的培训资源，增强网格员队伍的整体工作水平和队伍建设能力。

（二）探索政社互动模式升级

目前基层政府的生存现状是“上面千条线，下面一根针”，网格化治理也要解决基层减压减负问题。基层治理实践中的上下联动创新是天津市政府主导基层治理创新的重中之重。已有的政社互动模式以政府主导占绝大多数，在现有渠道模式下，增加了政府对社会力量的联系压力。下一步应充分回应社会力量的参与意愿，减轻政府压力，增强政社互动的双向性。

具体在网格化治理方面，进一步统筹网格内的综合力量，一方面推动安全生产、消防安全、食品卫生安全检查、治安巡逻、城市管理等职能部门力量下沉网格；另一方面相关领域的社会力量及时作为辅助融入网格治理。将社会力量参与渠道和平台设置在网格内，“战区”主管带领网格员帮助连接政府和社会力量在基层的下沉触角。政社力量互动通过政府和社会力量在基层“最后一公里”的双向支撑，创建自下而上的高级互动模式。

政社力量互动面向基层服务，群众可以通过“服务派单”形式，对政社双方提出更细致的服务要求。职能部门会同社会组织、市场调节、志愿服务等多元力量满足群众需要。党建引领继续发挥统合作用，同时与职能部门、群团组织、社会组织等一起，积极对群众的自治能力进行培训。从文明建设、公共文化参与、救助帮扶、自治公约履行等多方面，促进网格内自治能力和自治秩序的建构。

（三）优化制度制定和推行流程

当前的网格化治理创新比较注重制度的操作性和覆盖面，在操作实践推进和有效覆盖方面工作成效较为明显。下一步，天津市网格化治理创新制度化建设，要在工作步骤的缜密化、程序建设的精细化方面下功夫。结合组织结构、人员素质及其他资源，优化制度流程设计，提升制度的适用性和对复杂情况的控制能力。全面推进基层治理制度化、规范化、程序化，探索精准有效、具体实在的流程载体，更好地满足人民群众的多层次、差异化需求。

制度流程设计应由相关部门提供一定的总体思路，明确程序模块的内容，对制度实施目标和完成标准有一定的总体要求。同时要考虑到各区的不同情况，各区可调整相应制度指标，对操作程序进行更加灵活的设定。相关部门提供的政策指导与各区创新配合进行，对于各区的经验吸收也应形成机制化工作安排，形成网格化制度创新的程序制定、实践运行、经验总结、内涵改进的系列流程。

对于基层治理网格化的创新总结与制度丰富，应作为长期的研究课题，邀请更多的相关专家提供意见指导。如苏州大学政治与公共管理学院专家深入调研江苏省基层网格化治理实践，研究内容形成了高质量研究成果，对江苏省打造共建共治共享的社会治理格局进行了深层次的理论探索。①天津市可吸收其他地区的经验，对基层治理网格化创新的天津实践进行相应的总结研究，推出相关经验总结的理论分析，提升制度设计的层次与内容。

（四）激励机制与考核保障并行

网格化治理要做到激励与考核监督并重。从客观来讲，目前天津市基层网格员的工作压力与工作强度比较大。网格员定期入户走访，全域覆盖、全时守护、全情服务，确保网格化建设工作成果的同时，要认识到基层网格员承受的各种压力。网格化治理是一项长期工程，长效机制的维持需要工作人员能够长期保持高效状态。所以网格员的激励机制与工作状态监护、心理状况引导应相应加强，保证网格员队伍的战斗力。天津市个别区已经开展相关的工作安排，如东丽区出台《东丽区关于在疫情防控期间对网格员实施关爱激励的具体举措》，天津河东区委组织部指导相关街道“火线提拔”两名一贯表现良好且在疫情防控中表现特别突出的网格员担任社区党组织副书记等。

在建立好激励机制的同时，还应继续完善网格化治理的考核机制，使网格化治理能够更加有效运转。通过强化监督避免网格化运转过程中出现形式化的问题。考核机制为确保公平公正以及科学性，可交由第三方设计考核方式和考核内容，吸引更多的相关专家提出评估意见，形成“考核—评估—改

① 祁文博：《网格化社会治理：理论逻辑、运行机制与风险规避》，《北京社会科学》2020年第1期。

进一经验再总结”的良性循环模式，让基层治理网格化创新在天津走得更远。

五　结　论

与国家治理的宏大概念相比，市域治理需要能更好地结合自身的实际情况和特色进行探索。很多基层治理的改革创新需要在市域层面才能取得成效，而天津市的基层探索对于特大城市的基层建设具有更多的借鉴意义。城市规模为社会治理创新方面提供了足够的资源支撑，也同时面对更多的挑战。天津市基层社会治理网格化创新立足于市域治理现代化，形成了自身的特色，解决了发展中基层治理遇到的困难。天津市的市域治理现代化的实践历程仍需很多的经验指导和模式架构，对于基层社会治理网格化创新未来可期，在理念和操作层面相信能产生更多的实践成果。

天津市民心理健康状况研究（2022）

王小波　天津社会科学院社会学研究所副研究员

张瑞兵　天津听心教育信息咨询有限公司国家二级心理咨询师

摘　要： 随着我市经济社会不断发展，人们的物质生活需求已得到满足，开始追求心理层面的需求。近年来政府高度关注国民心理健康问题，出台多项政策，积极构建心理健康社会服务体系。天津市民心理健康状况基本良好，部分市民感觉心理压力较大，一些人应对压力的方式不健康，学生、教师、社区工作者及空巢老人等是心理健康的重点关注人群。目前我市社会心理健康服务能力仍有待提升，和人民群众的需求有较大差距。应以健康天津理念为引领，建构具有中国特色的社会心理服务体系，不断提升市民的心理健康素养，以心理健康促进人的全面发展，支撑天津经济社会继续高质量发展。

关键词： 心理　心理健康　社会心理健康服务体系

一　天津市民心理健康及社会心理服务状况概述

天津正在努力建设现代化大都市，城市发展迅猛，人口聚集度高，人际交流频繁，相比于一些中小城市人们的生存压力更大，心理健康问题也越来越突出。天津市政府十分重视心理健康促进工作。在《天津市国民经济和社会发展第十四个五年规划和二〇三五年远景目标的建议》中有三处提到“心理”，分别是“建设高质量教育体系”中“重视心理健康教育……健全学校、社会、家庭协同育人机制”；“维护社会安全稳定”中，强化社会心理服务和危机干预；以及“加快建设健康天津”中“完善精神卫生三级服务体系建设”。

（一）天津市民精神卫生及心理健康状况

我市精神障碍流行病学调查分析结果显示，18 岁以上居民中精神障碍现患率为 12.85%，其中严重精神疾病（包括精神分裂症、分裂情感障碍、偏执型精神障碍、双相障碍、癫痫所致精神障碍和精神发育迟滞）现患率为 1.89%，常见精神障碍如焦虑障碍、中重度抑郁障碍现患率分别为 3.14%、1.14%，青少年和儿童心理行为问题现患率为 15.8%，老年痴呆症现患率为 3.48%，同时，心理行为问题逐渐增多，肇事肇祸案件仍时有发生。截至 2015 年 12 月底，全市已登记在册的严重精神障碍患者有 49128 人，检出率为 4.01‰，其中 74.73%的患者接受了基层医疗卫生机构提供的随访管理及康复指导服务[①]。另外天津市流行病学调查显示，市民中 3%～5%存在不同程度的抑郁障碍，而能够主动就诊、寻求帮助的仅占其中的 10%。人们因为不懂不知或讳疾忌医而不求助，有 20%～30%的人不认为自己应该到精神心理科就诊，而是去内科、呼吸科、消化科、老年科等其他科室进行检查。

根据对我市普通市民的抽样调查显示[②]，市民感觉心理压力较大，压力大的占 44.45%，一般的占 36.02%，比较小的占 7.04%，很小的占 12.5%；对未来发展目标不甚明确（“不明确，过一天算一天”的占 18.15%，“说不上是不是明确”的占 64.81%，对未来非常明确的占 17.04%）。但对个人心理健康状况还比较满意（非常满意和比较满意的占 45.46%，一般的占 43.24%，不满意的占 11.3%）。部分人群应对压力的方式不健康，有接近三分之一的人采取回避、消极或忽略、否认的方式面对压力。

① 《天津市精神卫生工作规划（2016—2020 年）》，来源：天津市卫计委官网。

② 本调查数据来源于天津社会科学院社会学所“千户居民户卷调查”，共有 1080 人参加，被调查者平均年龄为 43.2 岁，男性占 34.26%，女性占 65.74%，高中以上学历者占 83.24%，在我市居住 10 年以上的占 93%，非农业户籍人口占 81.2%。

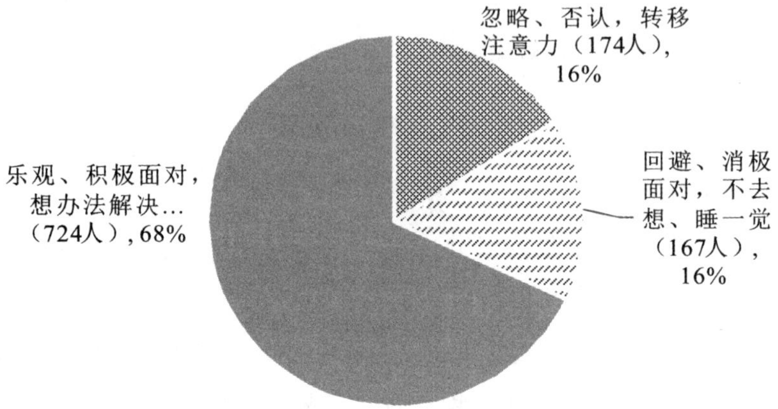

图 1　一般情况下，你如何应对压力

当遇到困难、产生烦恼情绪的时候，人们大多会向亲人、朋友寻求情感支持，寻求专业心理支持的人很少，值得关注的是有接近五分之一（19.26%）的人曾经在遇到不顺心的事情时，找不到人诉说，“只能闷在心里”，这对心理健康非常不利。

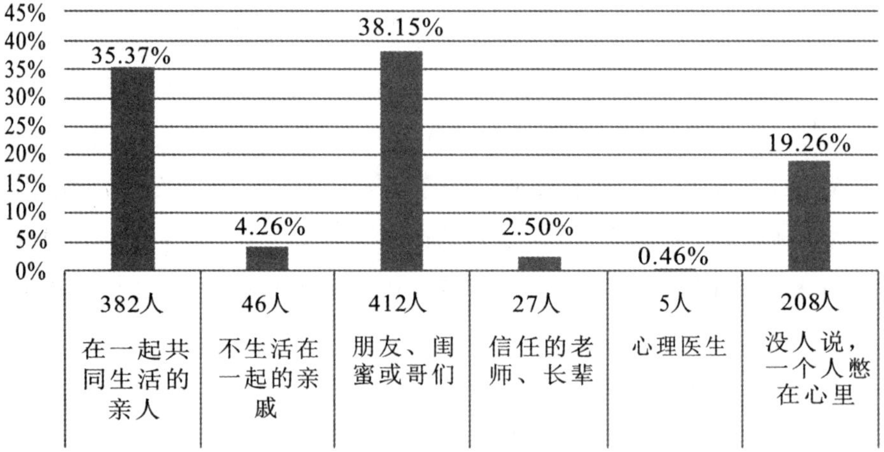

图 2　当在生活中遇到不顺心时，你会和谁说

（二）天津市社会心理服务现状简述

《天津市卫生健康事业发展“十四五”规划》中指出，我市精神卫生诊疗服务能力不断提升，全市共有70家机构提供精神障碍诊疗服务，精神科医生数达到5.2名/10万人，比2015年提高50%，严重精神障碍患者规范管理率达到90%以上。《天津市卫生健康事业发展“十四五”规划》提出要开展心理健康专项行动，开展重点人员心理健康工作等工作规划。同时，我市精神卫生和心理健康方面提供服务的能力仍不足够，和人民群众的需求相比有较大差距，面临很多问题。社区心理卫生咨询服务有待开展。存在公众对焦虑障碍、抑郁障碍等常见精神障碍和心理行为问题认知率低，讳疾忌医多，就医不及时等问题。[①]我市社会心理服务网络仍非常分散，各学校、医院、心理咨询机构以及妇联系统、司法系统各自为政，建立各自的测评系统、档案系统，全市没有统一的管理系统，导致数据无法快速获得、实时统计。相关职能部门对心理咨询服务机构的监管和服务尚未形成适应新形势的手段。

2020年3月，天津市人民政府办公厅印发《天津市加强精神卫生综合管理工作实施方案》，为进一步完善我市精神障碍预防、治疗、康复和心理健康促进工作提出规划。加快建设本市社会心理健康服务网络，服务能力得到有效提升。到2025年，居民心理健康素养水平达到20%。到2030年，心理健康服务能力和规范化水平进一步提高，居民心理健康素养水平达到30%。到2025年和2030年，儿童青少年心理健康核心知识知晓率分别达到60%和80%。完善基层心理服务网络建设。加强学校心理健康促进工作，建立咨询中心（室），按师生比例配备心理专业教师。在机关、企事业单位设立职工心理咨询疏导室，或者购买服务等形式，为干部职工提供方便可及的心理健康服务。将心理体检纳入干部常规体检内容。开展对重点人群和特殊人群的心理疏导和干预工作。提升医疗机构心理健康服务能力等多项具体举措。

① 《天津市精神卫生工作规划（2016—2020年）》，来源：天津市卫计委官网。

二　天津部分重点人群心理健康状况分析[①]

（一）学生心理健康状况

2021 年 7 月，教育部办公厅下发《关于加强学生心理健康管理工作的通知》，与此同时，国务院办公厅印发《关于进一步减轻义务教育阶段学生作业负担和校外培训负担的意见》，其被称为“双减政策”，这是历史上非常重要的教育改革，体现了对青少年心理健康问题的高度重视。根据《国民心理健康调查蓝皮书》，2020 年儿童青少年抑郁的检出率为 24.6%，有轻度抑郁的为 17.2%，重度抑郁的为 7.4%。即有四分之一左右的青少年存在抑郁倾向。2020 年调查与 2009 年的调查数据基本一致，女生抑郁程度略高于男生，非独生子女抑郁程度高于独生子女。抑郁水平随年级升高而提高，初中阶段为发病高峰[②]。另据研究发现，青少年心理问题发生率较高的是睡眠障碍、神经症、多动症、抑郁症、情感障碍和自杀，其中重性障碍以抑郁症为最高，轻性障碍以睡眠障碍为最高。一般来说，随着年级升高，青少年心理健康水平逐渐下降；经济相对落后地区青少年心理障碍发生率更高；性别差异存在，但受其他因素的影响而表现不一[③]。

近年来，我市中小学生心理问题不断凸显，部分学生有厌学甚至辍学情绪，出现焦虑、抑郁、强迫等心理问题的学生越来越小龄化；尤其受新冠肺炎疫情常态化的影响，学生心理健康问题再次成为全社会关注的焦点。自 2020 年 5 月，天津市教委连续三次出台文件，强调对中小学生进行心理健康教育，以应对疫情对学生心理健康带来的冲击。以下通过对不同学校学生心理测量的数据，对我市各级各类学生心理健康状况进行分析。

① 此部分数据来自天津听心教育信息咨询有限公司自 2017—2021 年期间对不同学校、单位进行全员心理测试与心理健康筛查的调查结果。

② 侯金芹、陈祉妍：《2009 年和 2020 年青少年心理健康状况的年际演变》，傅小兰、张侃主编：《中国国民心理健康发展报告（2019—2020）》，社会科学文献出版社 2020 年版，第 192 页。

③ 王晓刚等：《城市社区心理健康服务重点人群的心理健康评估》，《西南大学学报（社会科学版）》2011 年第 5 期。

1.小学生群体

在对天津市某普通小学三至六年级全体学生共 1136 人进行心理测试后①，心理健康量表筛查结果显示：总体来看，心理健康的学生人数 893 人，占 78.61%，有轻微症状、临界心理问题的预警人群有 180 人，占 15.85%，有较严重心理问题、需要重点关注的有 63 人，占 5.54%（具体数据见表 1）。

表 1　三至六年级学生心理健康水平整体分布

年级	总人数	项目	基本健康人群	预警人群	重点关注人群
三年级	250	总均分	3 分及以上	2 分	1 分
		人数	192	49	9
		占比	76.8%	19.6%	3.6%
四至六年级	886	总均分	53 分以下	53 ~ 64 分	65 分及以上
		人数	701	131	54
		占比	79.1%	14.8%	6.1%
总体	1136	人数	893	180	63
		占比	78.61%	15.85%	5.54%

分析发现，随年级升高，学生心理健康的比例下降，有心理健康问题的人数比例提高。三年级心理基本健康的学生占 76.8%，高年级学生心理基本健康的（四至六年级）占 79.1%；处于临界心理问题的学生，三年级占 19.6%，高年级（四至六年级）占 14.8%；出现较严重心理症状的学生，中年级学生占 3.6%，高年级学生达到 6.1%。

在小学生群体中，由于课业压力大、家长期待高、教学方式过于一致化，不能因人施教、因材施教等，导致部分小学生心理压力大。中、低年级学生主要表现在学习态度、独立性和毅力、家庭环境、听课方法、心身健康等方面；高年级学生主要表现在冲动倾向、恐怖倾向、身体症状、学习焦虑、过敏倾向、人际焦虑、自责倾向、孤独倾向等。这些因子分数较高，部分是由于学生已进入青春期前期，属正常心理反应，但也不排除某些人是心理问题

① 测试时间：2020 年 10 月 26 日；抽样方法：整群抽样；测试工具：学习适应性测验（AAT）（小学三年级）、学生心理健康诊断测验（MHT）；测试方法：问卷测评 + 数据分析；施测单位：天津听心教育信息咨询有限公司。

的早期表现。因此，必须高度关注小学生心理健康问题。对出现心理健康问题的学生，老师和家长要重点关注，进行干预及支持，必要情况下应寻求专业帮助。对健康水平学生也应做好心理健康普及，提升学生的心理调适能力，避免这部分学生产生心理问题。

2.中学生群体

使用“中国中学生心理健康量表、青少年心理需求调查量表”，对天津市某普通中学初一和高一全体学生共 371 人进行心理测试[①]，测试结果见表 2。

表 2　中学生心理健康水平整体分布

心理健康水平	基本健康	轻度心理健康问题	中度心理健康问题	重度心理健康问题	非常严重心理健康问题
总均分	2 分以下	2 ~ 2.99 分	3 ~ 3.99 分	4 ~ 4.99 分	5 分
人数	258	91	21	1	0
占比	69.54%	24.53%	5.66%	0.27%	0.00%

根据测试数据，中学生和小学生相比，心理健康水平有所下降，心理基本健康的占 69.54%，比前者（小学生 78.61%）下降了 9 个百分点；轻度心理健康问题的占 24.5%，比前者（15.85%）升高了 8.65 个百分点；中重度心理问题的占 5.93%，和小学中高年级基本持平。

表 3　中学学生分年级、分性别的心理健康状况

心理健康水平			基本健康	轻度心理健康问题	中重度心理健康问题
初中学生	总均分		2 分以下	2 ~ 2.99 分	3 ~ 4.99 分
	总人数	165	123	35	7
	百分比		0.75%	0.21%	0.04%
男生	人数	89	71	16	2
	百分比		0.80%	0.18%	0.02%
女生	人数	76	52	19	5
	百分比		0.68%	0.25%	0.07%

① 测试时间：2021 年 3 月 4 日；抽样方法：整群抽样；测试工具：中国中学生心理健康量表、青少年心理需求调查量表；测试方法：问卷测评 + 数据分析；施测单位：天津听心教育信息咨询有限公司。

续表

心理健康水平			基本健康	轻度心理健康问题	中重度心理健康问题
高中学生	总均分		2 分以下	2 ~ 2.99 分	3 ~ 4.99 分
	总人数	206	135	56	15
	百分比		0.66%	0.27%	0.07%
男生	人数	97	68	25	4
	百分比		0.70%	0.26%	0.04%
女生	人数	109	67	31	11
	百分比		0.61%	0.28%	0.10%

根据以上分年级、分性别的心理测试数据，我们看到高中学生比初中学生心理健康水平要差，基本心理健康的比例，高中学生比初中学生低 9 个百分点，有轻度心理问题的，高中学生比初中学生高出 6 个百分点，有中重度心理问题的，高中学生比初中学生高出 3 个百分点。在初高中阶段，孩子们已经进入青春期，心理波动较大，心理发展也进入关键期，在这个阶段学生身体发育明显、心理也在快速成长，从依赖父母逐渐走向独立，经受着内心的冲突，但是家长和老师往往没有充分注意到学生的内心变化，仍以关注学业、成绩为主，这造成了部分学生的心理压力大，处理不好就会出现心理问题。

另外，数据显示，女生心理问题比男生更严重，出现中重度心理问题的学生中，初中女生比男生高 5 个百分点，高中女生比男生高出 6 个百分点。青春期女生心思敏感、细腻，就大脑构造与心理发展而言，女性心理更为复杂；另外，家长对女孩子有更多控制与约束，重男轻女的文化也会对女性心理健康造成一定影响。

3. 中等职业学校学生

对天津市某职业教育中学 2020 级新生全体学生 1279 人进行的心理测试①。使用测试工具：中学生心理健康量表、生活事件量表。

① 测试时间：2020 年 10 月 20 日；抽样方法：整群抽样；测试工具：中国中学生心理健康量表、青少年生活事件量表；测试方法：问卷测评 + 数据分析；施测单位：天津听心教育信息咨询有限公司。

表 4　职业中学学生心理健康水平分布

心理健康水平	基本健康	轻度心理健康问题	中度心理健康问题	重度心理健康问题	非常严重心理健康问题
总均分	2 分以下	2～2.99 分	3～3.99 分	4～4.99 分	5 分
人数	1051	195	33	0	0
占比	82.17%	15.23%	2.6%	0.00%	0.00%

从数据看到，职业中学学生的心理健康水平比中学生有所提高，达到82.2%，中重度心理问题的学生下降到 2.6%。这与我们的日常观察相符，学生进入职业中学，高考压力得到缓解，学生自我期望与家长期望都有所降低，更符合现实，这有利于学生的心理健康。相反，近年来某些重点大学新生心理测试显示学生心理问题更为严重，大学生群体成为心理健康关注的重点人群。过度追求完美、精致利己主义、隐蔽的抑郁情绪等都造成对心理健康的威胁。

另外，本次测试中还使用了生活事件量表。测试结果显示，职业中学学生在人际关系和学习压力两个因子上的问题比较突出，在健康适应、丧失、受惩罚和其他因子上表现相对较好。对学生影响最大的五项生活事件分别是：被人误会或错怪、考试失败或成绩不理想、与同学或好友发生纠纷、当众丢面子、生活规律（饮食、休息）等明显变化，需要重点关注。

（二）教师群体心理健康状况

通过对天津市某普通中学教师共 84 人进行心理问卷调查，调查内容主要涉及工作压力及心理健康需求等问题。

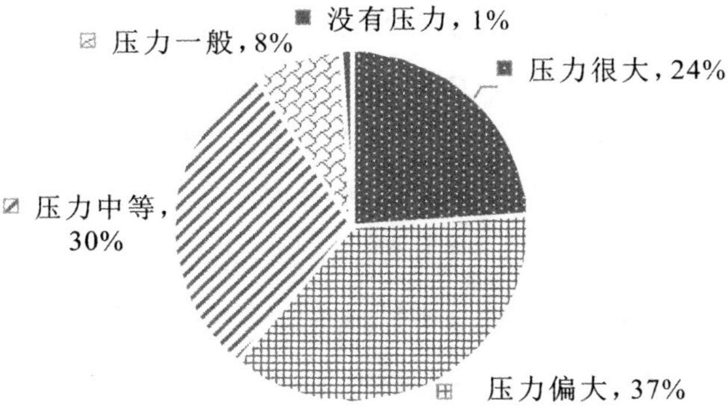

图 3　您感到目前工作、生活的压力强度如何?

调查结果显示，教师群体中有超过 60%的人感觉工作生活压力大，其中24%的人觉得“压力很大”，37%的人觉得“压力偏大”。感觉压力中等的占30%，8%的人感觉压力一般，1%的人没有压力。压力主要来自学校教学指标要求，如升学率、班级成绩排名等（58%），其次是学校日常行政事务（37%），以及教学岗位轮岗和职务变化带来的压力。

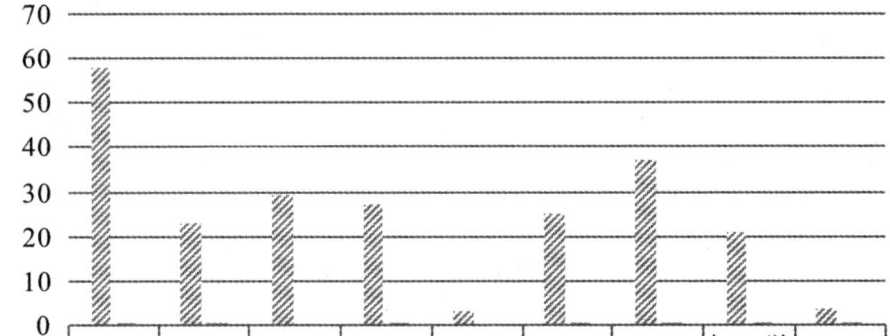

	教学任务指标	人际关系	职务岗位变化	工作环境	婚姻家庭	子女教育	日常行政事务	与学生、家长沟通	职业倦怠
人数	58	23	29	27	3	25	37	21	4
比例	69%	27%	35%	32%	4%	30%	44%	25%	5%

图 4　您在日常工作、生活遇到的压力主要来源于哪些方面?

教师们每天都和学生们在一起，除了教授知识外，还要解决学生的各类心理情绪问题，尤其是中学老师，对待正处于青春期心理发展关键期的青少年付出更多。他们在工作中经常遇到的问题，除了学习问题（64%）和纪律问题（42%）外，主要还有学生的自我情绪管理问题（44%），以及压力调试问题（46%）。教师对心理学知识的需求度很高，他们最关注的是："如何疏导负性情绪保持身心健康"（占被调查者的 75%）；"如何修炼情商做好自我情绪管理"（占 64%）；教师除了要帮助学生解决心理情绪问题外，还要解决在自己在工作中积累的情绪问题。他们最希望的开展心理健康服务工作形式是团体辅导/户外拓展（64%）以及心理讲座（49%）。因此，加强对教师的心理教育，提高教师本人的心理素质，教会他们理解学生心理、帮助舒缓学生情绪压力、协调学生人际关系等。

（三）社区工作者心理健康状况

通过对天津市和平区某街道及南开区某街道中社工人员为对象进行心理健康测评①，根据症状指数变化，再对照"中国正常人的心理测试常模"进行对比分析，了解社区工作者的心理健康状况。

两个街道分别称为 B 街道和 C 街道。B 街道共有 65 名社工人员进行心理测评②；C 街道有 128 名社工人员（男性 20 人，女性 108 人）进行了心理测评③。B 街道在首次测评后进行了为期三个月的心理健康服务，服务结束后再次进行测评，并进行前后测的对比。以下为测试结果。

表 5　中国正常人 SCL-90 常模（N=1388）

因子统计指数	躯体化（F1）	强迫（F2）	人际敏感（F3）	抑郁（F4）	焦虑（F5）	敌对（F6）	恐怖（F7）	偏执（F8）	精神病性（F9）	总均分
平均分	1.37	1.62	1.65	1.50	1.39	1.48	1.23	1.43	1.29	1.44
标准差	0.48	0.58	0.51	0.59	0.43	0.56	0.41	0.57	0.42	0.43

① 此次心理测试所使用的 SCL-90 量表被广泛应用于心理咨询门诊，对了解被试的心理卫生问题可作为诊断参考，是常见的初级心理筛查工具。

② 测试时间：2017 年 9 月 7 日—18 日。测试人数：65 人。测试工具：SCL-90 量表、成人职业压力测评量表。

③ 测试时间：2019 年 6 月 21 日。测试人数：128 人。测试工具：SCL-90 量表，艾森克人格量表成人式。

表 6　B 街道社工心理测试因子分统计平均数

因子统计指标	躯体化	强迫	人际敏感	抑郁	焦虑	敌对	恐怖	偏执	精神病状	总均分
前测	1.47	1.66	1.39	1.48	1.40	1.46	1.15	1.32	1.27	1.42
标准差	0.52	0.53	0.45	0.52	0.53	0.50	0.25	0.40	0.36	0.40
后测	1.39	1.69	1.36	1.26	1.37	1.36	1.15	1.32	1.25	1.39
差额	0.08	–0.03	0.03	0.22	0.03	0.10	0.00	0.00	0.02	0.03

表 7　C 街道社工心理测试因子分统计平均数

因子统计指数	躯体化（F1）	强迫（F2）	人际敏感（F3）	抑郁（F4）	焦虑（F5）	敌对（F6）	恐怖（F7）	偏执（F8）	精神病性（F9）	总均分
平均分	1.49	1.70	1.35	1.46	1.40	1.47	1.68	1.27	1.27	1.52
标准差	0.52	0.61	0.53	0.58	0.52	0.63	0.33	0.44	0.40	0.40

根据测试，我们看到，社区社工人员在“躯体化”和“强迫”两项因子分平均值高于中国正常人常模，C 街道社工人员的“恐怖”因子数高于常模。其余各项数值低于或接近常模。

“躯体化”主要反映主观的身体不适感，患者自觉有很严重的躯体症状如头痛、乏力、失眠、身体不舒服、工作效率下降等，但在相应的医学检查却没有发现明显的病理改变，或者临床检查中发现的病理改变不足以解释患者自觉症状的严重程度。出现躯体化的深层原因是心理问题长期压抑得不到解决。躯体化症状与年龄及情绪问题有密切联系，社工人员工作压力大，工作付出与工资收益不匹配是其主要的情绪来源。“强迫症状”包括强迫观念和强迫行为。该人群多自我要求高，追求细节问题的解决，结合工作性质，社工工作需要细节问题的关注与解决，尤其是棘手问题的处理，会激发和刺激强迫观念或强迫行为的出现。在其他各因子：人际关系敏感、抑郁、焦虑、敌对、偏执、精神病性等方面，被测社工虽有个别人员的数值有异常，但总体上均值未超过中国正常人常模，说明社工人员的总体心理健康水平尚可。因为测试仅涉及两个街道的部分社工人员，对于天津市社工群体不具有充分的代表性。

自2020年以来，为实现防疫抗疫，社区工作者的任务职责大大加重；加上争创文明卫生城市等大背景，社工人员的工作压力及工作强度较之以往高出许多，而工资待遇并未得到相应提高，加之人们对社工人员的心理健康与职业发展关注较少，使得社工心理问题出现，甚至有部分社工人员申请离职、离岗。

另外，对B街道在首次测评后进行了为期三个月的心理服务，之后再次进行心理测评，结果显示，各因子分值有不同程度的下降，说明尽管是短期的心理服务，对社工人员也具有积极有效的作用。

（四）空巢老人心理健康状况

据“七普”数据显示，我国60岁及以上老年人口有2.64亿，占人口的18.7%，比“六普”时期增长了5.44个百分点。65岁及以上人口为1.9亿人，占总人口的13.5%，占比从“六普”时期增长了4.6个百分点。天津市人口老龄化程度位列国内大中城市第五位，四大直辖市第三位，处于中度老龄化社会阶段，并且已经进入人口老龄化加速期。“七普”显示天津常住人口中，60周岁及以上人口为3002688人，占常住总人口的21.66%，超出全国平均水平3个百分点。其中65周岁及以上人口为2045692人，占常住总人口的14.75%。关于老年人心理问题的研究文献，阳性检出率等级均值为2.95，中数为3.5，阳性率在15%～20%之间；40%的研究报告的阳性检出率在25%以上。在老年群体中空巢老人的心理问题发生率更高，其中独居空巢老人的心理状况较差。抑郁症、焦虑症、老年痴呆症等是老年人常见的心理问题①。

下面是对天津某街道200名空巢老人使用老年抑郁量表（GDS）②进行的心理测试。被测老人中年龄最低为51岁，最高为85岁，平均年龄为68.29岁。其中女性165，男性35人。测试结果为：143人无抑郁，50人轻度抑郁，

① 王晓刚等：《城市社区心理健康服务重点人群的心理健康评估》，《西南大学学报（社会科学版）》2011年第5期。

② 老年抑郁量表（GDS）是1982年Brink等人创制，专用测试老年人的抑郁筛查表，该量表能够敏感地检查老年抑郁患者所特有的躯体症状，其30个条目代表了老年抑郁的核心。

7人为中重度抑郁。根据空巢老人的不同性别和年龄进行相关性统计，结果如下：

表 8　不同性别老年人的抑郁程度差异

			抑郁程度			总计
			无抑郁	轻度抑郁	中重度抑郁	
性别	男性	计数	20	11	4	35
		占性别百分比	57.1%	31.4%	11.5%	100.0%
		占抑郁程度百分比	14.0%	22.0%	57.1%	17.5%
	女性	计数	123	39	3	165
		占性别百分比	74.5%	23.6%	1.9%	100.0%
		占抑郁程度百分比	86.0%	78.0%	42.9%	82.5%
总计		计数	143	50	7	200
		占性别百分比	71.5%	25.0%	3.5%	100.0%
		占抑郁程度百分比	100.0%	100.0%	100.0%	100.0%

**.在0.01级别（双尾），相关性显著；卡方检验：渐进显著性（双侧）0.008。另外，本次调查显示，老年人抑郁与年龄没有明显的相关性。

三　全面推进天津社会心理服务体系建设，大力促进市民心理健康发展

（一）推进社会心理服务体系机制建设，将其纳入健康天津、天津社会治理体系建设之中

心理健康服务是公共卫生服务的有机组成部分。心理健康服务体系机制建设是“以人民为中心”发展公共健康领域的体现，是以社会建设为主体的“五位一体”总体布局的重要组成部分，事关人民群众的身心健康和社会的长治久安。因此，要围绕人的全面发展这一关键要素，针对疫情常态化防控，健康天津2035目标，坚持以健康中国、健康天津理念为引领，探讨心理健康支撑人的全面发展。只有心理健康、全面发展的人越来越多，才能支撑经济社会的高质量发展，心理健康服务体系机制建设的目的是为了全面提升人民群

众的获得感、幸福感、安全感。

（二）健全社会心理服务体系相关制度和管理办法，使心理服务更加规范有效

近二三十年来，我市心理健康服务体系从无到有，发展迅速，但也存在若干亟待解决的问题：心理服务技术体系不完善，心理服务的从业机构和个人良莠不齐、总体水平偏低，从业人员的教育培训、从业人员和机构的资质认证缺乏有效的监督管理机制等。目前我市心理健康服务体系正在积极构建的过程，但仍难以适应经济社会发展对心理健康服务的需求。因此要立足市情，借鉴其他省市的成功经验，结合我市具体情况，不断完善我市的心理健康服务体系。

（三）完善心理服务人才培养机制

心理服务队伍的数量和质量直接影响心理健康服务的信誉。如按照西方发达国家的比例[①]，天津1300多万人口应拥有心理咨询专业人员4600人左右，我市真正执业的心理咨询师有多少目前无官方统计数据，大概不超过几百人。目前天津市的心理学社团组织，分别是：天津市心理卫生协会（目前共有会员约600人）、天津市心理学会、天津社会心理学会和法制心理学会。心理健康服务队伍人员主要来自大学应用心理专业、医学心理学、社会工作专业和获得国家专业认证的心理、社会工作者。合格的专业心理工作人员一方面必须系统学习过普通心理学、社会心理学、人格心理学、心理咨询（治疗）技术以及各种心理障碍的诊断等与心理健康有关的知识；另一方面还要有相当多的心理咨询经验。天津如何在10—20年时间中培养出一批合格的心理咨询师，实现《天津市加强精神卫生综合管理工作实施方案》中提出的“到2030年我市建立起3000人的心理服务队伍”，需要我们做好提前规划，由教育部门、社会培训机构等多方合作，以满足天津百姓对心理健康服务的需求。

① 在西方发达国家每3000人有心理咨询师1人，成熟社区都配有专业保健医师、社区工作者和心理健康咨询师。

（四）建构基于中国传统文化的具有中国特色的社会心理服务体系的整体理论框架

成熟完善的心理健康服务体系是和谐社会发展的重要内容。在建设我国的心理健康服务体系的过程中，要参照其他国家和地区心理健康服务的经验和模式，使其为我所用，但不可照搬。心理问题产生的原因及其表现存在差异，要遵循心理健康服务系统本身发展的规律，充分考虑中国的文化传统和国情现状，通过扎实的研究和细致的工作，努力建设科学的、系统的、中国化的心理健康服务体系。结合中国特色社会主义理论、中国传统文化背景、中国经济发展现实等，建构基于中国传统文化的具有中国特色的社会心理服务体系的整体理论框架。

天津市网络舆情分析报告（2022）

韩　阳　天津社会科学院舆情研究所助理研究员

摘　要： 2021年，天津市紧紧围绕庆祝中国共产党成立100周年的主题，认真贯彻落实中央关于庆祝活动的部署要求，依托主流媒体和网络平台，全方位唱响主旋律，形成了顶层统筹谋划、多部门协同引领、广大群众热切参与的大好局面，为经济社会高质量发展营造了良好的舆论氛围，提供了有力的舆情支持。过去一年，虽然新冠肺炎疫情防控的压力依然存在，但天津市经受住了境外境内的考验，成功应对了多次疫情舆情，使得网络舆情呈现出表达平稳有序、空间天朗气清、网民心态昂扬向上的良好局面。

关键词： 天津市　网络舆情　疫情　公共政策　社会情绪

一　2021年天津市网络舆情概述

2021年，天津开启了中国特色社会主义现代化大都市建设的新征程。纵观全年，我市以习近平新时代中国特色社会主义思想为指导，充分认识到意识形态工作的极端重要性，牢牢掌握意识形态工作的领导权，紧紧把握网络意识形态建设的主战场，积极建设健康网络生态，发挥引导网络舆论、反映民意、汇聚民心的强大正功能，把天津的经济发展、民生改善、文化创新、生态保护等建设成果有机融入一个个鲜活的中国故事、天津故事中，让世界更加近距离地了解开放的中国、时代的天津。

（一）热烈庆祝中国共产党成立 100 周年，全网喜迎华诞氛围浓厚

2021 年初以来，天津市认真贯彻落实中央关于中国共产党成立 100 周年庆祝活动的部署要求，把庆祝活动作为重大政治任务，发挥媒体融合优势，广泛开展庆祝建党百年、认真落实党史学习教育系列活动，在全网唱响“传承红色基因、汲取奋进力量”的主旋律。例如，有关部门相继举办了庆祝中国共产党成立 100 周年座谈会、大型文艺演出，以及“红色记忆——天津革命”文物展、“奠基岁月——天津市军管会和中共天津市委在张园”红色展、“光辉的历程——中国共产党百年”图片展等一系列主题展览活动。

同时，各新闻单位积极开展全媒体采访报道，推出了一系列专题专栏、理论文章、融媒体作品，多方位、立体化呈现这一盛事。此外，天津市积极创新庆祝活动方式，国家主流媒体对此也进行了报道。例如，天津 25 公里的海河沿线和全市 67 公里城市重点道路都精心设计了灯光组团，以丰富新颖的点亮形式展示了“璀璨津夜”美景，并在重点区域和点位打造标志性大型主题宣传景观、夜景灯光秀，营造了浓厚、热烈的庆祝氛围，吸引了新华社、央视新闻等中央级媒体的关注。

（二）党史学习教育入脑入心，干部群众不断抒发爱党、爱国、爱社会主义的真挚情感

习近平总书记在党史学习教育动员大会上强调：“要把学习党史同总结经验、观照现实、推动工作结合起来……把学习成效转化为工作动力和成效。”为贯彻落实习近平总书记关于党史学习教育的重要讲话精神，天津市结合巩固深化“不忘初心、牢记使命”主题教育成果，教育引导广大党员干部群众大力弘扬伟大建党精神，厚植爱党、爱国、爱社会主义的情感，在干部群众中兴起学习贯彻习近平总书记“七一”重要讲话精神的热潮。

在党史学习教育中，为进一步推进天津市党史学习教育深入开展，各级宣传部门和新闻媒体广泛宣传，并通过红色电影、党史主题展览、红歌会、大走访、线上知识竞答、专题组织生活会等多样化形式，深入宣传阐释了中

国共产党为什么能、马克思主义为什么行、中国特色社会主义为什么好，展示了丰富多彩、生动立体的中国形象，同时，用好世界智能大会、鲁班工坊等平台，进一步丰富和提升了天津的国际传播形象和文化影响力。

（三）“净网2021”专项行动效果显著，网民的获得感、满意感和安全感得到极大增强

2021年以来，天津公安机关深入推进“净网2021”专项行动，按照天津市委、市政府和公安部的部署要求，加强严打违法犯罪、深入清理整治、优化宣传引导等多项工作，维护干净清朗的互联网环境。天津公安机关为打好防范宣传组合拳，广泛运用各级各类宣传载体，充分展示成效战果、发布防范警示提醒，形成了网上网下同步推进的宣传工作格局，特别是紧密依托“平安天津”“天津网警巡查执法”等新媒体矩阵，广泛宣传并进一步扩大了专项行动的措施和成效。

天津公安机关还组织宣讲队开展“净网行动进校园、进商场”等主题社会宣传活动，走进天津20余所高校和中小学校园，有针对性地向广大师生传授防范网络诈骗、防范勒索软件、识别钓鱼网站等相关知识。此外，天津公安机关坚持“打源头、摧平台、断链条”的工作思路，聚焦侵犯公民个人信息、黑客攻击破坏、网络诈骗等各类严重影响群众安全感的涉网违法犯罪行为，持续开展全链条打击行动，彻底清除违法犯罪土壤，赢得了网民的认可和支持。

（四）宣传推动“双减”工作，形成了政策目标与民心诉求的良性互动

2021年7月，中共中央办公厅、国务院办公厅印发了《关于进一步减轻义务教育阶段学生作业负担和校外培训负担的意见》（以下简称“‘双减’政策”）。为推动政策落地见效，天津市积极稳妥地推动“双减”工作。例如，和平区发布“十六条禁令”，重点强调“双减”政策中对校外培训机构的相关规定；滨海新区政府官方账号“滨海发布”对“双减”之后涉及校外教育培训机构等问题进行了权威发布，其中部分内容重击英语教育培训机构，引发

了业内和社会的广泛关注。

与此同时，天津市还出台了《校外培训机构预收费管理办法》《2021 年暑假校外培训机构专项治理行动方案》等方案措施，将培训机构预收费全部纳入监管范围，聚焦合同签订、收费退费、教师队伍、安全管理等方面，对检查中发现存在问题的培训机构出重拳，并对整改落实情况进行后续追踪。此外，为畅通线上线下多种举报渠道，天津市教委公布了各区教育局监督举报电话，引发舆论的关注和参与，发挥了社会监督的作用。

二　2021 年天津市网络舆情特点分析

2021 年，在充满复杂性和不确定性的网络舆论场中，涉津网络舆情总体上呈现出传播速度快、覆盖话题广的特点。利用相关舆情监测指标体系，天津社会科学院舆情研究所从 1—9 月 10000 余例事件中筛选出 90 个典型案例，通过设置舆情热点关键词，统计在网络新闻、客户端、微信、微博、论坛、博客等六类主要舆情表达平台上的信息数据（因数值偏少，报刊与视频数据计入总分但未列入统计范畴）。复盘涉津网络舆情事件，从整体上观察，2021 年网络舆情呈现出总态势较为平稳，无重大群体性事件和重大负面网络舆情发生，排行榜首尾两部分事件热度指数则呈差距巨大的变动规律。

（一）全网时段分析：全年舆情态势基本平稳，下半年舆情热度略有回升

通过图 1 观察发现，1 月份由于新冠肺炎疫情及冷链运输的影响，涉疫情有关舆情事件较多。如“天津市一批美国进口冻猪肾外包装核酸检测呈阳性”“天津涉疫雪糕批发售往外地 1812 箱”“天津一批冷冻阿根廷带骨牛肉外包装核酸检测呈阳性”等事件持续牵动着广大网民的注意力，食品安全问题一度成为舆论焦点。但随着事件后续调查结果出炉，网民关切得到有效回应，舆情热度也逐渐回落。进入 2 月份，单一事件掀起舆论高潮，如“天津一中学老师对比家长收入歧视学生事件”，虽然津南区教育局对该事件处理迅速，

但流出的道歉声明仍然引发了剧烈的次生舆情，其相关微博话题全网阅读量超7.2亿次。

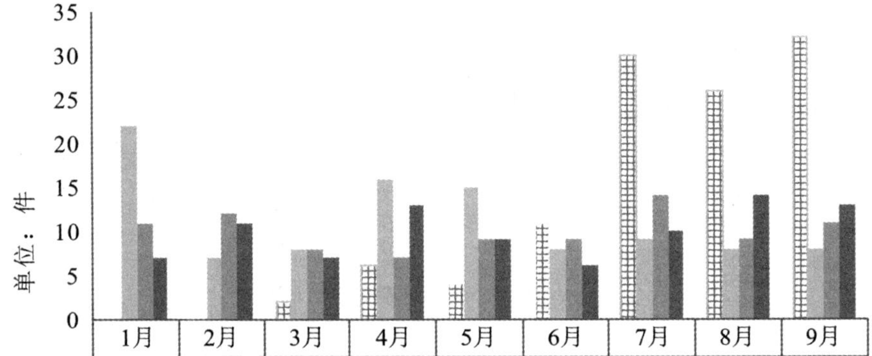

	1月	2月	3月	4月	5月	6月	7月	8月	9月
2018年	0	0	2	6	4	11	30	26	32
2019年	22	7	8	16	15	8	9	8	8
2020年	11	12	8	7	9	9	14	9	11
2021年	7	11	7	13	9	6	10	14	13

图 1　2018—2021 年涉津网络舆情月份时间分布

进入3月份，虽然舆情事件曝光量有所回落，但事件热度相对较高。如“狗不理北京最后一家门店停业”的消息一经传出，老字号发展状况等相关话题再次引起舆论的广泛关注。一两天后，全聚德也关闭了天津最后一家门店。对于两家店停业的状况，网友们认为“还是要从自身找找问题，而不是迁怒他人”。在4月份，舆情事件陡增至13件，该月份也成为上半年涉津网络舆情事件最多的月份。其主要原因在于这一时段内发生了“天津大学3名男留学生误入游泳馆女更衣室”和“天津一托育班老师涉嫌烫伤2岁幼儿被刑拘”两起与教育领域相关的舆情事件。

进入下半年，网友对天津的关注度明显上升，盗窃案件、安全事故、违法行为等类话题明显增多。如“天津一女子邮寄11万黄金中途失踪”事件，引发澎湃新闻、上观新闻、观察者网等媒体的报道，同时引起网友对快递员的职业道德素养的质疑，激起了如“贵重物品寄快递最担心的就是丢件，这难道不是行业底线吗？”等声音。同时加上9月份是开学季，“南开大学推出‘夫妻寝室’”事件引发网友关注，得到众多点赞，网友们普遍认为这一举措比较人性化。此外，下半年由于北方多地遭遇极端天气，天津滨海新区强降雨，一驾驶员不幸遇难事件也牵动着广大网民的心。上述诸多事件共同构成了2021年涉津舆情的基本面貌。

（二）行政级别分布：区县、市级舆情较为突出，乡镇、村级舆情热度下降明显

表2　2018—2021年天津市网络舆情事件发生地行政级别分布（%）

事件发生地的行政级别	2018年	2019年	2020年	2021年
省　级	1.7	0.8	13.3	18.9
直辖市	32.5	47.5	22.5	31.1
区县级	41.7	39.2	48.3	36.7
乡镇、街道	16.7	8.3	11.7	6.7
村　级	5.0	—	2.5	1.1
全　国	0.8	2.5	—	2.2
国　际	1.6	1.7	1.7	3.3
合 计	100	100	100	100

备注：“—”表示0，指没有发生负面舆情事件。

据2018—2021年天津市网络舆情事件发生地行政级别分布分析得知，2021年，区县、直辖市、省级舆情聚集最为突出，占比分别达36.7%、31.1%、18.9%，两者之和占据全年舆情近九成；再次是乡镇、街道的舆情，曝光量下降幅度较大，占比仅为6.7%（见表2）。究其原因，原因之一在于城乡之间存在巨大的数字鸿沟，乡镇、街道、乡村处于网络舆论场的边缘位置，导致乡村地区舆论吸引力和传播力不足；另一方面，也得益于天津市近年来的“扫黑除恶”专项斗争取得阶段性胜利，主要表现在对把持基层政权、操纵破坏基层换届选举、垄断农村资源的“村霸”“恶霸”的重拳打击，使涉及村镇的负面舆情案例大幅度降低、社会生活环境天朗气清，同时也印证了天津乡村治理的明显成效。

值得注意的是，在新冠肺炎疫情的背景下，天津市涉及国际领域的舆情

曝光量出现了小幅度提升，主要是“天津市一批美国进口冻猪肾外包装核酸检测呈阳性”“天津一批冷冻阿根廷带骨牛肉外包装核酸检测呈阳性”等事件引起国内外媒体报道。这也再次说明，此类涉及境外疫情输入的事件尤其敏感，极易引起媒体和网友的注意力。

（三）事件载体分析：政务网站仍居首位，“三微一端一问答社区”成为舆情核心发酵载体

近年来，随着互联网下沉和移动社交媒体的多样化发展，越来越多的网民通过新媒体平台进行互动，以此推动舆情发酵和发展，进而引发传统媒体联动呼应。正因如此，在2021年涉津网络舆情事件的关注媒体类型分布中，新媒体仍然是表现明显的核心发酵载体，主要包括微博、微信、短视频、客户端、问答类论坛社区等平台，占比高达95.6%（见表4）。

表4　2018—2021年事件的首曝媒体主要类型分布（%）

首曝媒介具体类型	2018年	2019年	2020年	2021年	平均
传统媒体	25.8	10.8	8.3	4.4	12.3
新媒体	74.2	89.2	91.7	95.6	87.7
合计	100	100	100	100	100

备注：首曝媒介表示第一时间发布。主要分为传统媒体和新媒体两类：一类是新媒体，主要包括微博、微信、客户端、短视频、网媒、论坛社区等；另一类是传统媒体，主要包括报纸、广播、电视、通讯社、官方网站等。

值得一提的是，由于涉津政务舆情在2021年最为突出，因此在新媒体载体细分方面，政务网站以超1/2的比例成为首要信息渠道（见表5）。在这方面，政务网站的突出代表为中纪委国家监委网站，其成为发布反腐倡廉、处置官员等方面权威信息的第一网站。此外，纪律审查、监察调查等消息的首发来源均为中纪委国家监委网站，这也这大大提高了政务网站在舆论空间的关注热度。

表 5 2018—2021 年天津市舆情事件的首曝媒体具体类型分布（%）

首曝媒介具体类型	2018 年	2019 年	2020 年	2021 年
政务网站	31.7	32.5	41.7	53.3
微　　博	14.2	20.8	15.0	16.6
微　　信	3.3	5.0	16.7	13.3
短 视 频	8.3	6.7	6.7	6.7
客 户 端	—	1.7	3.3	2.2
通 讯 社	—	1.7	2.5	2.2
论坛社区	1.7	1.7	1.7	2.2
官方网站	0.8	—	—	2.2
网络新闻	14.2	20.8	5.0	1.3
报　　纸	19.2	9.1	6.7	—
广　　播	3.3	—	0.7	—
电　　视	3.3	—	—	—
合　　计	100	100	100	100

备注：“—”表示 0，指没有媒体首发曝光负面舆情事件。

（四）事件类型分析：政法队伍教育整顿话题热度高企，反腐倡廉议题备受关注

自天津市政法队伍教育整顿全面启动以来，全市党风廉政建设和反腐败工作取得长足进展。从表 6 可以看出，2021 年反腐倡廉类舆情构成了涉津舆情的重要组成部分，占比达 30%，如“天津市津南区政法委书记孙宝顺接受审查调查”“天津市国资委原党委书记彭三接受审查调查”等一系列反腐案件登上热搜，充分展示出天津正风肃纪、反腐强警的决心和力度，也从侧面反映出网络舆论对于天津市坚决反腐的高度关注。

事故灾难类和企业舆情类舆情处于上升趋势，并列排名第二（占比为 12.2%），其中事故灾难类舆情中，企业安全生产类占比较高，如“天津空港经济区一公司发生燃气爆炸事故”“天津一名工人在建筑顶层挪移吊篮配重时坠亡”等热点事件，引起网友们关注。另外，涉及企业自身经营的问题被通报在舆论中引发关注，除了天津本地企业外，一些全国性知名品牌也牵扯其

中，如“ONLY 因以次充好被罚近 160 万”“天津沃尔玛被罚”等案例，网友们纷纷在社交媒体上对违规企业进行抨击并要求整改。

表 6　2018—2021 年天津市不同舆情领域分布（%）

分类	2018 年	2019 年	2020 年	2021 年
反腐倡廉	36.9	40.6	29.2	30.0
事故灾难	6.3	7.9	4.2	12.2
企业舆情	9.9	19.8	11.7	12.2
违法行为	—	—	2.5	10.0
公共安全	9.0	5.0	12.5	7.8
校园舆情	0.9	4.0	3.3	7.8
网络谣言	2.7	—	4.2	5.6
社会矛盾	16.2	12.9	7.5	3.3
食药管理	3.6	2.0	6.7	3.3
违规运营	—	2.0	6.7	2.2
涉嫌欺诈	—	—	5.8	1.1
人身安全	9.0	4.0	3.3	1.1
敲诈勒索	—	1.0	0.8	1.1
不文明行为	0.9	1.0	—	1.1
不当言论	—	—	—	1.1
偷盗行为	0.9	—	1.7	—
突发故障	3.6	—	—	—

备注：“—”表示 0，指该领域没有被媒体曝光。

违法行为类占比 10%，其中个别企业或社会组织也加入违法行为之列。例如，“天津农商银行一支行副行长违法放贷 3274 万”“民政部对中国硬笔书法协会立案调查”等案例。因此，在追求公平正义、开放透明的时代背景下，此类案例也极易引发网友们的争论。

三　2021 年天津市网络舆情应对分析

2021 年以来，天津市积极关注社情民意，主动引导网络舆论，努力建设清朗网络空间。同时坚持依法管网治网，敢于正视网络热点，“不将舆情等同于敌情”，进一步维护了健康的网络舆论生态。

（一）有效防范新冠肺炎疫情复发，成功应对疫情舆情挑战

1.及时做好疫情信息公开，有效消解网民疑虑

2021年初以来，境外疫情形势持续严峻，石家庄、广州、南京、湖南、福建、哈尔滨等多地先后出现疫情复发现象，涉疫情舆情不时成为网络舆论的重要话题。无论是面对境外输入病例的影响，还是境内疫情防控形势，天津市都能通过新闻发布会、政务新媒体等渠道，及时通报疫情信息，做到防控公开，有效地挤压了各种猜测性信息传播的空间，为有序开展疫情防控、疏导民众焦虑提供了安全的信息保障。

2.及时处置各种有害信息，有效化解疫情类谣言

2021年，天津市出现多起与疫情相关的各类谣言，如对“天津经营性餐饮服务单位春节停业”“武清确诊两例新冠肺炎病例”“海教园附近出现新冠肺炎病例”等网络谣言，天津市网信办、公安机关积极辟谣，有效遏制了谣言引发的焦虑情绪的扩散。对“因不想上班而谎称感染新冠肺炎病毒”“不戴口罩进超市还掌掴店员”等行为人采取强制拘留措施，从而有力地维护了抗疫秩序。同时，在推进疫苗接种工作的过程中，天津市有效避免了其他地方出现的因各种变相强制接种而滋生的次生舆情。

（二）主动引导反腐倡廉网络舆情，助力持续推进反腐倡廉建设

1.纪检监察部门主动出击，成为反腐倡廉类舆情的主要引领者

在2021年90起涉津热点舆情事件中，约有60%的反腐事件排名在前50位，热度最高的为“天津市津南区委常委、政法委书记孙宝顺接受审查调查”，排名在第4位。其中大部分信息由天津市纪委监委“廉韵津沽”网站提供，经中央纪委国家监委网站发布。澎湃新闻、上观新闻、界面新闻等多家媒体转发。可见，凡是涉及官员贪腐类信息，媒体和网民的关注度往往较高。当然，主要还是纪检监察等权威部门顺应民意关切，主动接受监督，受到网民称赞。

2.网民高度关注退休干部贪腐问责议题，助推反腐正风向纵深推进

在27起反腐倡廉类舆情事件中，涉及退休干部接受审查调查的事件有6起。其中，原天津市南开区房屋建筑工程公司党委书记王雨星退休8年后被查；天津住宅集团原党委书记、董事长马骏退休6年后被查；原天津市南开区房屋建筑工程公司党委书记赵国忠退休5年后被查，等等。通过这些案例可以发现，退休党员干部的堕落轨迹虽不尽相同，但违纪违法行为最终都要受到党纪国法的严惩，同时也表明随着全面从严治党不断纵深推进，天津市纪检监察监督的作用日益明显、愈发精准。

（三）关注社会民生热点问题，精准把握社会情绪

1.快速处置网络热点事件，有效敉平敏感话题争论

2月25日，“天津一中学老师对比家长收入歧视学生”引爆舆论场，该老师言辞激烈，“#天津老师对比家长收入歧视学生#”等话题很快冲上微博热搜。津南区教育局获悉事件后“立即成立调查组，对网传情况开展核查”，通报该教师“已被停职”。第三日，进一步明确了“撤销其教师资格，调离岗位”，成功化解了负面舆情。另一起案例就是袁隆平逝世后，天津一男子发表侮辱袁隆平言论，警方很快就对其采取了刑事强制措施，平息了网友义愤。

2.积极介入社会热门话题，主动回应各方关切

2021年4月以来，整治校外机构、落实“双减”政策，陆续成为群众关注度较高的话题。天津市监管部门及时通报了新东方、朴新晟嘉等4家机构因价格违法分别被给予警告和罚款30万元等信息。房地产领域，针对西瓜视频和抖音平台账号“贝联选房”传播不实信息问题，在天津市网信办的指导下，西青区网信办联合属地街道依法对账号负责人进行约谈，责令整改，这一举措向网络舆论场释放了积极的信号。

四　天津市网络舆情应对建议

舆情的处置和应对是网络舆情治理的重要一环，舆情应对水平高低是网

络治理能力的重要体现。基于对天津市 2021 年 1—9 月网络舆情应对措施，本报告就今后一个阶段的网络舆情应对提出以下建议：

（一）抢占新闻舆论高地，牢牢掌握意识形态工作领导权

良好的舆论生态是有效进行舆情应对的重要基础和条件。2021 年，天津市网络社会形势总体良好，经受住了诸多网络舆情大考，其中一个重要原因在于天津市始终把新闻舆论工作放在了重要位置，深切意识到网络舆情是影响城市和国家治理的重要变量，积极贯彻中央管网治网方针，弘扬和践行社会主义核心价值观，充分发挥了融媒体优势，及时回应网络社情民意，在全网营造了积极向上、理性健康、和谐有序的舆论氛围。

这些有效的经验在未来的工作中应该继续坚持，具体有：一是认真落实既定的宣传方案，针对天津两会、全国两会、重要节日等关键时点，各部门、各单位需保质保量完成既定宣传任务；二是制定好突发事件应急预案，针对突发舆情，能够及时有效介入，最大程度减少负面影响；三是持续做好“四史”学习教育，加快推动主流意识形态精准化传播，让正确的声音先入为主，夯实主流意识形态在传播场域的主导地位；四是网上网下协同、多部门联动，把主流宣传与各种活动结合起来，把践行社会主义核心价值观与具体工作结合起来，让主流观点入耳、入脑、入心。

（二）提升综合回应能力，实现舆论引导的全过程协同

对于网络热点舆情，职能部门及时介入并表态，有助于赢得舆论好感。权威信息的释放则有助于消除舆论的不确定性，从而大大缓解网民焦虑。2021 年境内发生多起新冠肺炎疫情复发舆情，石家庄、南京等地出现的疫情反复一度给包括天津在内的许多地区造成了严峻的压力。其间，天津从容应对、及时跟进，适时发布权威信息，成功应对多起由疫情引起的舆情。在应对方式和方法上，除了及时回应和发布权威信息之外，还需要注意以下几点：

一是政府表明对舆情事件关注的行为本身就是一种态度。在事件具体情况尚不明朗的时候，职能部门首先可以采取话语式回应，公开表明关切和跟

进，让公众了解到政府对事件已经知晓并在积极介入，从而避免恐慌心理和谣言滋生。二是职能部门间对舆情应对全程协同，信息发布要注意部门间、区域间协调。在2021年的疫情防控过程中，某些地区因为信息不协调而引发舆情冲击，这些教训应该及时汲取。三是掌握关键时机，提升舆情回应的效率和效果。在事件进展到一定阶段的时候，职能部门要研判舆情走势，分析舆论发酵点，更多采取具体行动、创新政策等方式回应网民关切，积极尝试在关键时间节点进行突破，以期取得事半功倍之效。

（三）紧盯重大政策的解读和舆论引导，防范化解“社会注意力雷暴”风险

目前，类似遏制垄断、“双减”政策、房产税、能源供给、人口政策等，都是全国层面的热门话题，也是极易引起群体纷争的社会议题。面对相关次生舆情的发酵和传播，天津必须做好应对的准备。以“双减”政策为例，其后续影响仍需持续关注。家长、学校、老师、校外机构、教培从业人员、幕后资本等，对新秩序仍处于适应期，学生学习效果、教师增负、校外机构转型、教培行业人员再就业、各种消费维权等矛盾仍有可能陆续出现，潜在的风险因素值得警觉和跟进。而且，在此期间还有可能铺垫各种不良社会思潮，诱发未知的社会注意力风暴。

对此，要强化政策解读和舆论引导工作：一是加强舆情监测和分析研判，及时准确了解相关领域的最新反映，实时掌握利益相关群体的思想动态，这是做好舆情信息工作的基础和关键；二是注重政策解读的准确性和全面性，利用好多种渠道传播真实的政策意图，努力避免片面解读政策而招致的极端或暴戾情绪，尤其注意中央政策与地方具体安排之间的关系，针对所在区域的具体措施和先行做法，应给予更加有力的解读；三是强化政策的落实效果，积极关注线下的落实效力、问题的反馈和解决，做好政策效果的宣传工作，从根本上防范化解由舆情事件导致的社会注意力风暴。

（四）高度警惕“后真相政治”“另类事实”，促进社会整合融通

从 2021 年网络舆情的发展情况看，人口、性别、资本、环保等议题都有相当高的关注度。网民对这些话题的参与度颇高，但争议性也很强，群体对立、观点极化、情绪站队等现象比较突出。以人口问题为例，无论是中央还是各地，人口数据的发布都有可能引发全网关注，也很容易和婚育、性别、区域发展、就业问题等联系起来，诱发小范围、小圈群间争议讨论。在偶然事件的触发下，一些网民可能会强化并放大对政府工作的质疑心理，将碎片化的“另类事实”“后真相”当作全部事实来看待，遮蔽了对社会稳健发展的整体视野，从而不可避免地滋生偏执或极端的个体焦虑和群体情绪，为网络和社会秩序增添更多的不确定性。

对此，需要弥合多元分散的社会视角，建构广泛认可的“超级事实”。一方面，继续做好正面宣传工作，加大力度弘扬主旋律作品。如聚焦决战脱贫攻坚、大力优化营商环境、经济社会高质量发展等工作，生动讲好天津故事，切实把疫情防控、抗洪抢险中涌现出的感人事迹作为生动教材，着力营造强信心、暖人心、聚民心的社会氛围。另一方面，积极利用天津融媒体优势，以发布真实可靠的信息来源为动力和契机，通过高品质的专题报道、纪录片等展示天津高质量发展成果，融通分散疏离的社会视角，纠正不同群体对于社会治理的短视和偏见。此外，借助道德和法律双重规制网民行为，约束并防止过激言论和极端行为。引导网民理性表达，促进网络舆论的理性化，提升公民对网络规则和程序的尊重和理解，强化责任意识和规范意识。

专 题 篇

天津市城市形象与文化影响力研究报告（2022）

王云芳　天津社会科学院文学研究所副研究员

摘　要： 城市形象尤其是文化形象与城市文化影响力有着密切关系。通过相关数据调查发现，2021 年天津城市形象主要呈现为“一基地三区”、智慧城市、生态宜居城市、运动城市。政府运用营销手段打造“网红天津”已初见成效，同时开掘了新的文化资源生长点，天津文化影响力在持续提高。不过，城市文化影响力整体上与城市形象仍不相匹配，现有城市文化资源仍有许多可开掘的空间。因此，在今后天津城市形象塑造中，应该树立精益求精的意识，从多元立体的角度打造城市文化品牌；应该吸引高端人才，促进非物质文化资源的市场转化；应该提升旅游服务能力，提高现有文化资源的旅游生产力；应该在持续挖掘文化资源的基础上，强化多元的媒介传播，借此提升天津的文化影响力。

关键词： 天津市　城市形象　文化影响力

城市形象是一个城市呈现给外界的整体面貌，包括城市的自然生态、历史文化、经济发展水平乃至城市设施等诸多内容。近年来，随着全球经济迅猛发展，各个城市之间趋同化倾向日益明显，人们逐渐关注起城市文化的独特性和创造性。因此，通过地域文化塑造独特的城市形象有着重要意义。城市的文化个性既是城市的魅力所在，也是城市文化影响力的核心所在，更是未来该城市能在激烈的全球竞争中脱颖而出的重要法宝。

一　2021 天津城市形象与文化影响力的现状

城市形象是一个历史概念，总是处于缓慢的变化发展之中。如果说历史文化积淀构成了一个城市的文化底蕴，代表了这个城市的过去，那么国家政府支持下的诸多规划设计则指向未来，它们点点滴滴地改变着城市面貌，使其紧跟时代潮流。因此，考察当下城市形象与文化影响力的发展现状，分析其优势与不足，有助于在今后的城市建设中查缺补漏、有的放矢地助力天津城市发展。

现集中对 2020 年 10 月 1 日至 2021 年 10 月 1 日这一时间范围内的天津城市形象进行调查，相关的数据采集来源有四：一是权威性媒体，如《人民日报》与《天津日报》《北方网》等，以及相关的政府文件；二是全国范围内的图书出版物；三是学术界的研究论著；四是网络抽样调查。

（一）天津城市形象的现状

综合上述媒介信息，2021 年天津的城市形象整体主要体现为以下几个关键词：

1. “一基地三区”

“一基地三区”是全国先进制造研发基地、北方国际航运核心区、金融创新运营示范区、改革开放先行区。这既是京津冀协同发展战略下党和国家赋予天津的定位，也是天津根据自身的城市优势，从地理、经济层面形塑天津城市形象。

2.智慧城市

智慧城市就是“运用信息和通信技术手段感测、分析、整合城市运行核心系统的各项关键信息，从而对包括民生、环保、公共安全、城市服务、工商业活动在内的各种需求做出智能响应。其实质是利用先进的信息技术，实现城市的智慧式管理和运行，进而为城市中的人创造更美好的生活，促进城市的和谐、可持续成长”①。2020年到2021年，天津在建设智慧城市方面成果丰硕，相关新闻频频亮相《人民日报》。从2017年到2021年，天津已连续五年举办世界智能大会，高端的论坛使得智能已成为当前天津城市形象的核心词汇。智能发展的关键是互联网技术。根据2021年3月17日天津市统计局发布的《2020年天津市国民经济和社会发展统计公报》，天津推进新型基础设施建设，推动5G、固定宽带网络提质升速，实施宽带“双千兆”工程，累计建成了5G基站3.3万个，在智慧城市、智能制造、智慧港口等重点领域打造了一批5G应用示范标杆项目；在智能技术运用方面，天津正在打造中新天津生态城智慧城市建设国家级标杆区，推进智慧城市由试点示范到全域覆盖跨越，建设5G全域应用示范区。同时，做强做优“城市大脑”，加强城市运行、社会治理、政府监管等领域大数据归集共享，实现城市运行全局监测和智能预警。

3.生态宜居城市

良好的城市生态是市民幸福生活的重要保障，也是吸引人才以及外来投资的必要条件之一。2021年1月，市委十一届九次全会明确提出：到2035年，天津将基本建成创新发展、开放包容、生态宜居、民主法治、文明幸福的社会主义现代化大都市。生态宜居是天津城市形象的远景目标之一，也是近年来政府在城市发展中大力筹划布局之处。根据2021年3月17日天津市统计局发布的《2020年天津市国民经济和社会发展统计公报》，其一，天津生态环境建设加速提质。政府深入实施了“871”重大生态工程，湿地自然保护区全面升级保护，七里海湿地完成生态修复工程，北大港湿地持续开展生

① 邓开发：《人工智能与艺术设计》，华东理工大学出版社2019年版，第160页。

态补水，大黄堡湿地完成翠金湖、燕王湖项目区生态修复，团泊湿地开展北堤南侧提升改造工程。双城间绿色生态屏障加快建设，重点打造十大生态片区，造林绿化工程完成 4.9 万亩；海岸线加快提升生态功能，整治修复滨海湿地 531.87 公顷、岸线 4.78 公里，全力打造“水清、岸绿、滩净、湾美”的蓝色海湾；全市森林覆盖率 12.07%。中新天津生态城国家绿色发展示范区建设取得明显成效，蓟州区获批国家生态文明建设示范区，子牙经开区获批国家生态工业示范园区。其二，人居环境持续改善。完成 12.2 万平方米市区零散棚户区改造和 5087 户农村困难群众存量危房改造。18 个积水片区改造全部完工。建成 150 个农村人居环境整治示范村。实施农村全域清洁化工程，圆满完成新一轮农村饮水提质增效工程，累计让 2061 个村、202.2 万农村居民喝上“安全水”“放心水”。完成农村 29.6 万座户厕和 1510 座公厕的改造提升。其三，污染防治成效显著。打好蓝天保卫战，“钢铁围城”“园区围城”加快治理，撤销取缔工业园区 132 个。$PM_{2.5}$ 平均浓度 48 微克/立方米，比上年下降 5.9%，优良天数比例 66.9%，提高 6.9 个百分点。打好碧水保卫战，地表水国控断面优良水质占比 55.0%，提高 5 个百分点，水环境达到近年最好水平。劣Ⅴ类水质比例降至零。12 条入海河流全部消劣，近岸海域优良水质比例达到 70.4%。建成区全部消除黑臭水体。打好净土保卫战，完成耕地土壤环境质量类别划定，更新发布建设用地土壤污染风险管控与修复名录。

4.运动城市

2021 年，天津体育事业成绩显赫，成功举办了全国蹦床锦标赛、全国棒球锦标赛、全国青年棒球锦标赛、全国短道速滑冠军赛、全国短道速滑锦标赛等赛事和第六届全国大众冰雪季暨天津冰雪嘉年华活动。天津女排第 13 次获得全国女排联赛冠军。在全国最高水平赛事上，天津体育健儿共获得 18 枚金牌、16 银牌、18 枚铜牌。与赛事相关的新闻报道不断在全国刷新天津的城市热度，塑造出了健康又有活力的运动城市形象。与此相对应的是，根据 2021 年 3 月 17 日天津市统计局发布的《2020 年天津市国民经济和社会发展统计公报》，市政建设中更新 450 余个社区（行政村）健身园，健身广场 115 个等，新建多个健身广场、健身步道、篮球场、口袋健身公园等体育健身设施，将运动城市的形象由表及里，切切实实地落实在了天津市民日常生活当中。

（二）天津文化影响力的现状

文化影响力是城市软实力的体现，包含国家文化影响力和城市地区文化影响力两个层面。“从国家的层面看，文化软实力更为注重的是意识形态、主流价值、文化认同、民族文化的保护与弘扬，本国文化对外的扩展与传播等。而对一个城市或地区来说，文化影响力中的意识形态色彩不是很突出。城市文化影响力是城市的精神力量，它体现为城市创造价值理念的能力，形成文化符号的能力，提供文化成果的能力，创造文化产品的能力，传播信息资讯的能力。”①文化影响力的评价指标十分复杂，一般认为它主要包括“某一国家或地区的文化精神要素、历史遗迹与民俗要素、文化设施要素、文化创造要素、文化资讯与传播要素、文化贸易要素、国家化要素等方面”②。2020年到2021年，根据2021年3月17日发布的《2020年天津市国民经济和社会发展公报》，天津的文化事业繁荣活跃。

其一，文化设施方面。平津战役纪念馆被评为国家一级博物馆，大沽口炮台遗址博物馆等3家博物馆被评为国家二级博物馆。完成第二批基层综合性文化服务中心达标验收，85个街镇和2363个村居综合性文化服务中心全面达标。截至2020年末，全市共有艺术表演团体146个，文化馆17个，博物馆70个，公共图书馆28个，街乡镇综合文化站245个。全市影院共计119家，放映场次48.91万场，观影人数770.22万人次，实现票房收入2.89亿元。

其二，文化创作与推广方面。圆满完成“2020年天津市名家经典惠民演出季”等活动，共举办演出472场次，精品剧目30台。京剧《秦香莲》等6部作品入选“庆祝中国共产党成立100周年舞台艺术精品创作工程”。圆满完成第五届市民文化艺术节，线上线下参与人数达2425.77万人次。电视剧《换了人间》获第32届飞天奖优秀电视剧奖。全年出版图书9463万册，期刊2757万册，报纸1.98亿份。

① 李春雨：《比较视野中的北京文化》，文化艺术出版社2014年版，第35页。

② 李春雨：《比较视野中的北京文化》，文化艺术出版社2014年版，第35页。

其三，文化经济方面。旅游行销是城市文化行销最好、最有效的手段之一，打造一流的旅游项目、提高旅游市场效益、吸引尽可能多的游客，具有提升文化影响力的重大作用。2020 年到 2021 年，天津旅游经济的相关数据彰显出天津文化影响力不断增强。滨海新区、西青区、和平区入选第一批国家文化和旅游消费试点城市。智慧山文化创意产业园入选第二批国家文化产业示范园区创建园区。金街步行街、国家海洋博物馆获评国家 4A 级旅游景区。成功举办 2020 中国旅游产业博览会，创新线上线下一体办展模式，吸引 2000 余家文旅企业参与。举办“鼓楼津声”“I•游天津”旅游季等系列活动，推广 52 条精品旅游路线，打响“网红天津”城市名片。推出天津通票 2.0，全力打造“近代中国看天津”等优质旅游升级版。全年共接待入境游客 17.13 万人次，入境旅游外汇收入 3.34 亿美元；接待国内游客 1.41 亿人次，国内旅游收入 1331.42 亿元。

其四，城市媒介形象的塑造与传播方面。“城市媒介形象可以定义为借助现代传播媒介（尤其是大众传播媒介）所传递的新闻、广告、娱乐等相关信息，受众（主要是市民、游客和投资者）对城市的有形或无形的物体、活动及场景所产生的心理意向。”[①]随着电子媒介的发达和信息社会的发展，现代社会逐渐呈现出媒介化的社会生存趋势。越来越多的人对城市形象的感知和行为决策受到大众传媒的影响。因此，大众传媒堪称传播城市形象的利器。2020 年 10 月到 2021 年 10 月，传播天津城市形象最为鼎力、独放异彩的是纪录片，总计有 7 部问世。大型航拍纪录片《航拍中国（第三季）· 天津》时长近一个小时，纳入了多个具有浓郁津味儿的地标和景点，14 个网红打卡点大部分也纳入其中；之后，趁着这股航拍之风，2021 年天津海河传媒中心也打造了 6 集纪录片《大美天津》，内容上更为详尽，特别突出了天津近几年在生态建设、农村旅游、信息产业等方面新发展。2020 年 11 月，天津市委宣传部与天津广播电视台联合拍摄了大型纪录片《赶大营》，讲述清朝光绪年间杨柳青人随军迁徙新疆、“天津商帮”在新疆兴旺发展的故事。2020 年，天

① 江根源、季靖：《城市媒介形象及其战略的传播——解读杭州市在三份国家级报刊中的媒介形象》，《浙江工业大学学报（社会科学版）》2010 年第 3 期。

津市委宣传部与海河传媒中心还共同打造了纪录片《奠基岁月：天津 1949—1956》（7 集）回顾天津最为辉煌的年代，讲述解放大城市天津模式、接管大城市天津经验、取缔娼妓业天津方式、国民经济恢复天津经验、计划免疫、社会主义文艺改造天津经验；另有《大考》（2020 年）讲述天津人民在党的领导下战胜新冠肺炎疫情；《精武传奇》（3 集，2020 年）介绍霍元甲的一生和百年精武会的自强精神。《小楼春秋之红色记忆》（30 集，2021 年）介绍红色历史建筑。这 7 部纪录片，2 部航拍片注重天津整体形象的展示，风格恢宏大气；其他 5 部则聚焦某一段历史或天津的名人建筑，深入挖掘天津的历史文化资源。

二 2021 天津城市形象和文化影响力的现状分析

城市形象是一个复合概念，包括政治、经济、文化、社会等多个侧面。城市文化影响力主要与城市的文化形象密切相关。城市文化形象准确清晰，政府系统地以此规划城市自然历史文化资源，更利于激发市民的文化认同感与自豪感，有助于其文化影响力的扩散；反之，缺乏明确统一的城市文化理念与价值观，城市文化形象模糊涣散，则无法高效地利用城市文化资源，提升城市的凝聚力，城市的文化影响力自然也会大打折扣。通过调查 2020 年 10 月到 2021 年 10 月天津城市形象与文化影响力的现状，笔者认为其发展存在以下优势与不足：

（一）已有优势

1.政府相关部门利用现代营销手段规划城市文化资源初见成效

近两年，市政府积极筹划，对于已开掘的文化资源深耕细作，提升了天津城市形象的知名度。最为显著的措施是打造“网红天津”。利用网络进行海选城市地标、网红打卡地、天津礼物等活动，强化了天津独特的城市文化符号，文旅融合的同时促进了旅游经济的发展。同时，提升五大道的整体环境，设立集市，引入“剧本杀”“文创雪糕”等项目，初步形成了深度体验的旅游模式，有利于充分挖掘原有的五大道小洋楼、意式风情区等文化资源，吸引了众多年轻受众的注意力。根据《中国潮经济·2020网红城市百强榜》发布："从网络热度指数、直播指数、潮生活指数、产业发展指数、印象指数等5个维度来衡量城市'网红程度'，天津名列前茅。"[①]

2.挖掘打造出新的文化旅游资源生长点

2020年到2021年，天津历史文化资源中，被突出呈现、着力打造的有两个。一是红色革命文化资源。2021年是中国共产党成立100周年，《中华人民共和国乡村振兴促进法（草案二次审议稿）》面向社会公众征求意见，其中明确提出各级政府应当支持红色旅游和乡村旅游发展，借此时机，全国各地政府大力开掘本地的红色文化资源。在天津，各大博物馆都相继推出了相关的红色文化主题展览，平津战役纪念馆经过提升改造被评为国家一级博物馆，相关政府部门还专门设立了红色旅游经典线路。演艺界重新排练了话剧《大江歌罢》，重现周恩来、邓颖超为代表的年轻学子创办觉悟社的故事。二是大运河文化资源。2019年7月24日，习近平主席主持召开中央全面深化改革委员会会议，审议通过了《长城、大运河、长征国家文化公园建设方案》。天津市政府以此为契机，加强对大运河和长城天津段的保护传承利用，规划了杨柳青大运河国家文化公园。该公园规划占地面积2800余亩，分为历史名镇、元宝岛、文化学镇三个板块，总投资52亿元，建成后将成为展现大运河历史风貌、呈现时代风采、彰显津沽文化价值的国家级标志性工程。南开区举办了"运河拾遗舞春龙"民俗文化展演，弘扬运河传统文化。

（二）不足之处

经过近几年系统地规划设计，相较于过往，天津的城市形象已有很大改观，在全国城市中文化影响力逐渐增强。不过，与北京、上海等文化强市相比，天津仍有一些不足之处。

首先，城市形象相对比较单一。城市形象是一个城市带给市民或外来者

① 《"网红城市"如何才能"长红"》，《江西日报》2020年11月11日，第8版。

的整体印象，影响城市形象的因素比较复杂。从新闻媒体的报道来看，天津外在的城市形象主要偏向于政治和经济两个层面，近年来生态环境有较大改善，宜居指数大大提升，但文化层面的城市形象仍相对比较薄弱，与城市其他层面的快速发展不相匹配。

其次，对现有文化资源的开掘仍有许多深入的空间。原故宫博物院院长单霁翔曾指出："从传统的功能城市到今天的文化城市，文化已经成为城市发展中举足轻重的元素。城市文化是建设和谐城市的基础，是城市竞争力的核心内容，是城市创新发展的强大动力，影响并决定着城市发展的前景和方向。"①天津有先进的制造业和信息技术产业，经济基础雄厚，但文化资源作为推动城市经济发展的动力，其潜力还未被充分重视和发掘出来。比如要建设制造业强市，但当下对作为其前世源流的近代工业文化资源的重视程度还远远不够；对五大道、古文化街等相对成熟的文化资源，偏向于有形的物质文化资源如建筑遗产的开发利用，忽视了对天津作家、非物质文化遗产等无形的文化资源的转化利用。红色资源的开掘大都局限于办主题展览，尚未集中展示出天津本土的文化特色。大运河文化资源虽已有规划设计，但从构想到落地，还有很长的路要走。

最后，利用媒介手段传播城市文化影响力的能力需要进一步增强。2020年到2021年，天津的纪录片从影视媒介的角度勾勒天津城市形象，取得了不俗的成就。但如何利用热点事件来提升城市形象的知名度，相关的营销措施远远不够。2021年天津虽成功主办了多场体育赛事，并改造了许多体育设施，但营销措施整体都比较低调，不利于城市文化影响力的传播。

三　提升天津城市形象和文化影响力的对策

城市形象的塑造是一个需要长期统筹规划、合理实施的文化工程，城市文化影响力的提升也并非一蹴而就的事，唯有在政府主导、科学规划的引领

① 范周主编：《中国城市文化竞争力研究报告》（2016版），北京知识产权出版社2017年版，第14页。

下，多措并举，多方发力，才有可能将城市文化资源转化为生产力，实现城市文化的可持续发展。根据天津市“十四五”规划的长远目标的要求，笔者认为，在天津城市形象塑造过程中应该注意以下几点：

其一，树立精益求精的意识，从多元立体的角度去打造城市文化品牌形象。一个城市的历史文化资源受到地理位置、历史积淀的限制，因此，对于有限的文化资源必须充分利用，将其打造成城市的文化品牌。开发利用相对成熟的文化资源，要做精做强，与时俱进，借助新的科技手段和方式，进一步挖掘和提炼文化资源的新元素、新亮点，适应市场变化的需求。如以五大道、意式风情区为代表的近现代天津历史文化资源，既要注重对其古建筑遗产持续的保护，让游客欣赏万国建筑博览会，更要充分利用现代形式充分挖掘其非物质的文化内涵，展示天津的文化精神，增加游客旅游体验的文化“含金量”。对于古文化街等传统文化资源，除观赏游览的方式之外，更要从衣食住行的生活模式出发，充分利用本土的老字号等品牌资源、非物质文化遗产资源，将其“复活”到人们的日常生活中，这种深度体验的模式，能充分挖掘出传统文化资源的潜力，对本地市民、外来游客同样具有吸引力。重视拓展天津的文化名人资源，不仅包括近现代的名人如梁启超、曹禺，还应当充分注意到当代著名作家如孙犁、梁斌、罗兰、张秀亚、陈之藩等人，为其设立文学馆，将其作为天津的文化名片，利用文学传播的力量去提高天津在全国乃至世界的知名度。

其二，吸引高端人才，尤其是文化创意方面，拓展相关的文化产业链，充分挖掘非物质型文化资源的潜力。创意和设计既是相关产业的黏合剂，又是促进相关产业转型升级、提高文化附加值和品牌知名度的重要推手。作为具有高知识性、高增值性和低能耗、低污染特征的新型高端服务业的创意和设计，不论是对于文化产业还是其他产业来说，都处于产业链的高端，也是构成这些产业创新能力和核心竞争力的关键。2021 年，国务院正式公布第五批国家级非物质文化遗产代表性项目名录，天津市有 14 个项目入选。包括：“无极拳、登杆（大六分村登杆）、飞叉（永良飞叉）、葫芦制作技艺（天津葫芦制作技艺）、秧歌（西码头百忍京秧歌高跷）、单弦牌子曲（含岔曲）、花键（穆氏花毽）、面人（天津面塑）、酿醋技艺（独流老醋酿造技艺）、剧装戏具制作技艺（戏剧靴子制作技艺）、装裱修复技艺（天津古籍修复技艺）、中医诊疗法（津沽脏腑推拿）、中医传统制剂方法（达仁堂牛黄清心丸制作技艺）、中医传统制剂方法（宏仁堂紫雪散传统制作技艺）。”①这些珍贵的非物质文化遗产资源，大部分未被开发利用，有的甚至生存堪忧。因此，政府和相关部门，应该积极引入相关文化产业方面的人才，通过市场转化为其注入生命活力；另外，天津有着丰富的曲艺文化资源，当下，除了相声市场化比较成熟外，其他传统文艺资源处于相对萎缩的状态，应该积极借用现代形式适当改造传统文艺资源，将现代智慧科技融入传统文化资源的转化再创造中，为其赋予时代感，从而吸引更多年轻观众的注意力。也可以通过定期主办文化节等方式，一方面向市民推广，让城市的文化底蕴融入人们的日常生活中，提升市民的文化认同感；另一方面以独特的文化元素吸引外来游客，深度体验地域文化。

其三，大力提升旅游业的服务能力。2021年天津市政府工作报告中提出，“十四五”时期全市经济社会发展主要目标之一是初步形成“津城”与“滨城”的双城格局，提升津城的现代服务能力。旅游服务能力是旅游生产能力的重要组成部分。一个城市的旅游吸引力，除了取决于旅游资源的独特之处外，还包括旅游交通、旅游饭店、旅游购物及其他配套设施的综合吸引力。因此，为了吸引更多的游客，提高旅游经济的生产力，不但要积极挖掘多元的旅游文化资源，还应该利用现代智能科技提高旅游体验的舒适度，进一步改善城市的交通设施、卫生设施等硬件，提高服务人员的整体素质等软件的吸引力。并且利用大数据的优势，根据不同旅游地的游客群体，有的放矢地提供不同的旅游服务标准，如此才能在有限的文化资源上最大限度地提升旅游经济的生产能力。

其四，运用多种媒介正面传播天津城市形象。“酒香不怕巷子深”的时代已经过去，在挖掘城市历史文化资源、练好内功的基础上，应该利用多元的

① 张帆：《我市十四项“绝活儿”上榜》，《天津日报》2021年1月4日，第8版。

媒介来传播天津的文化底蕴。应当充分利用电子媒介，电影电视尤其是当下最流行的网络媒介，网红城市的打造首先要依靠的就是网络流量；利用举办大型赛事、高端论坛以及会展等机会，借此改造城市设施，配合各方面的宣传措施，传播城市文化精神，提高城市的知名度。

京津冀文化协同发展研究报告（2022）

张雪筠　天津社会科学院社会学研究所副研究员

摘　要： 京津冀协同发展战略实施以来，京津冀文化协同发展取得了一定成绩。三地签署了一系列的合作协议，合作了一些公共文化服务项目，三地的文化产业也呈现出协同发展的趋势。但目前京津冀文化协同发展依然存在着三地之间发展差距大、缺乏顶层设计、联动机制以及实质性推动等问题。推动京津冀文化协同发展需要从做好顶层设计、完善文化协同运行机制以及大力推动文化产业协同发展等方面着手。

关键词： 京津冀　文化　协同

文化协同发展是京津冀协同发展的强大精神支撑，作为京津冀协同发展的一项重要内容，三地文化如何实现协同联动发展是京津冀协同发展的关键性问题之一，分析三地文化协同发展现状并给出相应的对策，对于加快推进京津冀协同发展，提升区域竞争力具有重要意义。

一　京津冀文化协同发展现状

京津冀是我国文化发展最富活力的地区之一，改革开放后，随着文化体制改革的不断推进，三地文化事业的发展都得到了长足的进步。并形成了各自的特点与优势。近年来，特别是京津冀协同发展上升为国家战略以来，京津冀文化协同发展也有了一定的成绩。

（一）政策措施的协同发展

京津冀协同发展上升为国家战略以来，三地签署了一系列的政策文件，为京津冀文化协同发展奠定了基础。2012 年 12 月，三地签订了《京津冀三地文化产业协同发展战略合作备忘录》；2014 年 8 月，三地签订了《京津冀三地文化领域协同发展战略框架协议》；2015 年 3 月，三地签订了《京津冀演艺领域深化合作协议》；2015 年 4 月，三地签订了《京津冀文创园区协同发展备忘录》；2016 年 5 月，三地签订了《京津冀三地文化人才交流与或作框架协议》；2017 年 12 月，三地签署了《京津冀文化产业协同发展行动计划》；2018 年 5 月，三地签署了《京津冀博物馆协同创新发展协议》。

同时，河北省与天津市还将京津冀文化协同发展纳入“十四五”发展规划中。《天津市文化和旅游融合发展“十四五”规划》中提出，联合北京市、河北省开展制度和机制创新，形成京津冀文化和旅游“协同管理、优势互补、形象共树、客源共享”的发展格局，建设特色鲜明、内涵丰富、兼容并蓄的京津冀文化和旅游产品谱系群，使京津冀文化和旅游产业实现合作、联动、互惠、共赢。《河北省国民经济和社会发展第十四个五年规划和二〇三五年远景目标纲要》中提出：“推进京津冀文化产业协同发展，建设雄安文化产业引领区，协同推动冬奥冰雪文化产业发展，打造河北省文化产业发展新引擎。”以上政策措施的出台，为推动三地文化领域协同合作奠定了基础，促进了三地文化事业的发展。

（二）公共文化服务的协同发展

京津冀文化协同发展战略实施以来，三地文化事业的协同发展取得了一些成果，协同步伐加快。三地在明确协同发展的指导思想和基本原则的基础上逐步探索对接机制，公共文化服务合作有所加强。如：落实《京津冀博物馆协同创新发展协议》有关内容，进一步实践、推广京津冀“博物馆进校园”示范项目。启动了京津冀图书馆红色文献数据库建设项目。首都图书馆、天津图书馆、河北省图书馆共同签署了框架性合作协议，旨在统筹推进京津冀区域各类红色文化资源、图书馆各种载体红色文献征集梳理、整合开发、数据库建设工作，利用现代信息技术实现三地红色文献数据库共建共享，切实推动区域红色文化资源的征集保护和开发利用。首都图书馆、天津图书馆、河北省图书馆与雄安新区公共服务局共同签署了“雄安新区图书馆发展支持计划”框架式合作协议，就雄安新区图书馆服务体系规划、新馆筹建、开馆筹备和运营管理等方面专家咨询、人才支持与培养，以及现有图书馆（室）资源建设、读者服务等方面达成合作意向。但总的来看，三地的文化公共服务存在着较为明显的差距。

本报告选取了“人均文化事业经费”（x1）、“万人拥有博物馆建筑面积”（x2）、“万人拥有演艺场馆建筑面积”（x3）、“公共图书馆人均藏书册”（x4）、“万人拥有群众文化设施建筑面积”（x5）、“有线电视用户占比/百分比”（x6）六个指标对京津冀三地公共文化服务发展水平做了分析。

表 1　2015—2019 年京津冀三地公共文化服务状况

	年份	x1（元）	x2（m^2）	x3（m^2）	x4（册）	x5（m^2）	x6（%）
北京	2015	127.08	129.29	251.5	1.12	329.2	108.88
	2016	162.36	230	309	1.19	337.6	109.7
	2017	166.73	324.7	286	1.27	396.1	109
	2018	161.75	461.7	370.5	1.34	429.3	109.5
	2019	220.38	430.9	175.9	1.4	428.1	109.1
	年份	x1（元）	x2（m^2）	x3（m^2）	x4（册）	x5（m^2）	x6（%）
天津	2015	99.39	121.78	113.12	1.1	205	97.99
	2016	101.18	120.74	135.01	1.16	209.6	96.7
	2017	120.01	223.8	192	1.07	248.8	96.7
	2018	114.9	231.8	277.6	1.2	273.1	91.6
	2019	109.22	202.1	161.9	1.34	276.7	89.8
	年份	x1（元）	x2（m^2）	x3（m^2）	x4（册）	x5（m^2）	x6（%）
河北	2015	24.96	131.23	54.27	0.3	163.7	39.19
	2016	24.76	98.98	55.4	0.31	167.4	36.2
	2017	33.5	102.1	65.8	0.34	166.5	35.7
	2018	35.78	105.7	49.36	0.36	174.6	30.4
	2019	39.25	103	100.6	0.4	178.1	26.5

数据来源：《中国文化及相关产业统计年鉴》（2016—2020）、《中国文化文物统计年鉴》

（2016—2020）、《北京市统计年鉴》（2016—2020）、《天津市统计年鉴》（2016—2020）《河北省统计年鉴》（2016—2020）。

表 2　京津冀三地公共文化服务体系得分表

年份	北京市	天津市	河北省
2015	1.52	1.07	0.39
2016	1.60	1.01	0.38
2017	1.49	1.10	0.40
2018	1.54	1.10	0.35
2019	1.58	1.01	0.40

从表 2 可以看出，2015—2019 年河北省公共文化服务的得分基本上是北京的四分之一左右，是天津市的五分之二左右，而天津的得分则是北京的三分之二左右，三地之间的差距明显，京津冀公共文化服务协同化目标的实现任重道远。

（三）文化产业的协同发展

总的来看，京津冀三地的发展定位不同、经济结构不同、文化资源禀赋具有一定差异，因此三地的文化产业发展状况也有一定的差异。

北京市作为全国“政治中心、文化中心、国际交往中心、科技创新中心”，是国内最早将文化产业作为重点发展产业的城市，在资本、技术、人才等方面具有很大的优势，其文化产业发展的规模与质量都强于津冀。2018 年，北京的文化与相关产业增长值为 3075.1 亿元，占 GDP 的 9.29%，文化及相关产业占 GDP 的比重居于全国的首位，比第二位的上海市高出 3.2 个百分点。[①]文化产业已经成为北京市的支柱产业。随着文化产业的发展，北京市文化产业的结构也进一步优化，除了在传统领域如广告、影视、新闻出版等行业优势明显外，在动漫游戏、网络传媒、创意设计服务等新兴文化产业方面的发展也不俗。“2020 年，北京动漫游戏产业总产值约为 1063 亿元，约占全国动漫

① 资料来源：《中国文化及相关产业统计年鉴 2020》，中国统计出版社 2020 年版。

游戏产业产值的 19.3%，相比 2019 年的 806 亿元增长 32%。”[①]

自 2007 年提出文化强市战略以来，在政府的大力推动下，经过多年努力，天津市文化产业也有了一定的发展。2018 年，天津市文化及相关产业增加值为 573.8 亿元，占 GDP 比重的 4.29%[②]。受产业结构调整的影响，2018 年天津市文化及相关产业占 GDP 的比重较 2016 年下降了 0.2 个百分点。这主要是因为天津市文化制造业规模的收缩。2019 年天津市规模以上文化制造业的企业数为 157 个，比 2016 年减少了 131 个，年营业额比 2016 减少了 8366148 万元。但天津新兴文化产业的发展较为迅速，先后形成了一批以演艺娱乐与动漫、文化会展及广告等为主体的实力雄厚的文化产业园区，如首个文化部确认的国家级动漫产业园——国家动漫产业综合示范园，国家级会展项目——滨海国际文化创意展交会等。这为天津市文化及相关产业的发展注入了新鲜血液，推动了天津市文化产业的创新化、多元化发展。

相对而言，河北省在京津冀三地中人口最多、面积最大，但整体的经济发展水平相对落后，文化产业的发展也相对落后。2018 年文化及相关产业占 GDP 比重的 2.60%，不仅比北京相差甚远，与天津市也有着明显的差距。但河北省文化自然资源富饶，其文化产业的发展以特色文化旅游、印刷发行、会展行业、文化用品的制作和销售等为主导产业，在文化制造业方面发展实力较强。2019 年河北省规模以上文化制造业的工业总产值为 5323638 万元，居三地之首。

总之，目前京津冀三地的文化产业的发展具有各自的优势和特点，那么在京津冀一体化建设的大背景下，三地文化产业的协同发展状况如何呢？参考复合系统协调度模型构建京津冀文化产业协同发展评价体系，通过测量各子系统的程度及其发展趋势，分析区域文化产业整体的协同程度可以发现，目前京津冀文化产业协同发展取得了一定的进展，但协同度仍有待提高。

参考陈胜棋、孟庆松，韩文秀、王雪等人的研究，本报告选取了文化及相关产业资产总额（x1）、文化及相关产业营业收入（x2）、从业人员人数（x3）、

① 资料来源：http：//www.bj.xinhuanet.com/2021-01/17/c_1126990796.htm。

② 资料来源：《中国文化及相关产业统计年鉴》，2017—2020 年。

地区生产总值（x4）、主要文化机构数（x5）、人均文化事业经费（x6）、人均可支配收入（x7）、居民人均文化消费支出（x8）八个指标，建立津冀文化产业复合系统协同度指标，通过测量序参量：市场水平、发展基础、产业环境的耦合协调度分析京津冀文化产业协同程度。

表 3　津冀文化产业复合系统协同度指标

文化产业子系统	序参量	衡量指标
区域文化产业系统（北京、天津、河北）	市场水平	文化及相关产业产业资产总额
		文化及相关产业营业收入
		从业人员人数
	发展基础	地区生产总值
		主要文化机构数
		人均文化事业经费
	产业环境	人均可支配收入
		居民人均文化消费支出

表 4　京津冀文化产业发展状况

		x1（万元）	x2（万元）	x3	x4（万元）	x5	x6（元）	x7（元）	x8（元）
北京	2016	81954490	108702377	481281	25669.1	910	162.36	52530.4	2351.4
	2017	95860131	138879426	541371	28014.9	903	166.73	57229.8	2395
	2018	109629568	165789795	537337	30320	877	161.75	62361.2	2192
	2019	129972649	190203386	542365	35371.3	836	220.38	67755.9	2272
		x1（万元）	x2（万元）	x3	x4（万元）	x5	x6（元）	x7（元）	x8（元）
天津	2016	23317388	24180736	153054	17885.4	420	101.18	34074.5	1173
	2017	17842419	23396723	100971	18549.2	483	120.01	37022.3	1337
	2018	18905864	29383389	94315	18809.6	504	114.9	39506.1	1522
	2019	19446801	24976137	77868	14104.3	537	109.22	42404.1	1579
		x1（万元）	x2（万元）	x3	x4（万元）	x5	x6（元）	x7（元）	x8（元）
河北	2016	14522835	14048559	181305	32070.5	4481	24.76	19725.4	555.6
	2017	12310110	16233543	190484	34016.3	3533	33.5	21484.1	606
	2018	9948087	23608701	171521	36010.3	3262	35.78	23445.7	620
	2019	9604319	22792512	153336	35104.5	3562	39.25	25664.7	656

数据来源：《中国文化及相关产业统计年鉴》（2016—2020）、《中国文化文物统计年鉴》（2016—2020）、《北京市统计年鉴》（2016—2020）、《天津市统计年鉴》（2016—2020）《河北省统计年鉴》（2016—2020）。

在对序参量分量原始数据进行标准化后，利用 spssau 网上分析软件，使用耦合协调度分析，计算了北京、天津、河北以及京津冀三地文化产业的协同发展情况。

表 5 北京耦合协调度计算结果

	耦合度 C 值	协调指数 T 值	耦合协调度 D 值	协调等级	耦合协调程度
2016 年	0.32	0.282	0.388	4	初级失调
2017 年	0.485	0.457	0.471	4	初级失调
2018 年	0.796	0.464	0.608	7	初级协调
2019 年	0.673	0.523	0.775	8	中级协调

从表 5 可以看出，北京的文化产业协同度在考察期内整体呈上升趋势，处于有序发展状态，但协同程度有待提高。需要注意的是，北京居民的人均文化消费支出并未随着收入的增加而增加,2019 年比 2016 年还减少了 79 元。说明虽然北京市的文化产业发达，但是整体看，居民文化产品或服务的消费意愿不强，市场的潜力还有待进一步挖掘和激发。

表 6 天津市耦合协调度计算结果

	耦合度 C 值	协调指数 T 值	耦合协调度 D 值	协调等级	耦合协调程度
2016 年	0.340	0.533	0.425	5	濒临失调
2017 年	0.284	0.292	0.288	3	中度失调
2018 年	0.614	0.647	0.630	7	初级协调
2019 年	0.334	0.441	0.384	4	轻度失调

总体看，目前天津市的文化产业的协调度处于波动状态，说明产业发展产业协同需要进一步加强。从序参量所占权重看，发展基础和产业环境所占比重较高，市场水平较低，说明天津市文化产业发展主要问题是产业规模较小，文化及相关产业占 GDP 比重从未超过 5%。在全国处于中上水平，与北京相比差距稍大。

表 7 河北省耦合协调度计算结果

	耦合度 C 值	协调指数 T 值	耦合协调度 D 值	协调等级	耦合协调程度
2016 年	0.334	0.44	0.383	4	轻度失调
2017 年	0.364	0.405	0.384	4	轻度失调
2018 年	0.987	0.532	0.724	8	中级协调
2019 年	0.323	0.663	0.463	5	濒临失调

目前河北省的文化产业协同度也比较低，发展也处于波动状态。从序参量所占的权重看，河北省市场水平与发展基础所占比例较高，说明河北省文化产业的发展较京津而言优势在于有较大的生产与市场规模。但同省级单位相比，河北省文化产业的规模仍比较小，且内部发展不平衡，整体经济发展水平较低，因而影响了河北省文化产业的发展。

表 8 京津冀三地耦合协调度计算结果

	耦合度 C 值	协调指数 T 值	耦合协调度 D 值	协调等级	耦合协调程度
2016 年	0.377	0.071	0.164	2	严重失调
2017 年	0.661	0.220	0.381	4	轻度失调
2018 年	0.365	0.452	0.406	5	濒临失调
2019 年	0.654	0.543	0.734	8	中级协调

从表 8 可以看出，目前三地的文化产业发展呈现出不断增强的状态，说明三地文化产业发展在不断完善中。这主要得益于三地政府、文化相关企业对区域文化产业协同发展的重视，陆续签订了各项合作协议，各相关部门、企业间不断交流互动，使得产业协同发展相关方面有了改善和优化。但 2019 年仍处于中级协调阶段，距离优质协调的 10 分仍有一定距离，说明京津冀文化产业的协同发展还存在巨大的进步空间，有待进一步加强。

二　京津冀文化协同发展存在的问题

（一）缺乏顶层设计

目前，京津冀三地虽然出台了一系列的政策措施，签署了一系列的合作协议，但是目前缺乏顶层设计，对于文化协同发展的思路、目标、路径以及三地在文化协同发展中的地位、角色等均未明确，使得三地的发展基本仍处于各自为政的状态。三地根据自身文化特点和优势各自发展，客观上造成了重复建设，形成资源浪费。

（二）缺乏联动机制

首先，缺乏文化市场协作机制，市场配置资源的作用并未充分发挥。其次，缺乏文化信息及人才共享机制。再次，地方文化部门之间协调机制不完善，京津冀区域文化合作交流机制未完全建立。最后，缺少统一的公共管理组织。京津冀文化协同发展中，涉及文化绩效考核等跨区管理问题。在现有体制下，京津冀政府及文化单位通常不是以整个区域的利益最大化为出发点进行决策，发展壁垒依然存在。

（三）缺乏实质性的推动

目前三地虽然签订了一系列合作意向书，但内容主要是三地建立联席沟通制度等，缺乏明确有效的推动措施，而且由于三地的协同发展仍处于“协商”状态，不利于相关政策的落地。

（四）经济发展水平存在差距

客观上，京津冀三地的经济发展存在明显的差距。尤其是在文化消费方面，2019 年北京市人均文化娱乐是全国的 2.67 倍，天津市全国平均水平的 1.86 倍，而河北仅为全国的 0.76 倍，三者之间差距明显，三地统一的文化消费市场尚未形成，这在客观上制约着三地文化经济发展的均衡性。

三　京津冀文化融合发展的对策建议

（一）做好顶层设计

做好顶层设计，构建京津冀“大文化”格局。在做好调研的基础上，尽快出台京津冀文化协同发展计划。将京津冀作为一个整体，明确三地在文化发展中的地位、角色、发展重点、实现路径等，实现京津冀三地文化发展的差异化、特色化与协同化互补型发展。

（二）完善文化协同发展运行机制

应成立三地文化发展政策协调机构，推出相互衔接、配套完善的发展政策。依托京津冀协同办，形成“轻型化、网络化、弹性化”多部门横向联合的发展机制，使信息、知识和经验在组织内部充分流动和分享，组建临时性机构解决非经常性问题，设计弹性化工作制度，加强文化协同执法力度，以形成适应京津冀文化协同发展且能承担多重任务的网络式运行体系。

（三）以文化产业协同发展带动区域文化的融合发展

文化产业发展是文化事业发展的基础。因此促进京津冀文化协同发展，应以文化产业的协同发展为龙头。要打破目前京津冀三地在协同发展过程中面临的政策、管理等方方面面的阻碍，构建京津冀文化产业一体化体发展体系、建立统一的文化市场、搭建信息交流、科研研发平台，着力促进文化市场人才、资金、技术、信息等要素的跨区域自由流动，以促进文化产业的发展。

京津冀养老服务协同发展研究报告（2022）

丛　梅　天津社会科学院社会学研究所研究员

摘　要： 京津冀协同发展的首要任务是疏解北京非首都功能，服务雄安新区建设。面对京津冀日趋严峻的养老形势，为切实推动京津冀养老服务体系建设，为老年人提供优质养老服务，需认真分析京津冀养老服务领域面临的资源、先行先试试点优势等条件，以及协同发展过程中的三地经济发展水平不同、地区政策性壁垒、三地养老服务质量参差不齐、养老护理人员队伍缺口大等劣势。在“保基本”“补短板”“惠民生”“促普惠”的原则下，明确发展目标，增进社会共识，加强京津冀三地制度衔接、基础共建和资源整合共享，实现资源优势互补，合力推进京津冀养老服务业协同发展。

关键词： 养老服务　协同发展　京津冀

一　研究意义及背景

（一）研究意义

作为世界人口大国，我国人口老龄化发展速度较快，也是老年人口最多的国家。在收获资源型人口红利之后，我国人口将呈现出老年人口规模巨大、老龄化速度加快、失能半失能老年人增多等显著特点。据第七次全国人口普查数据显示，全国 60 周岁及以上老年人口有 2.64 亿，10 年间增加 8600 万人，占比从“六普”时期的 13.3%上升到“七普”时期的 18.7%，增长了 5.4 个百分点。

人口老龄化不仅是一个全国性现象，也是京津冀区域内重要的经济社会问题。京津冀三地人口老龄化程度排在全国前列，均超过全国老龄化平均水平。随着京津冀老龄化叠加高龄化的情况日益严重，养老服务的供给与需求问题亦日益凸显。十九大报告提出，要“实施区域协调发展战略，推动京津冀协调发展”①，说明了京津冀协同发展战略将为京津冀区域间养老服务发展和协同创造更多的条件，养老服务的协同发展将吸引更多的社会资本进入养老服务业，不断探索和完善新型养老服务模式，促进三地养老产业转移与转型升级，进而推动京津冀三地整体的协同发展。为此，京津冀养老服务协同发展作为京津冀协同发展的重要组成部分，对京津冀协同发展具有重要意义。

（二）研究背景

1.京津冀养老服务协同发展相关政策梳理

2014 年，以习近平同志为核心的党中央站在国家发展全局的高度，做出了实施“京津冀协同发展”战略这一重大决策。京津冀三地承载 1 亿多人口，人口老龄化日益加剧，为积极应对人口老龄化挑战，京津冀三地相继出台了多项政策，主动服务北京非首都功能疏解，切实推动养老服务协同发展。

2015 年 11 月，京津冀联合签订了《京津冀民政事业协同发展合作框架协议》，旨在疏解北京的非首都功能，推动基本公共服务均等化。协议指定天津武清养老护理中心、中标集团河北高碑店养老项目和河北三河燕达国际健康城为“京津冀养老协同发展试点单位”②。2016 年 6 月，京津冀三地联合签署《京津冀养老工作协同发展合作协议（2016—2020 年）》，合力破解跨区域养老服务和老年福利方面的身份和户籍壁垒，构建环京津冀健康养老产业圈，重点打造一批环首都大健康产业聚集区，形成“一省两市”养老服务发展新格局，让京津冀三地老年人异地养老无障碍。2017 年 11 月，京津冀三

① 参见：《中国共产党第十九次全国代表大会报告》。

② 李玉玲、胡宏伟：《京津冀养老服务协同发展研究——基于 SWOT 框架分析》，《人口与发展》2019 年第 5 期。

地联合印发《关于增设京津冀养老服务协同发展试点机构的通知》，决定增设张家口九鼎老年公寓、泊头市福星园老年公寓、三河市五福托老院等6家养老机构为新的京津冀养老服务协同发展试点机构[①]。至此，共形成9家养老机构作为新的协同发展试点机构。

2017年12月，京津冀联合印发《京津冀区域养老服务协同发展实施方案》，推动京津冀协同发展区域养老公共服务共建共享，努力形成目标一致、措施一体、优势互补、互利共赢的养老服务协同发展新格局[②]。

2021年7月，京津冀民政事业协同发展第五次联席会议在天津市召开。会议期间，三地共同签署了《京津冀民政事业协同发展三年行动计划（2021—2023年）》《京津冀城乡社区治理协同发展战略合作协议》。为疏解北京的非首都功能，切实推动基本公共服务均等化，继续深入推进京津冀养老服务协同发展提供政策支撑。

2.京津冀三地人口老龄化情况比较

据全国第七次人口普查结果显示，京津冀60周岁及以上老年人口占比均超过全国老龄化平均水平（见表1）。65周岁及以上人口所占比重仅北京低于全国平均值0.2个百分点，天津和河北省均超过全国老龄化平均水平。

表1　2020年“七普”京津冀户籍老龄人口构成

地区	户籍人口数（万人）	60周岁及以上人口比重（%）	65周岁及以上人口比重（%）
北京市	2189	19.6	13.3
天津市	1387	21.7	14.8
河北省	7461	19.9	13.9
全国	141178	18.7	13.5

从京津冀三地老龄化程度的比较看，天津市的人口老龄化最为严重。如果以65周岁及以上老年人口比重达到14%，或60周岁及以上老年人口比重

① 贾楠：《京津冀养老服务协同发展提速》，《河北日报》2017年11月13日。

② 李玉玲、胡宏伟：《京津冀养老服务协同发展研究——基于SWOT框架分析》，《人口与发展》2019年第5期。

超过20%为中度老龄社会的阈值，从“七普”数据反映出的三地老龄化现状看，天津已经于2020年进入中度老龄社会，北京市和河北省也将陆续进入。根据《中国人口展望2018》的方案预测，我国60周岁及以上人口比重很可能在2024年超过3亿人。2022—2032年河北省将迎来老年人口快速增长高峰，到2025年，全省60周岁及以上老年人口将达到1893万人，占总人口比重超过24%。面对京津冀“未富先老”的社会现实，以及养老服务业发展不充分、不协调，养老服务总体上供需不均衡的实际问题，三地合力共同探索京津冀养老协同发展势在必行。

二　京津冀养老服务协同发展的优势与劣势分析

（一）京津冀养老服务优势分析

由于京津冀三地经济发展水平、自然条件以及历史文化禀赋不同，人们的养老观念和生活习惯也存在差异，这就使得京津冀三地在养老服务协同发展上既有协同发展优势，也存在劣势。其协同优势主要体现在以下三个方面：

一是资源优势。资源优势主要是指医疗、交通等方面所具备的优势资源。其一，医疗资源互补与相对优势。河北省在医疗资源的享有方面较京津两地更具优势，与北京和天津两地大型养老机构多建在郊区，远离城市中心的优质医疗资源不同，由于河北省域范围内的城市规模相对较小，新建养老设施可以建在城市中心区域，毗邻大型医疗机构，优质医疗资源实际的可及性相对更高。例如：前不久，一名六岁女童在北京儿童医院保定分院顺利完成自体造血干细胞移植。“跨省托管”六年来，北京儿童医院专家7000多人次下沉至河北保定，帮助保定培养起一支高水平医护队伍，接诊了一大批疑难病患者。[①]其二，京津冀三地交通成本优势。根据《京津冀协同发展规划纲要》中“一核双城三轴四区多点”的空间布局，轨道交通和产业布局的发展已基

① 《“瓣瓣同心”向阳开——习近平总书记谋划推动京津冀协同发展谱写新篇章》,《学习强国》，新华社北京10月19日电。

本实现，京津冀三地综合交通运输体系已经初步形成。特别是河北省环首都13县市基本位于北京的“一小时通勤圈”，这为承接京津地区的养老服务提供了便利条件。不仅方便老年人享有优质异地养老资源，也便于子女经常探望。[①]例如：从地理位置上看，河北省廊坊市位于北京市和天津市之间，所处地理位置优越，自然环境良好，从廊坊到京津两地的交通极为便利。这为今后发展京津冀协同养老服务产业提供了很好的条件。

二是京津冀养老服务先行先试试点优势。京津冀养老服务协同发展的一个重要优势就是先行先试的政策优势。在京津冀协同发展和实施积极应对人口老龄化均上升为国家战略的背景下，在三地陆续出台养老服务和医养结合等方面的相关政策支撑下，基本形成了以居家为基础、社区为依托、机构为支撑、医养相结合的养老服务体系，并在此基础上积极探索京津冀三地异地养老新模式，为后续在全国范围内推广复制奠定基础，提供经验借鉴和参考。以床位运营补贴政策为例：北京市民政局、天津市民政局、河北省民政厅共同签署的《京津冀养老工作协同发展合作协议》（2016—2020年）明确规定，北京市针对试点机构的床位运营补贴政策，规定所需经费由北京市级财政全额负担，津冀两地收住北京户籍老年人的试点机构床位运营补贴经费纳入北京市民政局年度部门预算，采取“先服务后补助”的形式发放。这一“先行先试”政策有效避免了政策推进可能面临的时间、资源等浪费问题，成功模式为政策的推行提供了极大的参考价值。[②]

三是人口资源和人力资源优势。据“全国第七次人口普查”数据显示，京津冀三地承载1亿多人口，其中河北省人口最多，为7461万人。作为我国人口大省，河北省有着丰富的人口资源，15～59岁的劳动人口占其总人口的59.9%，河北省境内的石家庄、保定、邢台、邯郸、秦皇岛的高学历人口空间集聚度在8%～34%之间，是引领京津冀科技创新的次中心。[③]虽然北京和天

① 李玉玲、胡宏伟：《京津冀养老服务协同发展研究——基于SWOT框架的分析》，《人口与发展》2019年第5期。

② 李玉玲、胡宏伟：《京津冀养老服务协同发展研究——基于SWOT框架的分析》，《人口与发展》2019年第5期。

③ 童玉芬、刘晖：《京津冀高学历人口的空间集聚及影响因素分析》，《人口学刊》2018年第3期。

津两地具有的“虹吸效应”吸纳了河北省许多高学历人口，但同时也具有“溢出效应”，促进了河北省境内相邻京津地区人口的聚集。这对降低养老服务机构人力成本和运营成本，吸引京津两地养老机构落户河北是极为有利的。与此同时，建立京津冀三地养老服务专业人员培训、交流和转岗机制，不仅有效补充京津两地养老服务人员短缺的问题，而且可以实现三地养老服务人力资源优势互补的目标。

（二）京津冀养老服务劣势分析

京津冀协同发展的首要任务是疏解北京非首都功能，服务雄安新区建设，破除跨区域老年福利和养老服务的身份、户籍壁垒，切实推动京津冀养老事业和产业全面发展。七年来，一大批不符合首都城市战略定位的产业、部门向津冀转移，部分养老产业便在其中，虽然取得了一些成绩，但还存在一些发展不足的问题。

问题一：京津冀协同发展的政策体系尚不完善。京津冀协同发展是一项整体性工程，急需协调三地相关部门，整合各项资源协同发力，形成兼具科学性、全局性、可操作性的养老服务顶层设计方案，不断完善养老制度体系和政策体系。然而，由于京津冀长期以来缺少区域内在的联系、合作与协调，缺乏京津冀“一盘棋”的观念，协同三地共同发展的政策体系尚不完善，政策壁垒还未打破。这就使得协同发展工作的协调性、创新性不足，从而出现了“高层领导有干劲、职能部门走形式、基层工作疲应付”的现象。

问题二：京津冀三地经济发展水平不同，养老服务质量参差不齐。从2020年京津冀的GDP来看，北京为36102.6亿元，比上年增长1.2%；天津为14083.7亿元，比上年增长1.5%；河北省为36206.9亿元，比上年增长3.9%。见图1：

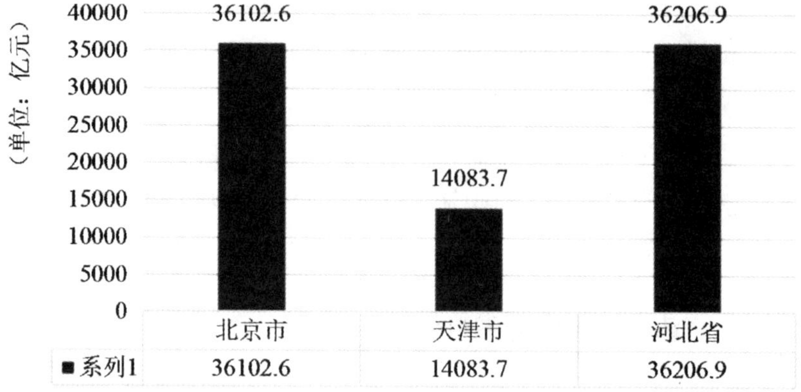

图 1 京津冀三地 GDP 数据对比

2020 年京津冀地区生产总值达到 86393.2 亿元，比上年增长 2.1%。其中，北京占 41.79%，天津占 16.3%，河北占 41.91%。河北省超过北京排在第一位。即便如此，由于河北省是人口大省，人均 GDP 却远远低于京津两地，北京市为 12.9 万元，天津市为 11.45 万元，河北省仅为 4.78 万元。[①]见图 2：

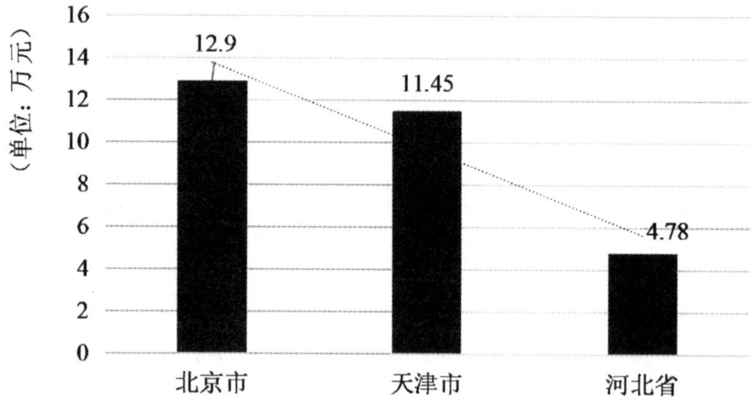

图 2 京津冀三地人均 GDP 数据对比

① 韩兆柱、邢蕊：《基于整体性治理的京津冀养老服务协同发展路径研究》，《中共天津市委党校学报》2019 年第 1 期。

受地方经济发展水平影响，京津冀地方政府给予养老服务业的资金投入和福利补贴大多带有区域性质，供给标准各异，在养老服务领域的持续性扶持差异较大，三地老年人享有的福利补贴存在较大差异，发放形式也各有不同。例如：天津市级财政每年养老投入资金约 3.2 亿元，同比北京和河北省都要少，财政资金投入不足，限制了整体推进天津养老服务水平的力度和速度。再如：河北省养老补贴水平显著低于京津两地，并且，福利政策和养老补贴仅限于本地户籍老人，这一点大大限制了三地间老年人异地养老的意愿和选择，增大了三地养老服务协同发展的难度。与此同时，社会保险跨区转移衔接不畅，地域性色彩突出。加之三地养老服务标准不统一，养老服务机构建设和选人用人的标准不同，导致三地养老服务质量参差不齐。这一现象限制了养老服务资源向河北迁移，制约了京津两地老年人选择在河北省养老的意愿。

此外，京津冀三地养老机构都存在“一床难求”和“床位空置”并存的“矛盾”现象。高效、便捷的老年人日间照料中心、康复护理、助餐助洁等养老服务供给存在较大缺口。并且，城乡差异使得农村地区养老服务发展相对滞后，存在养老服务设施不足、社会保障水平偏低、精神文化生活匮乏的问题。

问题三：医疗资源分布不均限制了京津冀养老服务的协同发展。京津冀三地之间长期以来医疗资源分布不均，北京市拥有相对优质丰富的医疗资源，并且，优质的三甲医院大都集中在北京中心城区。数据显示，2019 年北京市医疗卫生机构数量达到 11340 家，其中医疗机构 11187 家，800 张病床及以上床位的医院 44 家。2019 年北京每千常住人口享有卫生技术人员 17.1 人。[①]天津的医疗资源介于北京和河北之间，现有公立医院 672 家，医疗资源较为充沛。河北省的优质医疗资源较京津两地相对匮乏，且分布不均，因而呈现出河北病患涌向京津两地就医的单向流动态势。三地间医疗资源分布不均衡，无法满足广大老年人的医疗和养老需求，限制了京津冀养老服务的协同发展。

问题四：养老服务专业人才队伍匮乏，存在结构性失衡问题。“医、养、

① 《十张图看懂北京医疗卫生资源现状》，搜狐网，中商情报网官方 2020 年 8 月 1 日。

护”专业人员的匮乏是医养结合机构面临的关键问题之一，养老服务队伍的专业化与否，直接关系到养老服务的质量优劣。长期以来，养老服务行业工作人员的主体是当年下岗再就业的“4050”人员，待遇低、职称等级低、社会认可度低的“三低”问题在一定程度上制约了老年健康事业和产业的发展，成为养老服务业健康发展的短板。目前，京津冀养老服务队伍组建存在总体规模远落后于需求、结构性失衡、养老服务人才队伍素质较低等问题。根据北京市民政局 2017 年初发布的《关于加强养老服务人才队伍建设的意见》，北京市共有在岗养老护理员 7000 人左右，缺口 2.3 万人。天津、河北同样存在类似情况①，且养老服务行业的从业人员专业培训不足，人员流动性大，队伍极不稳定。

三　切实推进京津冀养老服务协同发展的对策建议

（一）明确发展目标，增进社会共识，合力推进京津冀协同发展

一要坚持问题导向。在发展机制上，进一步理顺政府、市场、社会三者之间的关系，深入实施健康中国战略和积极应对人口老龄化国家战略，推动老龄事业和产业高质量发展；在发展路径上，着重推动养老资源下沉，发挥乡镇、社区的基础作用，破解养老、健康服务“最后一公里”的难题。在发展指标上，明确提出“十四五”时期京津冀养老服务的发展路线图，制定好时间表和任务书，逐项做好相应的评估监督落实工作。

二要坚持改革导向。将积极应对人口老龄化基本国策全面融入经济社会发展各项政策中，突出“保基本”“补短板”“惠民生”“促普惠”“放市场”，全面深化养老服务供给侧结构性改革，不断提升发展质量和综合竞争力，提高人民生活品质和人口素质，利用好时代红利，激发内在活力。

三要坚持结果导向。把握好京津冀协同发展的关键问题，对养老服务和

① 李玉玲、胡宏伟：《京津冀养老服务协同发展研究——基于 SWOT 框架的分析》，《人口与发展》2019 年第 5 期。

医疗康复等涉老问题明确重点任务，制定具体措施，在政策导向上做出顶层设计。坚持以人民为中心，真正使老年人的实际需求成为各项工作的出发点和落脚点。全力推进社区居家养老，努力建成健康、可持续、公平可及的养老服务体系，以满足老年人日益增长的多元化、多样性的养老服务需求。

（二）推进京津冀养老服务的政策制度和工作机制协同创新

区域协调发展是推动国家治理体系和治理能力现代化的重要内容之一。按照“党委领导、政府主导、社会参与、全民行动”的工作理念，将养老服务工作纳入各地各级党委的重要议事日程，将养老服务发展工作纳入政府绩效考核体系。把养老工作向加强全体人民全生命周期养老准备转变，向同时注重老年人物质文化需求、全面提升老年人生活质量转变。统筹社会各方力量，共同参与养老工作，形成养老工作大格局，推动京津冀老龄事业全面协调可持续发展。

随着京津冀协同发展上升为国家战略，三地共同努力，不断完善政策措施，在现有养老服务领域的工作机制上积极探索创新。建议三地的卫健（老龄办）、民政、发改、医保等部门建立协同联动机制，在整合健康、养老产业政策资源以及总结先期经验的同时，认真落实好《京津冀民政事业协同发展三年行动计划（2021—2023）》和《京津冀城乡社区治理协同发展战略合作协议》中 11 个领域的 30 项协同发展重点任务，形成统筹协调独具特色的“京津冀模式”。

建立健全资源共享机制，加强三地养老相关部门之间的协作，在全社会形成“医”“养”“康”“护”有机结合的发展局面。按照“兜底线、织密网、建机制”的原则，不断完善“社区 15 分钟医养结合服务圈”目标，打造公平可及、综合连续、就近便捷的健康养老服务体系。例如：可发挥廊坊、保定等市区位优势，建立环京津康养产业平台，积极疏解京津健康养老功能。

（三）积极推动京津冀三地养老服务领域的各项资源协同整合

充分发挥政府的宏观调控职能，全面提升健康养老治理精准化、精细化能力。第一，以“一地认证，三地认可”为目标，实现养老机构设施、服务和管理标准，以及老年照护需求评估标准和评估结果的互认互通。第二，京津冀三地应该联合采取措施，逐步缩小三地关于养老服务领域各类补贴的差距。以推动异地结算为目标，建立三地养老服务补贴、医保报销的异地结算机制。推进京津冀三地区域内养老保险互联互通，扩大医疗保险异地结算范围。第三，协同养老服务机构的税收和用地的优惠政策。例如：为了吸引京津两地老人到河北去养老，可以在土地使用、建设布局、交通环境等方面给予河北以优惠和财政支持。

此外，进一步优化整合京津冀养老服务供给结构，提升三地服务供需合理对接水平。完善社区嵌入式医养结合服务机构和农村互助式养老服务机构，加强养老床位和家庭病床建设，满足广大居家养老老年人群体的实际需求。构建长期照护服务制度体系，天津正在积极落实老年人长护险试点工作，为失能、半失能老人提供必要的社会保障，探索可复制、可操作的经验。

整合三地老年人继续教育资源，开展人口老龄化的国情教育，建立积极健康的养老观。提高老年人的健康素养水平，广泛开展老年人常见病防治、老年营养改善、中医养生和健康保健宣传，普及老年健康素养基本知识和技能。建立社区老年人健康管理档案，确保每个老人老有所医。

（四）依托京津冀区域产业和人才、技术等优势，促进老龄产业协同发展

在京津冀协同发展战略启动之初，习近平总书记就强调，要着力加快推进产业对接协作，理顺三地产业发展链条，形成区域间产业合理分布和上下游联动机制。可在北京市周边河北省域范围内选址，打造若干个养老产业园区。养老产业园区的试点可尝试将科技与养老相结合，适用中关村科技园的政策，成为小微养老相关企业创业创新的基地和孵化器，然后逐步打造成为全产业链养老产业园区。与此同时，可着力开发康复机器人和养老智能辅具等新设备和新技术，推进智慧养老数据、信息和接口的统一，形成大数据平台，助推京津冀三地智慧养老产业的进一步发展。

规范养老服务专业人才队伍建设。人才是行业发展的基础，养老服务人才队伍建设是多元化社会养老服务体系建设的重要支撑，其专业水平的高低、服务质量的好坏，将对老年人产生最直接的影响。为解决京津冀三地养老服务队伍发展不足、人才交流不畅等问题。建议充分发挥京津冀现有教育资源优势，重点依托相关职业院校和本科院校，加大对老年护理与管理专业学科建设的政策扶持，加强老年病医生和康复师的培养，在提高培养数量的同时更加注重培育质量；引导一批普通本科高等学校向应用技术类型高等学校转型，重点举办本（专）科涉老服务专业教育。建立完善养老护理员职业技能等级认定和培训、交流制度。加大养老护理员培训力度，建立居家养老服务员培训基地。开展养老院长的中高级取证培训，将养老院长中高级取证的比例纳入补贴的考核标准。建立养老从业人员在职培训误工补贴和技能补贴等制度，建立培训、考核与使用相结合、与待遇相联系的激励机制。将养老从业人员的在职培训纳入各类养老服务星级评定范围[①]。

鼓励京津冀三地养老服务从业人员交流轮岗，并保证京津两地交流到河北期间各项工资福利待遇不变，河北省交流到京津两地工作人员的工资福利待遇上调至当地相同水平，确保三地养老服务人员待遇相同。推动区域内养老服务人力资源合理流动和有效配置。

（五）加快推进京津冀老年医疗健康服务协同发展，方便异地养老

首先，推动京津冀区域内医师执业资质互认，实现三地医保定点医院医疗保险实时结算，方便异地就医。其次，鼓励京津冀三地通过共建医养服务机构、长护险定点机构，促进北京市的优质医疗资源辐射津冀地区，推动北京医疗资源，尤其是老年病、心脑血管病等专科为津冀共建养老机构提供远程医疗指导、定期巡诊等服务。最后，推动京津冀重点医疗卫生项目合作，进一步扩大京津冀地区临床检验、医学检查结果互认，有序推进京津冀公共卫生领域全面合作，持续推进包括疾病预防、卫生应急、老年健康、康复护

① 丛梅:《天津市养老服务形势分析报告 2020》,《天津社会发展报告（2020）》，天津社会科学院出版社 2020 年版，第 157 页。

理等方面协同合作。先有发展，才能有协调，要建立京津冀三地基本公共服务统筹机制，统筹发展养老服务，面对三地全体老年人提供普惠型均等化基本养老健康服务，缩小地区之间的差距，方便老年人异地养老和就医。

（六）进一步促进京津冀区域内智慧养老服务体系建设

基于“973”养老服务模式中90%的老年人居家养老的现实情况，积极推进智慧养老服务体系建设迫在眉睫。智慧社区养老是在我国人口老龄化不断加剧、居家养老为主、机构养老服务不足的情况下，在“互联网+养老服务”背景下提出的符合中国养老文化与习惯的新概念。各级政府需变革社区管理制度，变管理者为服务者、协调者和监督者。在坚持党建引领基础上，由地方政府一把手领导负责落实智慧社区养老服务信息平台的搭建工作，打通地区间、部门间的壁垒，推动三地养老信息共享。政府需通过行政手段大力推进养老机构、民政部门、卫健部门、治安部门等职能部门数据端口与智慧社区养老服务平台对接，开展养老大数据的深度挖掘与应用，协同推进技术融合、数据融合、养老产业融合和标准融合。在切实保障数据安全的前提下，深化智慧医疗、智慧养老、智慧安防等有关系统间信息的标准化处理，有效整合各系统资源，加快养老服务平台集成化建设，培养智慧养老服务专业人才，提升智慧社区居家养老服务一体化水平，更好地服务老年群体。

与此同时，利用信息平台建立养老服务诚信系统和失信登记制度，对违反有关规定的养老服务机构和不诚信企业实施区域内行业准入限制制度。努力打造智慧健康养老新产品、新业态，为满足人民群众日益增长的健康及养老需求提供有力支撑。

大运河（天津段）生态文化建设研究（2022）

王　丽　天津社会科学院历史研究所副研究员
杨　楠　天津社会科学院历史研究所助理研究员

摘　要： 大运河是世界上开凿时间最早、里程最长、规模最大、迄今仍在发挥生态滋养功能的人工运渠，是我国古代劳动人民创造的伟大水利工程。大运河“申遗”成功以来，天津运河管理部门和运河沿线各区，在对大运河天津段生态文化资源挖掘整理的基础上，开展了一系列运河文化遗产保护发掘、传承利用工作，积极推进大运河国家文化公园（天津段）建设，并取得了显著成效。目前，天津运河生态文化建设仍面临一些挑战，需要进一步优化顶层设计，形成天津运河各区段协作联动机制；深入整理挖掘资源优势，建设天津运河特色生态小镇；用好现代信息融媒体传播手段，塑造天津运河文旅品牌；完善河长制，提升运河生态文化长廊管理效率。

关键词： 大运河天津段　生态文化　发掘保护　传承利用

2021年7月16日，习近平主席在给第44届世界遗产大会的贺信中指出，世界文化和自然遗产是人类文明发展和自然演进的重要成果，也是促进不同文明交流互鉴的重要载体。保护好、传承好、利用好这些宝贵财富，是我们的共同责任，是人类文明赓续和世界可持续发展的必然要求。京杭大运河是我国古代劳动人民创造的一项伟大工程，是祖先留给我们的珍贵物质和精神财富，是活着的、流动的重要人类遗产。天津是大运河的重要节点城市，拥有丰富多样的运河文化遗产。

一　大运河天津段生态文化资源及特征

天津是一座因运河而生、因运河而兴的城市。大运河天津段，北起武清区的木厂闸，南至静海区的九宣闸，总长约 182.6 公里，流经武清区、北辰区、河北区、红桥区、南开区、西青区和静海区 7 个区，其中北运河 88.6 公里、南运河 88.5 公里；另有海河 2.0 公里、子牙河 3.5 公里与运河连接[①]。南北运河在津交汇，不仅促进了天津城市经济社会的发展，而且给天津留下了河道、水工设施、古建筑、古遗址等丰富多样的生态文化资源。

（一）天津运河生态文化资源状况

京杭大运河是世界上开凿最早、规模最大、线路最长、使用时间最久的人工河道，同时也是我国历史上南粮北运、商贸运输和水利灌溉的生命线。大运河天津段作为运河的一部分，同样承担了粮食运输、商贸经济和水利交通的职能，积累了丰厚的物质文化遗产资源和非物质文化遗产资源。据《天津市大运河文化保护传承利用实施规划》，天津境内大运河实物遗存共有 29 处，其中运河水工遗存 13 处、运河附属遗存 4 处、运河相关遗产 12 处（详见表 1）。

① 《天津运河特色小镇建设发展报告》，载吴欣、陈丹阳、裴一璞主编：《中国大运河蓝皮书：中国大运河发展报告（2020）》，社会科学文献出版社 2020 年版，第 152 页。

表 1　大运河天津段实物遗存

类别		数量	名称
运河水工遗存	河道	6	南运河、北运河、南运河故道、马厂减河河口、筐儿港减河河口、青龙湾减河河首
运河水工遗存	水工设施遗存	7	下圈引水闸、南运河上引道闸、下改道引水闸、独流减河进洪闸枢纽、耳闸、屈家店枢纽、老米店闸
运河附属遗存	配套设施	1	十四仓遗址
运河附属遗存	管理设施	2	顺直水利委员会旧址、直隶全省内河行轮董事局旧址
运河附属遗存	其他附属遗存	1	北运河沉船点
运河相关遗产	相关遗产点	9	桃花寺遗址、大红桥、窑洼炮台遗址、福聚兴机器厂旧址、曾公祠旧址、天妃宫遗址、原水西庄石狮、北洋大学堂旧址、独流木桥
运河相关遗产	历史街区村镇	3	三岔河口、西沽、杨柳青

资料来源：钱升华、邵波：《大运河天津段历史文化遗产保护利用探析》，《城市》2021年第6期。

明清时期漕运兴盛，天津作为漕运中转站，逐渐成为粮食、纺织品、锅具、木材等物品的汇集中心和商贸中心，在天津境内留下了众多与之密切相关的文物古迹和文化景观。其中，被纳入全国重点文物保护单位的有8处，即石家大院、天后宫、广东会馆、天津西站主楼、义和团吕祖堂坛口遗址、谦祥宜绸缎庄旧址、北洋大学堂旧址、望海楼教堂；被纳入市级重点文物保护单位的有：九宣闸、唐官屯火车站、西钓台古城址、独流木桥、安家大院、安氏家祠、董家大院、平津战役天津前线指挥部旧址、文昌阁、玉皇阁、文庙、徐朴庵旧居、基督教青年会旧址、基督教仓门口堂、清真大寺等26处；被纳入区级文物保护单位的有21处。除此之外，在运河沿线还发现了许多沉船、古葬墓和石刻，如：三角坝沉船、东西仓沉船、陈庄沉船、聂官屯沉船、杨村五街沉船、杨村公署碑、孙松林墓碑、贝壳墓、战国墓群、靳官屯闸碑等。这些历史文物、古迹真实地记载了天津运河的繁荣景象和现实图景，为我们重新发掘、整理、再现运河当年场景提供了史料，成为我们今天珍贵的历史文化遗产。

明清时期，天津经济逐步繁荣，带动了地域文化发展，同时形成了丰富多彩的非物质文化资源。天津是有名的曲艺之乡，京、评、梆等多种戏曲艺术在此交融，走向兴盛。天津时调、天津相声、梅花大鼓、京韵大鼓、铁片大鼓等多种艺术形式闻名于世，丰富了曲艺文化。天津传统手工艺技能特色鲜明，杨柳青年画、泥人张彩塑、“风筝魏”风筝和“刻砖刘”砖刻艺术等，都为中国民间传统手工艺技能增添了浓墨重彩的一笔。历代的文人墨客则在潺潺的运河边留下了许多脍炙人口的诗词歌赋，形成了《夜泊杨村》《怡斋文集》《竹坡诗钞》《梦仙诗稿》等众多诗集[①]。此外，还形成了独特的民俗节庆活动，比如，天津皇会、北仓皇会踩街展演、民间花会等。这些珍贵的非物质文化资源是运河沿线居民生活记忆与情感传递的纽带，具有极高的发掘保护与传承价值，是运河文化的活态载体，也是中华优秀传统文化的组成部分。

（二）天津运河生态文化资源特征

首先，天津运河生态文化资源价值凸显，具有重要的历史文化价值和生态价值。在历史文化价值方面，大运河天津段分为南运河、北运河，这两条河流与海河在三岔河口交汇，天津的城市发端轨迹由此开启。旧的三岔河口是天津最初的居民聚集地。侯仁之先生曾指出：“天津聚落之起源，导始于直沽；直沽之发展，决定于河流。”[②]民间也素有“天津是大运河载来的城市”的说法，天津的形成发展与运河息息相关。从明朝永乐二年（1404 年）天津设卫建城到清末天津城市逐渐走向繁盛，都离不开运河漕运生态滋养。天津一直是运河沿岸重要的交通枢纽，担负着物资转运、货物集散、拱卫京城的功能。到清朝时，天津已发展为“京南花月无双地，蓟北繁华第一城”，成为北方仅次于京城的繁华都市。清人吴惠元的《续天津县志》记载了当时天津漕运的繁忙景象，“其间轮蹄辐辏，舳舻杨帆，往来交错，尽昼夜而无止。天

① 赵艳、卞广萌：《大运河天津段沿线乡村文化景观资源产业带发展路径》，《农业经济》2021 年第 9 期。

② 侯仁之：《天津聚落之起源》，天津工商学院出版社 1945 年版，第 16 页。

庾之挽运，蒸民之懋迁，取道诸此”[①]。

运河给天津带来的影响是全方位的，不仅为当地居民提供生产生活所必需的水利资源，而且对天津城市的商业、人口、方言、饮食和宗教信仰等多个方面产生了深远影响。从饮食到地名，从民俗风情到民间技艺，无一不深深地打上了运河烙印。例如，在饮食方面，运河带来城市人口的流动，天津成为“五方杂处之地”。居民的杂居促进了各地饮食文化的交融，天津菜在融合了淮扬菜、鲁菜等菜系的特点之后，技艺大为提高。而天津有名的小吃煎饼果子、狗不理包子等则体现了围绕运河谋生的船工、纤夫以及装卸工们的饮食特点，既方便携带，又经济实惠。今天遗留下的这些运河生态文化资源客观真实地反映了天津漕运时期的政治、经济、文化、社会和生态状况，是研究天津城市发展演进历史的重要史料见证和具象载体，具有重要的历史文化价值。并且，天津运河文化资源塑造和影响了天津的城市形象和居民性格，是天津城市文化中宝贵的传统文化精神财富。

从生态价值方面看，京杭大运河作为我国农耕时代的水利工程杰作，它不仅是我国南北粮草物资往来的重要交通通道，而且在预防水灾、生态保护方面具有重要的科学价值。天津运河地处我国北方平原，雨季集中，地势落差小，下游海河尾闾不畅。针对这些地理环境因素，天津运河的建造和维护采取了因地制宜的应对方式，通过修建闸坝来节制水量，开挖减河来预防或减轻水患。明清时期，为了确保漕运畅通，免受水灾危害，天津运河曾先后开挖减河（引河）10余条之多。可见，天津运河作为非常重要的生态遗产和资源，在水源涵养与调蓄、污水吸纳与净化，以及维持生态平衡等方面发挥着重要作用。

近代以来，伴随着铁路等现代交通的发展，运河的漕运功能逐渐丧失，但天津的南运河、北运河，仍发挥着行洪、排涝、灌溉、输水等重要功能。今天，南水北调、运河申遗等种种契机使天津运河再次成为人们关注的焦点，焕发新貌，天津运河遗存迎来了难得的发展机遇，正逐渐成为供人们缅怀历

① 天津市地方志编修委员会编著：《天津通志·旧志点校卷（中）》，天津社会科学院出版社 2001 年版，第 285 页。

史、休闲放松的绿色廊道和景观。

其次，天津运河生态文化资源丰富多样，总体上具有较好的真实性与完整性，在我国北方运河中具有代表性。天津运河生态文化资源涵盖了物质文化资源和非物质文化资源两个方面，资源种类十分丰富。天津运河物质文化资源除河道本身外，还包括闸坝、驿站、古迹、历史街区、历史文化村镇等，具有较好的真实性和完整性，是对天津运河河道历史变迁，运河经济发展所催生的聚落形态形成、延续的真实展现。

最后，天津运河生态文化资源沿河道呈线性分布。天津运河流经天津7个行政区，全长182.6公里，运河自身及其运河沿岸的生态文化资源呈现出明显的线性分布特征。运河河道是天津运河生态文化资源的主线，运河河道的变迁直接影响了天津沿河城镇的形态和空间分布，创造出运河沿线城镇人口聚落独特的生活方式，催生出运河沿线城镇的街巷格局与运河码头；同时形塑出运河沿线城镇的各种文化景观和不同形态的运河村落。因此，今天遗存的众多天津运河文化遗产大多沿运河河道呈现线性分布，不规则地分布在运河两岸。

二　大运河天津段生态文化建设的成效

按照习近平总书记“保护好、传承好、利用好大运河”的精神指示，近年来，天津市委、市政府不断完善运河遗产保护传承利用政策规划，持续推进运河生态治理，深挖天津运河遗产的历史文化内涵，促进文旅融合发展，力争讲好天津运河故事，让更多人感受到运河魅力。

（一）天津市关于运河遗产保护发展的政策规划日臻完善

近年来，天津市根据《大运河文化保护传承利用规划纲要》《大运河国家文化公园建设实施方案》等文件精神，积极贯彻中央决策部署，多方发力，成立了市大运河文化保护传承利用领导小组，编制了《天津市大运河国家文化公园建设保护规划》《天津市大运河文化遗产保护传承专项规划》《天津市大运河生态环境保护修复专项规划》《天津市大运河河道水系治理管护专项规划》；制定了《大运河天津段核心监控区国土空间管控细则（试行）》《天津市北运河适宜河段旅游通航实施方案》等管理法规，还拟将制定《天津市大运河国家文化公园建设保护规划》以及文化遗产保护传承、河道水系治理管护、生态环境保护修复、文化和旅游融合发展 4 个专项规划[①]。上述规划细则的陆续出台，使天津运河遗产保护传承利用的相关政策法规体系日渐完善。

（二）天津市运河核心区段的规划与改造提升

天津市经过连续多年对北、南运河水系的治理，先后完成境内河道维护、堤岸绿化和沿线道路铺设等工程，打造了天津武清郊野公园、北辰郊野公园，三岔河口旅游区和杨柳青古镇等运河景观文化带。同时，天津运河河道水质和周边生态环境得到了明显改善。重点对运河所流经的中心城区进行重新规划和改造，对沿岸景观绿地进行了提升与拓展，逐渐形成了天子津渡遗址公园、惠灵顿广场、新天地风情街和水西遗韵绿廊等重要景观。另外，以打造杨柳青大运河国家文化公园为引领，联动其周边区域，全力推动大运河文化保护、传承和利用，将大运河国家文化公园（天津段）建设列为天津“十四五”时期文旅项目建设重点工程。

（三）天津市各区对运河遗产的保护与开发持续推进

因天津运河沿线各区的地理位置、历史渊源、资源禀赋不尽相同，所以各区在突出各自区域资源特色的基础上采取了灵活、富有成效的保护开发方式。红桥区的三岔河口是天津这座城市的发祥地，区内运河沿线历史遗迹众多，历史文化资源丰富，依托运河沿岸滨水带状公园，红桥区重点发展了都市商务休闲旅游业，以期再现运河红桥段文商旅繁荣发展盛况。武清区则以建设北运河旅游带为核心，突出“生态观光、郊野体验、休闲度假”特色，重点发展了京津冀市民郊野生态休闲游。西青区境内拥有石家大院等多处历

① 《统筹保护传承利用 让大运河文化遗产“活起来”》，中国发展网，2021 年 8 月 5 日，https://baijiahao.baidu.com/s? id=1707224793042297561&wfr=spider&for=pc。

史遗迹，杨柳青镇更是大运河国家文化公园（天津段）建设的重点区位，随着元宝岛、运河水街等文旅项目的投入建设，独具特色的运河商旅文化体验带正在逐步形成。静海区作为天津知名的蔬菜生产基地，以推进运河沿线绿色廊道建设为重点，正尝试发展“休闲体验游＋现代农业示范”的新模式。北辰区则在生态护坡、尽量保持运河原貌的基础上，重点打造了休闲旅游、文化娱乐、运动宜居于一体的运河景观廊道。

（四）天津市运河生态文化深化了文旅融合实践

将改善运河生态环境和传播运河文化有机结合，在充分挖掘、整理运河文化遗存的基础上，利用其厚重、丰富的历史文化资源与旅游产业发展相融合，以文塑旅、以旅彰文，文旅游融合发展初见成效。一是天津市已建立起大运河文化遗产及周边环境风貌保护管控清单，通过细致排查，天津大运河沿线共有实物遗存 29 处，文物保护单位 55 处。[①]二是进一步加强了对运河遗产的保护修缮和展示利用，对九宣闸、北洋大学堂旧址、天津广东会馆等一批运河沿线文物进行有效保养和修护。三是积极整合运河两岸文旅资源，推出“运河印象”精品旅游线路，沿途串起古文化街、杨柳青古镇等有代表性的运河文化风貌。四是举办了包括妈祖文化旅游节、运河桃花文化商贸旅游节、杨柳青民俗文化旅游节等多种形式的主题活动，在保护性传承的前提下，深入挖掘沿线文旅资源，讲好运河故事。

三　大运河天津段生态文化建设面临的挑战

近年来，天津运河生态文化建设取得了诸多成绩，但由于长期以来比较注重发挥海河旅游观光带、运河国家级历史文化名镇杨柳青的典型引领作用，而忽视了南北运河沿线其他河段流域生态文化遗存历史意涵与文化价值的发掘、整理和盘活。总体来看，主要存在以下几个方面的问题：

① 《运河沿线文物均得妥善保护》，《今晚报》2021 年 4 月 16 日，https://www.sohu.com/a/461053330_571524。

（一）各区运河生态治理与开发利用发展不均衡

协调发展是推动天津运河文化保护传承利用的必然要求，大运河流经我市 7 个区，区与区及各区内部之间均在一定程度上存在发展不平衡不充分的问题。尽管我市已成立运河文化保护传承利用领导小组，但在工作中尚未形成协同治理的合力。运河沿线各河段生态治理与文化景观建设不均衡较为明显，如部分河段滨河湿地被填平，滨河生态后续发展空间被挤占。

（二）天津运河特色生态文化资源尚未充分开发

因漕运而生的天津运河小镇，是天津城市文明发展的历史见证，也是天津特色运河生态文化资源的综合承载体。天津运河特色小镇资源丰富，全市有 16 个不同特色的运河小镇。但除了杨柳青古镇因被纳入天津大运河国家文化公园建设的核心工程受到重视外，其他运河特色小镇则未被纳入天津大运河文化带建设规划。就西青区运河文化而言，是以文、武为两大特色，但目前只是突出了杨柳青古镇的“文”，而忽略了精武镇的“武”；西青区的西营门、中北、辛口三镇的运河文化资源发掘则与大运河国家文化公园的核心区建设相脱节，从而失去了组团优势和规模效应。

（三）遗产资源开发方式和展示手段较为单一

目前，天津市已建立起运河文化遗产及周边环境风貌保护管控清单，并据此对广东会馆、九宣闸、北洋大学堂旧址等一批运河沿线文物古迹进行了保养和修缮。但是在运河遗产开发展示方面仍存在短板，除陈官屯运河文化博物馆外，尚未建立全面系统展示天津运河文化的博物馆或融媒体展示平台。在遗产具体展示利用方面，较注重对有形物质文化遗产实物的保护和展示，对无形的非物质文化遗产重视不足。虽然，很多优秀的运河遗产资源以传统观览的方式保存于各综合性博物馆中，但未能充分运用现代网络信息科技手段对其进行深入解读和综合开发，给游览者更好的观感体验。

（四）缺乏长期有效的运河生态环境保护机制

自2018年以来，天津市已经全面落实“河长制”，对境内运河实行了总河长、市级河长、区级河长、乡镇（街道）级河长、村级河长五级管理体制。但却没有具体明确的运河各河段具体日常保护工作机制与人员安排，这对运河水系保护和生态修复来说，等于空缺了落地实施环节。并且，运河生态环境保护修复是一项长期复杂的系统工程，需要牢固树立山水林田湖草生命共同体理念，长期进行水质净化，综合治理运河生态系统，以改变天津运河水质较差、水源不足等问题。

四　促进大运河天津段生态文化建设的几点建议

针对天津运河生态文化建设存在的问题，为了更好地保护、传承和利用运河文化遗产，凝练形成天津运河文化遗产特色品牌。需要借鉴遗产廊道规划建设理念，在生态优先的基础上，着重推进天津运河生态文化建设和文旅深度融合发展，应重点做好以下几个方面的工作：

（一）优化顶层设计，形成天津运河各区段协作联动机制

为防止天津运河生态文化资源的无序开发和同质化建设，建议在天津市大运河文化保护传承利用领导小组的领导下，加强顶层设计，完善各区段协作联动机制。对运河七区的自然资源、历史文化资源、社会资源及公共服务资源进行统一整合，尽快建立运河七区的合作联盟机制，以实现各区间的有效协调与协作，实现优势互补与互利共赢。该合作联盟机制不仅适宜于大运河文化遗产本体——运河水工遗存、运河附属遗存、运河相关遗产的保护传承利用，还适宜于大运河非物质文化遗产的保护传承利用。因此，希望借助于运河七区的合作联盟机制，使天津南北运河的文化景点串珠成链，移区换景，实现天津运河文化与生态资源的价值效用最大化。

（二）深入挖掘资源优势，建设天津运河特色生态小镇

目前，由于北方运河进入“枯水与断航”衰退期，产生于运河漕运时代的“运河—小镇”，在发展建设实践中正逐渐转变成“小镇—运河”的规划建设理念倒追历史文化现象。运河主管部门应正确审视利用这种文化理念倒追现象，将其转换成运河文化遗产保护传承利用的意识引导和行动实践。天津运河七区现有 16 个特色小镇，可分为旅游文化、官屯文化、历史文化、官署文化、欧式文化、电商文化、农工牧文化、仓储文化、休闲康养文化、民族文化、商务文化、精武文化 12 种类型。建议重视这些运河特色小镇文化资源的系统挖掘与整理，并采取不同的保护方式和有效的开发措施，凸显特色小镇运河文化的差异性和品牌特质，使运河特色生态小镇建设成为推动天津乡村振兴的重要平台载体。

（三）用现代信息融媒体展示传播，塑造天津运河文旅品牌

随着信息技术的迅速发展，充分利用现代网络信息融媒体技术，对运河生态文化资源进行整理发掘、仿真再现，才能让运河文化遗产真正活起来，使更多的人关注和体验到天津运河遗产的魅力。一是推动建设运河文化博物馆或运河文化遗产展示中心平台。可以借助三维场景展示、增强现实（AR）、虚拟现实（VR）、音视频自动调度、单点全景展示、连续全景展示、船载全景展示等技术手段，生动地再现天津运河的历史盛况，让游客身临其境、切身体验。二是有选择地对三岔河口、杨柳青古镇及独流古镇等运河文化遗产聚落空间进行整体规划，借助运河文化实景展示，再现当年天津运河的繁忙景象，使运河特色文化遗产活态呈现。三是建设天津运河文化管理与推广的云平台。在管理方面，利用物联网技术监测运河水质及岸线违法情况；借助无人机航拍、卫星图像比对技术，巡查运河沿线古迹和河道生态保护状况；在推广方面，充分利用移动智能终端平台载体，形象展示传播天津运河文化知识，增强市民的运河文化认同。

（四）完善河长制，提升运河生态文化长廊管理效率

进一步细化河长制，针对运河沿线各区的各级河道，编制一段一策的工作方案，明晰各区段生态治理工作重点，提升运河水系及周边生态环境质量，使水清岸绿景美的运河生态景观成为新常态。按照市域统筹、属地管理的原则，加强运河沿线生态环境及绿化景观的日常管护。借鉴由秦皇岛市首创的“长城保护员”制度，在天津建立常规的“运河保护员”制度，与天津实施的五级“河长制”相结合，形成“河长”管理体制与“运河保护员”制度的有机衔接，将日常监督与分级管理无缝对接①。同时，将“运河保护员”纳入各区的公益性岗位，由政府统一购买服务，使“运河保护员”既有荣誉感，也有责任与权利，让天津市五级运河保护网真正覆盖南北运河的每个河段，彻底解决污水排放、垃圾乱倒及绿化景观毁坏等问题。对运河沿线七区的生态环境和基础设施进行提升改造，完善统一标识体系，全力打造活态传承、环境优美的运河生态文化廊道。

参考文献：

[1] 吴欣、陈丹阳、裴一璞主编：《中国大运河蓝皮书：中国大运河发展报告（2020）》，社会科学文献出版社 2020 年版。

[2] 钱升华、邵波：《大运河天津段历史文化遗产保护利用探析》，《城市》2021 年第 6 期。

[3] 赵艳、卞广萌：《大运河天津段沿线乡村文化景观资源产业带发展路径》，《农业经济》2021 年第 9 期。

[4] 侯仁之：《天津聚落之起源》，天津工商学院印行 1945 年。

[5] 天津市地方志编修委员会编著：《天津通志 · 旧志点校卷（中）》，天津社会科学院出版社 2001 年版。

① 《天津运河特色小镇建设发展报告》，载吴欣、陈丹阳、裴一璞主编：《中国大运河蓝皮书：中国大运河发展报告（2020）》，社会科学文献出版社 2020 年版，第 162 页。

[6] 《统筹保护传承利用 让大运河文化遗产“活起来”》，中国发展网，2021 年 8 月 5 日，https：//baijiahao.baidu.com/s？id=1707224793042297561&wfr=spider&for=pc。

[7] 《运河沿线文物均得妥善保护》，《今晚报》2021 年 4 月 16 日，https：//www.sohu.com/a/461053330_571524。

[8] 任云兰：《加快推进天津大运河保护传承利用研究》，《城市发展研究》2021 年第 1 期。